中台战略

中台建设与数字商业

MIDDLE-PLATFORM STRATEGY
MIDDLE-PLATFORM CONSTRUCTION AND DIGITAL COMMERCE

陈新宇 罗家鹰 邓通 江威 徐风 袁磊
吴超 赵科 蒲继强 卢义兵 陈桂发 胡方强 杨琦 吴伟伟 ◎著

机械工业出版社
China Machine Press

图书在版编目（CIP）数据

中台战略：中台建设与数字商业 / 陈新宇等著 . —北京：机械工业出版社，2019.8（2020.5 重印）

ISBN 978-7-111-63454-6

I. 中… II. 陈… III. 企业管理 - 数字化 - 研究 IV. F272.7

中国版本图书馆 CIP 数据核字（2019）第 166089 号

中台战略：中台建设与数字商业

出版发行：机械工业出版社（北京市西城区百万庄大街 22 号　邮政编码：100037）
责任编辑：罗词亮
责任校对：李秋荣
印　　刷：北京诚信伟业印刷有限公司
版　　次：2020 年 5 月第 1 版第 7 次印刷
开　　本：147mm×210mm　1/32
印　　张：11.375
书　　号：ISBN 978-7-111-63454-6
定　　价：89.00 元

客服电话：(010) 88361066　88379833　68326294　　投稿热线：(010) 88379604
华章网站：www.hzbook.com　　读者信箱：hzit@hzbook.com

版权所有 · 侵权必究
封底无防伪标均为盗版　本书法律顾问：北京大成律师事务所　韩光 / 邹晓东

| 作者简介 |

陈新宇

云徙科技联合创始人兼首席架构师,中国软件行业协会应用软件产品云服务分会"数字企业中台应用专家顾问团"副主任专家,香港中文大学计算机科学与工程学博士,领导云徙科技数字中台系统的规划、建设并赋能企业落地实施。曾负责并参与大型企业管理软件基础架构和开发平台的设计与研发。此外,还曾参与数据库的自然语言交互、分布式系统、软件可靠性等多项学术性研究项目。

罗家鹰

云徙科技副总裁,上海交通大学学士,中山大学MBA,三年来,一直致力于阿里中台赋能数字商业的研究与布道。曾任金蝶软件(中国)有限公司IT规划首席顾问、用友网络电子商务事业部总经理。拥有20年的企业IT咨询及服务经验,先后主导了数十家大型企业数字化转型咨询方案。

邓通

云徙科技汽车事业部总经理,香港中文大学信息工程硕士,专注于汽车行业数字化营销研究。曾多次创业，包含社群电商、智能家居、互联网＋农业 S2B2C 中台项目，先后主导过长安汽车、一汽集团、长安福特等头部车企以及博郡汽车、爱驰汽车等新能源车企基于汽车行业中台的数字化营销项目。

江威

云徙科技地产事业部总经理，领导中台在地产方面的建设与落地，长期从事阿里中台赋能地产行业的研究与布道，拥有丰富的地产项目实施经验。曾任明源云、阿里云地产行业等业务总监，具备丰富的地产行业业务及产品经验，先后主导过万科、保利、新城、富力等多家大型地产的数字化项目。

前言

从消费互联网到产业互联网

我们正处于一个互联网新技术和各行业加快融合并孕育变革的时代，以云计算、大数据、物联网和人工智能为主要标志的新一代信息技术迅速发展，日益成为推动社会、经济、政治和文化等各个领域发展的强大动力，也带来或即将带来我们整个国家的变化，其中就包括关于政府和企业的三大变化。

第一个变化就是过去 20 年的消费互联网时代，互联网云计算这种共享服务模式成就了阿里巴巴、腾讯、百度、今日头条、美团、滴滴等消费互联网巨头，也创造了无数的互联网公司，掀起了新技术、新业务、新数据发展和应用浪潮。

第二个变化是，云计算的应用使政务服务发生了翻天覆地的变化。比如，同样是办理澳门签证，几年前签证人要回到户口所在地的出入境管理机构去办理，排队、拍照……大约要用半天的时间，还要再等几个工作日之后才能拿到证件。现在推出自助签注机，可以全国通办，签证人只要把卡放到机器上，机器就会自动弹出相关页面，签证人扫码交费就可以了，整个过程只要15秒。这背后就是云计算、大数据等新技术的力量，把跨部门数据打通，并高效协同。云计算的使用赋能政务，大大提升政务服务能力，群众对政务服务的满意度越来越高。

第三个变化将发生在未来20年的产业互联网时代。消费互联网市场已趋于稳定与饱和。互联网公司在经历了野蛮生长之后，用自己庞大的消费数据和独特的商业模式，切入产业价值链，带动后端供给侧转型，形成消费互联网（需求侧）拽着产业互联网（供给侧）跑的特点。产业互联网时代，企业必须利用云技术搭建共享平台，实现数据在线和智能应用，利用数据能力来提升服务能力，只有这样才能更好地服务于客户，服务于员工。

依托数字化转型，实现传统企业与互联网深度融合的产业互联网时代已经到来。

产业互联网时代的企业数字化

企业数字化的主要特征包括三个方面：**第一是连接**，连接员工、连接客户、连接机器设备；**第二是数据**，也就是连接之后实时产生的数据；**第三是智能**，是数据驱动的智能应用。

以阿里巴巴为例，首先，阿里巴巴通过天猫、高德地图、饿了么等业务前端，连接了众多消费者；然后，通过连接产生的实时数据，沉淀了大量的智能服务，例如千人千面的个性化推荐、商家的生意参谋等，以此来帮助企业做品牌推广、商品推荐、精准营销、运营分析等。

产业互联网时代，企业数字化转型将成为一种趋势。全球知名调研机构 IDC 此前的一项调查显示，到 2018 年，全球 1000 强企业中的 67% 和中国 1000 强企业中的 50% 都把数字化转型作为企业的战略核心。对于传统企业，数字化转型已经不再是一道选择题，而是一道生存题。越来越多的企业将"数字"视为核心资产、新资源和新财富。

随着人工智能、云计算、大数据、机器学习等一系列前沿技术的不断发展，并深入到医疗、制造、安防等传统行业领域，企业数字化转型逐渐在各个行业爆发。中国宏观经济面临下行压力、经济结构的转型升级推动生产要素成本上升，同时激烈的市场竞争、用户多元化消费习惯的养成、行业赢利点的转变等也倒逼企业进行数字化转型升级。在此背景下，中国涌现出诸如阿里巴巴、腾讯、华为、新华三、浪潮、海尔、海康威视等一批优秀的企业数字化转型实践者，从营销、供应链、生产制造、内部管理等多方面为企业提供数字化转型解决方案。企业数字化转型行业生态初步形成，中国正在逐步成为数字化变革的引领者。

未来 3～5 年，企业数字化将成为中国企业普及化应用。

数字营销是企业数字化转型的重要突破口

企业数字化涉及企业的方方面面，我们可以从企业连接的对象来划分涉及的领域，具体可以分为数字营销、数字管理、工业大数据。其中：

1）连接消费者或客户，从企业的商品到消费者或客户的过程属于营销，连接的是企业的消费者或客户。营销的数字化，归结为数字营销领域。

2）连接员工，企业从订单到生产计划的过程属于企业内部管理，连接的是员工，让所有的员工在链路上协同，这是 ERP 管理的范畴。内部管理的数字化，属于数字管理领域。

3）连接设备和产品，生产计划下达后，从生产计划到 MES 系统生产线的过程连接的是生产设备。比如每一台设备怎么去生产，每道工序中给每一个产品拍个照片，然后通过数据解析来控制质量、工艺水平等。生产部分的数字化，属于工业大数据领域。

其中，数字管理（ERP）领域，应用已经比较成熟；工业大数据领域的应用还处于热点期，部分企业也在尝试，这个领域范畴大且难，大部分企业还在观望；相对其他两个领域，数字营销是一个新的领域，很多企业都没做过，这是互联网企业比较看好且容易出效率、出价值的领域，是企业数字化转型的突破口。

数字营销，用"技术＋数据"助力企业业务提升

数字营销是以"技术＋数据"为双驱动，对传统营销进行互联网化、数据化和智能化改造，进而帮助企业构建消费者全渠道触达，实现精准互动和交易的过程。其本质是借助数据、算法及营销资源，依靠实时数据跟踪，实现营销由粗放向集约发展；依靠中台的强大连接能力，实现渠道从单一向多元发展；内容策划和投放依靠数据算法的预测，从经验决策变为智能决策。最终帮助企业实现营销资源利用更高效，推广费用大幅降低。

数字营销是实现以消费者需求为核心的数字化体验创新，也是最终实现面向最终客户体验的触点创新。数字营销强调的是对新技术的运用、互联网业务逻辑分析的能力。数字营销赋予了营销组合新的内涵，是数字经济时代企业的主流营销方式和发展趋势。

企业做数字营销的目的或者价值是什么？收入增长。阿里的使命是"让天下没有难做的生意"，云徙的使命是"引领企业数字化创新"。云徙要用"双中台＋数字营销云＋运营"，助力企业业务提升。

中台成为构架企业数字营销的主要模式

在产业互联网时代，当数字化成为企业的核心战略后，如何实现业务数据化？如何使数据赋能企业推动业务转型升级？如何提升企业数字资产的价值？这些都成为制约企业发展的难题。在此背景下，**数字中台成为指导企业数字化转型、实现数字营销的主流方法**。

数字中台是基于企业级互联网及大数据架构打造的数字化创新平台，包含业务中台和数据中台。

一方面，数字中台可以在云厂商提供的运行机制和基础架构之上，支撑企业营销业务应用的标准化及快速定制化，同时为企业提供大数据数据采集、清洗、管理和分析能力，实现数据精细化运营。数据中台可以将企业内外割裂的数据进行汇聚、治理、建模加工，消除数据孤岛，实现数据资产化，为企业提供客户立体画像、商品智能推荐、业务实时监控，助力企业实现数据驱动业务。

另一方面，业务中台不仅可以将原本不同系统相同功能的服务聚合起来，统一标准，统一规范，统一出口，实现企业业务的整合；还可以通过服务的聚合实现资源与能力共享，支撑新应用与新业务的快速开发与迭代，以满足快速变化的用户需求。

数字中台模式是将共性业务服务和技术予以沉淀，避免相同功能重复建设和维护带来的资源浪费。集合了技术和产品能力的业务中台能快速、低成本地完成业务创新，数据中台则能实现数据资源的共享。未来，全面建立一个服务化架构的数字中台将会成为传统大型企业全面数字化转型的最佳解决方案，甚至成为未来数字营销的主导方案。同时，企业数字中台将朝着跨终端、全渠道、全域运营方向发展，基于云原生技术实现中台弹性扩容，依靠平台能力为各个系统产品输出统一管理能力，帮助企业实现业务数据化、数据业务化，赋能企业智能化营销。

阿里携手云徙，在企业服务过程中共创数字中台

自从 2015 年 12 月阿里巴巴集团宣布启动中台战略以来，阿里巴巴的"大中台，小前台"在阿里体系已经过大量商业实践和技术积累。基于"大中台，小前台"组织，及其业务机制及技术体系，淘宝逐渐衍生出了天猫、聚划算、闲鱼、飞猪等业务及应用，之后还成功支撑了这些业务及应用的正常运营、运行。科技普惠企业，阿里巴巴集团成立独立科技公司阿里云，携手伙伴向企业输出成功的商业实践和技术。

云徙科技是第一家认同阿里巴巴中台价值的 ISV，跟随阿里云，以往三年共服务了近 40 家行业头部企业数字化转型，践行中台架构，通过与企业共同创新，积累和打造出业界领先的云徙数字中台。

目录

作者简介

前言

第 1 章 企业数字化转型

- 1.1 企业数字化转型的 4 个驱动力   2
- 1.2 企业数字化转型的 2 条路径   10
- 1.3 企业数字化的 3 大本质   15
- 1.4 企业数字化的 3 个领域   19
- 1.5 中台驱动企业数字化转型   24

第 2 章 云智慧时代的数字营销

- 2.1 数字营销的背景   26
- 2.2 数字营销的定义   28
- 2.3 全球数字营销的 3 个重要趋势   29

2.4　中国数字营销的 5 个新特性　　31
2.5　数字营销解决方案架构分析　　35
2.6　面向营销的数字中台　　39

|第 3 章| 全面解读中台

3.1　什么是中台　　45
3.2　中台系统及其展现形式　　50
3.3　中台的作用　　52
3.4　中台的发展与进化　　65

|第 4 章| 企业中台 5 大成功要素

4.1　中台文化：7 个行为准则和行动纲领　　80
4.2　组织架构：中台为组织架构赋能　　94
4.3　人员能力要求：运营、业务、技术铁三角　　99
4.4　业务执行：业务运营与敏捷开发　　106
4.5　中台实施：1 个经验和 4 个教训　　118

|第 5 章| 中台建设方法论

5.1　中台架构整体策略　　125
5.2　业务顶层设计　　127
5.3　业务中台设计方法论　　129
5.4　数据中台设计方法论　　148
5.5　应用向中台迁移的 3 种途径和方法　　156

第 6 章 中台的架构与设计

6.1 技术中台规划　　159

6.2 业务中台的建设　　160

6.3 数据中台的建设　　175

第 7 章 中台成熟度模型

7.1 成熟度评估模型　　205

7.2 成熟度能力评估　　213

第 8 章 中台助力的数字营销

8.1 消费者全触点覆盖　　217

8.2 全域消费者运营　　219

8.3 全渠道交易　　223

8.4 全链路服务　　242

8.5 数据驱动的运营　　254

8.6 营销的核心是运营用户数字资产　　259

8.7 平台 + 运营，支撑企业营销变革　　268

第 9 章 数字营销的技术架构与路径

9.1 基于中台架构，构建立体数字营销云　　273

9.2 数字营销云技术架构和设计理念　　275

9.3 数字营销云的 3 种部署架构　　283

9.4 实现数字营销云的关键技术特性　　285

第 10 章 A 公司：快速响应数字营销的中台

10.1 案例背景 295

10.2 IT 困境 296

10.3 确定中台方案 299

10.4 中台价值初现 304

10.5 未来规划 317

第 11 章 B 公司：中台为数字营销赋能

11.1 案例背景 320

11.2 B 公司数字化营销的动机和背景 321

11.3 B 公司数字化营销价值链落地实践 323

11.4 IT 与业务部门通力合作，推进营销数字化规划落地 331

11.5 未来展望 333

第 12 章 C 公司：数字营销打造流量池运营体系

12.1 案例背景 336

12.2 实施过程 337

12.3 创新描述 345

12.4 市场应用及展望 346

12.5 价值评估 347

第 1 章 CHAPTER

企业数字化转型

数字经济是当前所有企业在数字化时代都要考虑的问题，不久的将来它会成为社会经济中的新引擎，也会逐步推动产业互联和企业商业生态的数字化转型。

消费者对于产品与服务的升级需求带动着各类触点场景和产品延伸服务的不断变化，云计算、大数据、人工智能等新一代信息技术，在触达客户、创新服务体验的同时推动整个产业链的变革，也在不断颠覆原有的商业模式、产业协作模式。在此背景下，企业数字化转型势在必行，数字中台也必将成为企业数字化转型的重要支点。

数字中台是基于大数据、云计算、人工智能的技术架构打造的数字化创新平台，支撑企业数字业务应用的标准化及快速定制化，实现数据驱动的精细化运营，沉淀企业的数据资产，为企业提供用户个性画像、商品智能推荐、业务在线监控，解决企业业务在面向产业互联、生态发展过程中所遇到的应变与响应能力问题。

本章将回答在数字经济时代，当数字化成为企业的核心战略时，摆在企业决策者面前的下面这三个问题：

1）企业所处行业的数字驱动力是什么？
2）哪些路径可以让企业走上成功的数字化之路？
3）如何抓取企业数字化的本质？

1.1　企业数字化转型的 4 个驱动力

在政府鼓励产业数字化生态链发展的大背景下，数字技术商业化的价值也逐渐凸显，各行业的龙头企业都在积极开展数字化转型。

首先，数字技术被中国消费者广泛接受，迫使各行业在服务市场和消费者时必须具备数字化能力，特别是电商、媒体和金融行业的数字场景化已呈现多样化、个性化、商业创新等特点，在各行业中占据领先地位。其次，贴近消费者的行业，如快消品、地产、汽车、医药、文娱教育等也随之跟进，这些行业同样在线上营销、智慧零售、广告投放等业务领域具有较高的数字化水平。而传统制造型行业，特别是本地化或相对分散的行业，由于行业特征、产品形态、商业模式等原因，技术与业务的数字化管理较弱,这意味着这些企业未来的数字化发展空间很大。因此在不同行业、不同阶段要定义符合数字经济发展环境下企业自身的目标。但无论目标是什么,**数字技术的引入都将是不可逆转的趋势。**

企业数字化转型的根本动力还是来自整个商业环境的变化:首先,业务创新是企业在不断变化的商业场景中立于竞争优势地位的必备能力;其次,中台技术是实现业务创新的基础保障,它提供数字经济时代用技术解决商业领域未知问题的支撑能力;再次,产业互联是未来数字世界中企业产业上下游的数字经营模式,正是因为数字技术的发展,才得以将整个产业链的资源进行互联,提升资源共享能力;最后,生态运营,最终都是在解决消费者、渠道等生态业务的平台运营问题,通过技术和数据的连接,更高效地解决内外部资源的整合运营能力。综上,企业数字化转型受 4 个驱动力影响,它们之间相互作用、相互影响,在整个商业环境中,拉力和推力互为驱动,如图 1-1 所示。

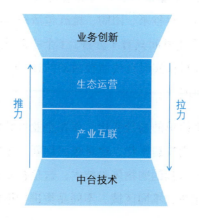

图 1-1 企业数字化转型的 4 个驱动力

1.1.1　驱动力一：业务创新

企业数字化转型既有内在动因，也有外力驱动。内在动因是企业的市场份额下降、产品滞销、渠道成本过高，外力驱动包括消费者的个性化需求、竞争对手的精准市场投放、跨界领域的产业互联颠覆原有的商业逻辑等。

在数字经济环境下随时可以看到新的技术创新、业务创新、产品创新、场景创新带来的弯道超车、行业颠覆，这预示着不论是数字原生企业，还是数字化转型企业，都必须具备创新能力。而这个创新能力是全方位、体系化、平台化的，包含组织创新、产品创新、业务创新、服务创新、模式创新、技术创新、场景创新等。

举个例子，原来企业活动的大体流程是：市场部经过市场调研做出策划案，找广告主进行广告推广，或找地推人员对商品和品牌进行地面推广。通过地推可覆盖企业周边3公里半径的区域，一般需要10个地推人员，可能要持续1个月的时间。而现在企业可以随时开启秒杀、团购、抢红包活动，而且是线上线下同时开展的，持续时间只有1分钟、1个小时或1天，只需要1个运营人员，还可以实时在线监控活动的过程。但是这种方式就是用户需求导向的。

就这么一个简单的场景变化，需要企业打破原有的组织壁垒进行高效协作，实现扁平化，这是组织创新；需要技术部门提供稳定、安全、不卡顿的购物体验技术，这是技术创新；需要市场部门针对不同用户、不同区域、不同品类进行更精准营销，这是业务创新；……

传统企业利用原有的技术平台根本无法具备这类创新业务要求的业务在线不停机的处理能力，也无法应对秒级数十万用户的高并发压力，云计算、中台等新技术可支撑创新模式的重构，用已知的先进技术不断解决未知的创新问题，使整个生意模型都会发生改变。

1.1.2 驱动力二：中台技术

30年前，汽车厂商一直实行经销商4S店的经营模式，厂商和经销商之间互为利益共同体，同时也相互制约。用户在买车或享受售后服务时只能与4S店发生联系，厂商只知道压货完成指标任务。更多的新品推出和活动促销基本上靠经验和获取的竞争对手的数据来开展，但这类数据准确性和时效性都不高。随着移动互联网和手机的普及，用户也逐渐习惯在线了解汽车的性能，看其他用户的评价，在网上进行比价，门店与用户的触点和场景越来越少，更多的消费者停留在互联网端。互联网、AI等技术创造了条件，推动消费者在平台进行虚拟驾驶体验，正在改变着经销商和厂商之间的价值链。

如果要在数字化转型浪潮中弯道超车，要清醒意识到两个必须解决的技术问题：一是强大的技术平台；二是全网的数据运营能力。那么，如何解决这两个问题呢？

阿里巴巴根据自身的实践，指出传统企业在数字时代必须具备中台战略，这引起了社会和企业的广泛认同，这也符合数字时代的整个商业环境和业务的变化需求。云徙科技于2016年开始践行阿里的中台战略，也是第一家真正将其思想落地的企业数字化服务商，通过研发并输出业务和数据双中台，为传统企业的数字化转型提供服务。中台不仅是简单的技术平台的更换，它已成为数字化转型的核心能力。如果不具备这个能力，那么转型是有问题的。

云徙科技构建的数字中台解决了 3 个非常核心问题：

1）支持前端多场景应用、实现全业务在线服务；
2）沉淀业务能力，支撑新商业环境下的业务快速创新和响应变化；
3）通过数据驱动业务运营，获取最大的商业价值。

1.1.3 驱动力三：产业互联

过去十多年互联网以消费和服务为主线，人们的购物、出行等生活场景被彻底改变并且深度融合。在用户流量红利正逐渐见顶的时候，消费互联网的格局和竞争态势日趋稳定和饱和，每个企业在跨过消费互联的门槛后，又在寻找下一个互联的方向——产业互联，拓展企业的业务边界。

产业互联是促进企业内的人、物、服务，以及企业间、企业与用户间互联互通、线上线下融合、资源与要素协同的一种全新产业发展范式，正逐步重构传统产业的业务协作关系和产业价值模型。

在最传统的农业领域，产业互联网将从根本上改变农业企业与上下游的服务与合作模式，不断改变着农产品的价值实现方式，同时也推动新型农业合作体的发展。图 1-2 为某养殖企业赋能产业化养猪的示意图。通过搭建产业互联平台，能够为养猪户、农技站提供饲料、疫苗、动保、技术培训等全方位的综合服务。

图1-2 某养殖企业赋能产业化养猪

同时运用传感设备和大数据技术，科学化、规模化地开展农产品的生产，触达消费者端时提供更加健康、新鲜的农产品。产业互联的发展将再造农产品流通形态，拓宽农产品销售渠道。

从发展的角度看，产业互联网还处在从萌发到成熟的发展阶段，在未来十年，随着技术发展、消费互联的逐渐饱和，更多企业会利用其独立的行业优势和壁垒，快速发展自身的产业互联数字化业务。企业管理者在产业互联转型过程中需要具有如下几种思维：

1）**价值驱动思维**。产业互联能否从根本上解决原有行业作业效率低的问题，从而节约成本使其价值链的数据流动更高效，并在某个节点创造出互联后的价值溢出？

2）**分享经济思维**。无论是在营销领域还是在知识技能上，都要有社会化分享的理念，在产业互联网领域将分享的价值放大。

3）**大数据思维**。产业互联将通过新一代技术获取整个产业链不同节点上有价值的数据，将原有分散的数据集合起来，产业互联平台更应该提供全产业不同价值链的数据模型和决策支撑。

1.1.4 驱动力四：生态运营

传统企业管理以往是基于专业化分工进行的，更多是追求效率提升、风险控制。而未来企业的管理首先是基于连接的，整个人员、组织形态也在向开放、生态方向进化。未来的商业竞争是基于多向的非线性价值网络的，在层层相关的价值网络中，客户位于价值链中心，为了创造更多的增量价值，需要开放与共享，企业也必将向共生、共赢、共创的生态战略方向进化。

重构企业生态体系的最终目的是在如今经济新常态的市场竞争中占据优势，实现企业的自我进化，同时通过生态体系中各个环节的进化促进整体生态体系的完善发展。不论是阿里巴巴构建的从用户购物平台到生活一体化的生态系统，还是腾讯构建的从社交平台到生活一体化的生态系统，或者小米构建的从"硬件+软件+云存储"系统到生活一体化的生态系统，都是如此。

数字平台用户正在从C端个人消费者迅速拉长到B端的经销商、供应商、生产设计OEM商、社会化分销服务商（合伙人、终端商户、异业合作），及行业生态体系的利益相关用户。企业所具备的生态能力正成为在行业中重新洗牌的重要手段，但是在生态体系，由于所涉及的行业跨度大、用户群体复杂，通过传统的合作和管理很难达到预期的效果，这就需要数字化平台赋予全域全触点的用户以连接能力。

在生态运营方面表现最突出的是地产企业。地产企业当前遇到了发展瓶颈，都想尽快实现从纯地产开发商向城市生活综合配套服务商的转型，积极拓展业务版图，进入商业开发和运营、物流仓储、社区教育、金融服务、养老生活等。但内部多业态用户触点的运营和管理处于分散状态，各个业态各自为政，不利于未来面向业主提供更多全面生活配套服务的产业生态的发展。因此为了推进多业务形态协同融合，地产企业纷纷开启数字化之旅。

1.2 企业数字化转型的 2 条路径

数字化转型需要依托技术的驱动，特别是数字中台技术，而数字中台的核心是业务中台和数据中台。对于企业而言，**转型的主要路径是业务数据化与数据业务化**，如图 1-3 所示。

图 1-3 企业数字化转型路径

某些企业已具备一定的技术和平台应用，如已有商城、CRM、客户服务等应用，此时可选择将业务进行数字化改造，沉淀业务能力和数据资产，再逐步反哺业务能力，对原有的应用进行升级改造和迁移，通过数据驱动业务的中台化，这条路径通常称为业务数据化。

当然，也有些企业自身的信息能力较弱，应用系统不健全或现有应用已明显不能满足业务的需要，这时企业应将着眼点放在场景应用和业务应用服务上，如原有的 B2C 商城业务、B2B 业务需要以小 B 端或分销模式进行渠道链多端的融合，形成

B2B2C、S2B2C 等模型，重新定义渠道业务模型；或者原有的 CRM 业务已满足不了消费者标签数字化，无法形成自动营销的应用模式，这一切都说明原有应用缺乏用数据反哺业务的能力，或不能适应业务模式的变化。如果企业面临这类问题，就应果断进行基于中台的应用系统的建设，这条路径通常可以称为数字化业务。

1.2.1 路径一：业务数据化

业务数据化是指引入中台架构技术对成熟的运营场景提供中台化服务，通过成熟业务来沉淀企业的数字化能力，让业务和技术相互融合，不断扩展业务边界，不断增强支撑创新业务的能力，不断深挖数据价值，将品牌商、商品、用户等企业经营核心要素，以场景化的方式沉淀和输出，通过数字化方式交互连接，让企业的运营更加快速、高效。

1. 业务中台化

传统技术架构都是烟囱式的，随着业务变得日益复杂和产业合作的深入，企业内部对不同业务场景的协同运营变得越来越难、效率和执行力下降。为了改变这一问题，需要基于原有的成熟业务应用进行中台化技术改造，以解决业务不交互、数据不通等问题。如原有的商城、CRM、POS 等系统均有独立后台，在面向消费者端应用时可提供多个不同入口的应用，需要将原有应用逐步沉淀到中台形成统一的共享能力以对不同端提供服务，如商城提供统一的交易能力、CRM 沉淀统一的会员能力等。

2. 数据资产化

数字经济时代，数据资产将成为企业核心竞争力，评价一个企业的数字化能力和业务价值，就需要评估其数字资产的价值变现能力。那么什么是企业的数据资产呢？它是企业拥有或控制的能带来未来经济利益的数据资源。因此，并不是所有的数据都是资产，只有可控制、可计量、可变现的数据才可能称为资产。其中，实现数据资产的可变现属性，体现数据价值的过程，即数据资产化。在大数据时代，具有商业价值变现的数据将是企业数据架构的核心。

新的商业模式和数字化运营模式可以通过创造性的方式整合这些新的数据资产，如智能交通、生活轨迹分析和消费者画像等。实现以数据驱动的个性化服务成为可能，如微营销和客户个性化定制的产品和服务，满足每一个消费者的独特需求，现在很容易通过数字化运营实现，不仅能够增强竞争优势，开辟新的市场，设计新的服务，还能为客户带来体验上根本性的改善，加速业务扩张。

数字化运营模式依赖数据计算、数据模型和中台化技术的整合能力。因此，有更多的企业（特别是食品酒饮、化妆品、消费电子等面临新零售业务场景多且复杂的企业）选择从数据中台切入，快速将企业现有数据进行数据化改造，实现价值变现，在行业和市场竞争中赢得先机。

大数据进入下半场，人工智能已然崛起，现有的大数据技术亟须和人工智能技术结合，孕育新的产业生态，向数据智能型企业转型正在成为数据科技创新的行动方向。企业通过建设数据中台，打破内部数据壁垒、盘活数据资产、提升数据价值，对外提供统一的智能化数据服务，重构企业大数据生态环境，进一步深挖和释放大数据的价值红利，其中以业务对象为核心的价值连接和标签体系，反哺业务中台，实现快速反应和高效执行，深度挖掘数据的商业价值，提升数字化收入和价值贡献。

1.2.2 路径二：数据业务化

数据业务化是指企业抓住数字化转型过程中的新机会，提供新型产品/服务，抛弃原有的技术体系，转而选择通过数字化技术和中台共享服务能力来驱动商业价值实现。这类转型有机会创造出更有冲击力的商业模式，或通过数字化产品/服务来创造额外价值，如微商城应用、社交化分销业务的应用等，为企业开辟新的渠道，带来新的业务增量。

1. 扩展业务链服务边界

推动产业数字化，利用互联网新技术、新应用对产业进行全方位、全角度、全链条的改造。从原料到工厂再到终端，强化核心部门的数字基因，构建全新的产业链数字生态，形成一套完整的闭环，建立一个全程可追溯、数据互通共享的体系。以数字化的工具协同上游、把控产品、分析用户、主导销售，同时再用数字化的工具分析销售结果和消费者反馈，对研发部门和市场部门进行再反馈，推动企业不断创新发展。

以线上的现在的消费者场景为切入点，实现异业合作，实现流量共享并赋能线上线下渠道是当前产业互联的主要发展方向，用户只需要在线上的某个场景化就能够轻松体验到不同类型企业的产品，促进了行业资源的再度优化和整合。

这种以场景化为代表的跨界异业合作的新模式正在成为数字化时代发展的全新模式，不断扩展业务边界。通过将不同类型的企业置于场景之中，一个建构于虚拟场景的数字化新模式正在形成，这一切必须由数字技术来驱动。因此，未来每个企业都将会成为数字化企业，只是路径不同、时间先后不同而已。

2. 业务场景运营

数字经济时代，基于大数据的千人千面、千店千策的运营策略，需要对 B 端、小 B 端，甚至 C 端进行精准化营销。渠道的多元化与下沉，让营销中商品、商圈、消费者等方面运营变得更加重要。行业内关于内容营销的理念正在发生转变，也从简单的品牌推广进化到内容场景化营销。

消费者也更期待随时随地随性享受"场景触发式体验服务"。他们的需求越发个性化，充分利用各个渠道获取的品牌、产品、活动、服务等碎片化信息，在碎片化场景中精准识别用户以实现多渠道交易和服务。

这些以消费者为中心的业务场景应用不断创新，需要基于稳定可扩展的中台能力来快速构建。

更多企业选择稳健的做法，即以某一创新业务作为突破口，尝试数字技术为其带来的改变并评估其商业价值，之后逐步改造原有业务，对业务模式、技术平台、组织管理、运营等方面进行渐进式调整，这样不至于对现有业务造成太大的冲击和影响。最终将企业各个领域的业务构建在数字技术上以进行场景化运营。

1.3 企业数字化的 3 大本质

企业的数字化应立足于顶端设计，结合企业的核心竞争力，如产品设计能力、社会化服务能力、渠道终端覆盖力，以及未来的产业互联、生态发展方向，依托企业自身优势，抓取企业自身的数字化本质。

那企业数字化的本质是什么？其主要特征包括三个方面：

第一是连接，连接员工、连接客户、连接物联设备；
第二是数据，也就是连接之后实时产生的数据；
第三是智能，是数据驱动的智能应用。

以阿里巴巴为例，首先，阿里巴巴通过天猫、高德地图、饿了么等业务前端，连接了众多消费者；然后，通过连接产生的实时数据，沉淀了大量的智能服务，例如千人千面的个性化推荐、商家的生意参谋等，来帮助企业做品牌推广、商品推荐、精准营销、运营分析等。

企业转型过程中的数字化技术与业务融合至关重要，绝不再是单纯地针对某些模块数字化改善的线性叠加，或者单一数字技术的运用。合理的数字化转型路径应当从源头入手，完成企业数字化的连接和智能，获得相关数据，实现产业生态全链条端到端的数字化升级。对于传统企业而言，数字化转型可能是内力驱动，也可能是外力驱动，但不论是什么驱动着企业的数字化转型，我们都要清楚转型后企业的数字化本质是什么，打造了企业哪方面的数字能力。总之一句话：在无限变化的商业环境中，尽可能触达价值链的各端，通过数字技术连接，挖掘数据商业价值，形成价值共享服务模式，并逐步沉淀自身的数字化核心能力（如创新能力），将其赋能于价值链各端，进行智能化运营并最终产生企业价值增量的数字模型，如图 1-4 所示。

图 1-4　企业数字化的 3 大本质

1.3.1　本质一：连接

在传统的商业关系形态中，通过企业、用户、商品可构建不同的业务模式，这几个商业要素相对独立且分散。在互联网、数字技术的推动下，它们之间的连接越来越紧密，充分把企业的品牌资源、用户资源、商品资源有效整合在一起，驱动商业模式的不断进化和创造新的价值模式。连接表现在企业营销、服务、市场、品牌、设计、研发、生产等各个环节，驱使企业不断连接产业链中优势资源，如设计、渠道、终端、供应商，使其形成一个超级价值链。

企业内部连接自身组织、员工，解决管理数字化问题，其目标是提升效率。

企业外部连接产业上下游的合作伙伴，如泛家居行业需要连接设计师、安装配送人员、工程人员、合作地产商、配套产品的供应商，家电品牌商需要连接苏宁、国美的导购员，快消品行业需要连接社群团长、街边小商户等。这些都是创造商业价值的一个环节，连接解决的是产业互联中的业务在线、数据采集等问题。

除了人与人的连接，还有人与物的连接。举个例子，一瓶啤酒赋予唯一的二维码用于分享获取权益。消费者买酒开瓶扫码，可以获得红包、积分、优惠券等奖励，在会员商城上获取权益，参与更多的营销活动，也可以把这个二维码里的利益分享给更多人，这就是一物一码的连接。

现在各行业都在将数字资源高度整合，形成更加庞大的平台经济，为产业互联和生态体系内不同价值链节点的用户提供更加便利、高效、优质的连接服务。因此每个企业都可以将自身的数字资源进行共享并放大，通过资源整合连接用户后获得更大的价值回报。

1.3.2 本质二：数据

数字经济时代，包含各类已发生、未发生且被预测即将发生的数据，我们称之为大数据。它可以以海量的数字、文字、图片、设备识别图像等为载体，利用新的技术、算法模型进行归类、分析、总结和应用，让其成为数字经济时代最重要的资产，即数字资产。

通过打通企业的品牌资源、商品资源所连接的用户大数据，通过数据、物联网设备的普及将人与设备、人与人都连接起来。这个过程就需要每家品牌企业都能建立依托数字中台的数据引擎去驱动商业价值的转化能力。

传统企业在对数字资产进行商业变现时，要充分利用自身的优势资源和能力，并将这些资源和能力转化为数字资产，特别是以用户为核心能力的大数据、以商品为核心能力的商品数据、以终端网点为核心能力的资源数据、以设计为核心能力的资源数据等。在数字经济时代，这些数据不是孤立存在的，要利用技术将这些数据连接，产生数据聚合的价值。对于一个企业而言，其掌握的数据核心资源越多，对生态和产业链的控制力就越强。

对于传统企业而言，大数据之路无疑是艰辛而漫长的，首先必须通过自身资源能力和成熟业务沉淀各类数据，包含历史交易数据、市场预测数据、行业竞品数据等，且数据的颗粒度要逐步细化。其次企业只有具备数据赋能的能力，才能将数据资源共享给生态和产业伙伴，将数据资源的价值放大，最终数据服务能力才会凸显，才能将数据赋能到生态、产业链各端的业务场景，实现价值变现。

1.3.3 本质三：智能

对企业而言，数字化进程需要通过数据的沉淀，不断强化自身的数据引擎驱动能力,最终解决的是面向未知商业领域变化的应变业务能力,包含整个生态体系内,围绕商品、用户的智能运营能力,对于不同行业其需要具备的运营能力也有所不同,快消品行业更注重商品运营、用户运营的能力,耐用消费品还要关注渠道引流能力、社会化极致物流能力、售后评价互动能力。

运营能力的建设不再只是通过组织和人员培训完成,而是需要基于数据驱动的智能运营场景去逐渐沉淀企业的数字化能力,建立不同领域的数据模型,在线获取各类行为轨迹数据、交易数据、设备连接数据,通过大数据的算法和计算能力,快速识别并输出数据的价值,反哺业务能力的快速创新和灵活应对。对于企业来说,在数字技术推动下已进入数字运营时代,要求企业能够建立数字中台,通过数据能力快速开展低成本的业务创新,目的是赢得时间以确立市场竞争的优势地位,这一切的基础是数据的智能化能力。

所有的企业都想将原有的市场部门、销售部门变成数字化部门,这也就意味着企业智能运营的开启,数据能力是实现智能运营的基础,通过对内外部数据的深层次洞察获取新的商业机会,再通过智能分析技术,构建不同领域的数据模型来实现数据的可视化,优化企业的商业决策。

1.4 企业数字化的 3 个领域

企业数字化主要是在三大领域方向中选择,其中,数字管理(ERP)领域,应用已经比较成熟;工业大数据领域的应用还处于热点期，部分企业也在尝试，这个领域范畴大且难，大部分企业还在观望；相对其他两个领域，数字营销是一个新的领域，很多企业都没做过，这是互联网企业比较看好且容易出效率、出价值的领域，是企业数字化转型的突破口。

企业主要从以下三个方面进行数字化应用，具体到每个行业、每个企业，需要根据其管理基础、技术条件、行业竞争等进行分析后选择，如图 1-5 所示。

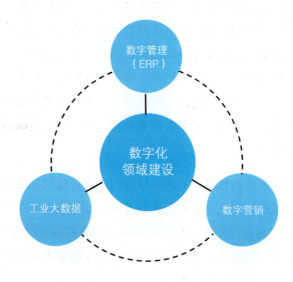

图 1-5　企业数字化的 3 个领域

1.4.1　数字管理领域

ERP 进入中国的 30 年，中国企业的信息化结合了其带来的最佳业务实践，实现企业核心业务标准化、管理流程化，规范了企业的管理行为，支撑了企业业务扩张和发展。

当受到互联网、大数据等技术的冲击时，绝大部分企业首先会对企业管理进行数字化，将原有的财务、人事、采购、生产等管理环节利用新的互联网技术进行数字化改造，实现内部员工的连接，要么利用大数据系统 BI 对原有的数据进行穿透分析和可视化但这仅是在原有已成熟的管理领域进行的数字化，要么利用新的互联网技术构建外部连接的 App 或小程序，建立官网和商城，但这些业务又建成单体应用，相互独立，缺乏大数据的支撑（原有的大数据平台已无法承载外部业务连接的数据量，更不用说建立数据模型和算法来提升数据应用能力了），我们将其划为数字管理范畴，这仅仅是企业数字化转型的第一步。

例如最传统的家电企业，过去几十年利用国外的商业套件覆盖企业的各个管理领域。随着互联网＋理念的深入、数字经济时代的到来，消费者产生了新的需求，企业对原有的系统修修补补，进行客户定制化开发，遇到了技术瓶颈、业务创新难、客户需求响应慢、底层数据逻辑混乱等问题，面临的是原有 ERP 管理的供应链数据已无法和电商应用的系统实现数据打通（典型场景是企业线上做商品促销时，线下网点库存不足、配送较慢、客户无法评价等），更不用说实现精细化的智能运营了。

1.4.2 工业大数据领域

工业互联的本质是互联在工业上的应用，以人工智能、机器人和物联网为主要技术，通过打通设备、生产和运营系统，以工业大数据分析、数字设计、制造仿真、数字化产品生命周期管理、柔性与优化制造能力为特征，这将真正实现制造的智能化。

智能制造构想虽好但却至今无法普及，制约因素在于缺少一个跨平台、跨领域、统一的工业大数据平台。虽然企业有着强烈的智能制造转型需求，但实现难度很大。只有工业互联网平台技术突破了大数据的制约，才能使智能制造大发展成为可能。

工业互联网所实现的不仅是制造过程的设备智能化，还需要通过平台获取设备、作业的实时数据，并将数据延伸到整个作业链中，与上游采购和供应商、下游销售和客户连通，实现基于产品、用户、服务的创新。"跟互联网结合起来，跟市场结合起来，跟智能制造结合起来，围绕消费走，这是中国制造业改变的关键一步"，马云在 2018 年云栖大会上这样说过。

"新"必将重新定义制造业。马云提了几个"新制造"的"必须"：必须是制造业和服务业的完美结合；必须是 B2C 走向 C2B；必须是实体经济和虚拟经济的完美结合；必须真正走向智能化；必须利用好大数据、云计算、物联网去实现按需定制；真正的新制造也必须是基于产业互联网的发展，由下游服务驱动上游产品与设计的新制造，并广泛应用工业大数据，形成智能制造的能力。

1.4.3 数字营销领域

虽然今天数字营销仍有很多问题需要解决，但它仍然是这个时代的新生产力，颠覆和改变着数字经济时代的未来商业发展趋势。然而，数字营销是一个复杂的技术体系，开源技术组件多如牛毛，尚未建立标准，且技术瞬息万变、场景迭代快；数字营销也是一个复杂的运营体系，领域专业细分又要高效协作，相互间有着强烈的连接关系。要完成品牌企业对消费者的有效触达，由数据、内容、触点的量变和复杂化，推动管理和运营的质变。

数字营销涉及品牌、市场、渠道、交易、服务及会员等。原来企业这几块都是独立在做。例如做品牌的只管做品牌，比如打电视广告只看收视率之类的指标，和电视台商谈好各时间段的广告价格就可以了，至于广告播出后有多少消费者在看，消费者看了什么内容，对内容哪一部分比较关心，他们并不知道。

数字营销要建立企业的商品服务端到客户、消费者端之间的连接。这里的连接，包括品牌的连接、市场的连接、渠道的连接、交易的连接及服务的连接，所有的连接都应该基于同一平台。

比如要做品牌的广告，把广告传到今日头条，今日头条上连接的消费者的信息能够回流到平台上，包括谁看到了广告、点进去没有、点进去后看了多少秒、重点看了哪个商品等。

市场也一样：消费者参加一个市场活动，要扫码才能进来，甚至活动结束也要扫码，这样企业就能确定活动参与人、参与时长、重点关注的内容等信息。当企业和消费者建立起从发布到结束的闭环连接，数据就产生了。

云徙的数字营销就是做商品端到消费者端之间的连接，并将所有内容都集成在一个平台上。这个平台上有为精准营销、营销活动等服务的 i-Marketing，有针对渠道和交易的数字商城、数字门店、全渠道运营的 i-Commerce，有提供智能客服的 i-Service，以及进行全域会员管理的 i-CDP（Customer Data Platform）等应用。这些应用都长在统一的数字中台上，中台里的数据是互联互通的。

1.5 中台驱动企业数字化转型

中国经济发展已进入了数字化快车道，引领全球数字经济的创新。每个企业都想搭乘这趟数字快车，在创新之路上赢得竞争优势。数字化转型不再是可有可无的，每个企业都要意识到这是关乎企业未来发展空间的生存问题。

数字化转型涉及产业、生态、企业等在商业环境下管理的变革，思维、创新、商业模式决定着每个企业的数字化之路。企业最终都会走向数字资产化，到那时对企业的估值不仅仅是依据收入规模等指标，更多依据数字平台连接的用户数据、商品数据、交易数据等产生的商业价值。引入数字技术，以改善产业生态链上的员工、客户、渠道分销商、事业合伙人、终端门店或商户、供应商、异业合作伙伴和相关数字利益链的商业关系。

总之，数字化转型是将数字技术应用集成到企业内部的管理领域和外部变化的商业环境中去，从而对业务价值链产生决定性改变。企业变革要不断创新，要对原有的业务流程进行数字化处理，进而探索出新运营策略。

技术如何帮助企业进行数字化转型呢？那就要从中台开始谈起。

每个人对中台的理解都不尽相同，阿里提出"中台"，起初只是为了将自身的实践进行赋能输出，以场景化应用、数字化资产的形态构建核心差异化竞争力。中台恰好实现了"将数字技术赋能企业商业领域运营，支撑前端业务快速多变和创新，符合数字经济时代的商业运营方式和价值创造路径"这个目标。

中台是企业数字转型的基础和保障。

第 2 章 | CHAPTER

云智慧时代的数字营销

2.1 数字营销的背景

近年来,数字经济作为全球经济的重要内容,成为全球经济发展的主线,并在逐步推动产业界和全社会的数字转型。数字转型的本质是连接、数据和智能,企业的连接又包括连接消费者、连接员工、连接设备,分别对应企业数字营销、数字管理和数字制造三大领域,其中数字营销领域作为最接近消费者、最容易为企业带来实际收益的环节,得到了企业的重视,也成为企业数字化转型升级中最核心、市场受众最广、发展潜力最大、空间最大的一个领域。如图 2-1 所示,数字营销已经达到很高的市场规模,并且仍在高速增长。

图 2-1 数字营销的市场规模及增长趋势⊖

数字营销作为企业数字化转型的重要突破口,市场需求不断爆发、云计算、人工智能、大数据等新一代信息技术的发展不断推动着营销技术、架构、方式的变革。同时,以消费者为核心的数字营销也反作用于技术的发展、产品的创新与迭代,数字营销市场的魅力不断绽放。不断扩大的数字营销版图不仅是数字经济发展的新风口,也成为互联网巨头及创新型企业竞相追逐的新蓝海。

无论是在强调网络化、信息化发展的数字营销1.0时代,还是在移动互联网、数字化技术高速发展的数字营销2.0时代,以及未来将催生的人机交互、万物互动、智能世界的数字营销3.0时代,营销模式在新技术演进、商业模式创新中不断迭代、升级与变革,每次新时代的跨越都是对上一时代的冲击与颠覆,都

⊖ 数据来源:赛迪顾问,2019年2月。

会催生新架构、新技术、新模式、新服务,也由此产生新的行业领导者与生态阵营。全球数字化转型正在加速,时代变革已经来临,数字营销风口已然形成,谁把握先机,谁就将成为行业的颠覆者、引领者。

2.2 数字营销的定义

数字营销是以"技术＋数据"双驱动,对传统营销进行在线化和智能化改造,进而帮助企业构建消费者全渠道触达、精准互动和交易服务的营销闭环。 其本质是借助数据和技术,并利用营销资源,依靠实时数据跟踪,实现营销由粗放向集约发展。比如,我们用数据跟踪技术,精准分析和决策企业广告资源投放渠道和投放人群,大大提升广告拉新效果。

依靠中台的强大连接力,实现渠道从单一向多元发展。中台持续沉淀企业商业服务能力,并赋能各种新消费场景,支持企业快速创新消费场景,拓展渠道。

内容策划和投放依靠数据算法的预知,从经验决策变为智能决策。比如采用一些聚类算法设计的活动预测模型,可以帮助企业预测某一类活动的效果,让活动在策划阶段实现效果最大化,且能学习进化。最终使企业营销资源利用更高效,推广费用大幅降低,业务增长可预期。

数字营销是以消费者需求为核心的数字化体验创新,最终实现面向最终客户体验的触点创新。数字营销强调的是对新技术的运用以及互联网业务逻辑分析的能力。数字营销赋予了企业市场、营销、销售、服务组合新的内涵,是数字经济时代企业的主流营销方式和发展趋势。

2.3 全球数字营销的 3 个重要趋势

2.3.1 趋势 1:"+ 互联网"重构数字营销链条

商品从企业流转到消费者手里,涉及品牌、市场、渠道及交易、服务等内容,就是传统的营销链条(见图 2-2)。

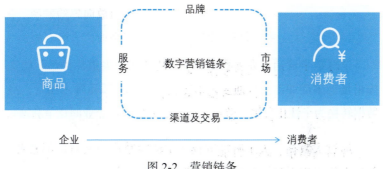

图 2-2 营销链条

在数字经济时代,由于消费的场景化、渠道的多元化、产品与服务的一体化,企业开始利用"+ 互联网"思维模式重构营销链条。以客户价值为核心,打通研发、营销、销售和服务环节,通过对消费者全方位洞察和全生命周期管理,使业务与数字形成营销闭环,达成业务到数字的一体化、数字到业务的运营化,从而提高获客数量和客户价值。

重构数字营销链条，大体上可以分为如下 4 个步骤：

1）打通所有销售通路，包括渠道类（即 B2B）、电商类（即 B2C）及线下门店类（即 O2O），将客户信息、商品信息、交易信息、合同信息等汇聚到统一的平台上；

2）通过对数据的多场景分析，管理用户生命周期，判断用户运营策略；

3）根据用户消费习惯和行为分析，实现精准场景、精准渠道、精准业态的营销活动；

4）根据数据分析和运营结果，支持新产品研发、营销决策、业务运营，从而构建企业发展的新格局。

2.3.2 趋势 2：大数据、AI 全面赋能精准营销

全球数字营销正在被数据驱动，传统单一渠道优势已不能支撑市场的多变冲击。打通全渠道客户，让数据孤岛融入场景，将数据转换为个性化营销、差异化服务成为新一代企业间竞争利器。

通过大数据、人工智能等技术手段能精准找到对的消费者，并根据历史表现数据和行业参考数据，科学地计算出边际递减效应的最佳临界点，从而以更有效的方式触达消费者；再利用原生的方式来整合广告和内容去影响消费者。其中，大数据能力与技术是实现数字营销变革的基石。通过用户画像和推荐算法能构建消费者全触点场景，精准触达消费人群。此外，大数据营销监测可以实现营销成果转化追踪，实时修正营销方案，进一步吸引消费者，促使消费者做出购买决策。

2.3.3 趋势3：平台化、微服务变革传统架构

在以消费者为中心的时代，企业的数字化应用发生深刻变革。在原来以系统为核心的建设模式中，业务和数据被烟囱式IT系统分割到了不同系统中，相互之间数据不能完全共享。一旦业务变更，产生新的应用需求，这种烟囱式体系架构难以支撑业务变化与创新。并且，以消费者为中心的应用系统面临巨大的性能挑战，传统架构难以应付海量访问的并发，因此向分布式、平台化转变成为变革的方向。

分布式架构的灵活性、可扩展性，以及承载海量用户的能力，使云化平台成为必然选择；为了支撑业务迭代创新，以阿里、腾讯为代表的互联网巨头开始实施"中台"战略，引入数据资源整合与交换中心、共享服务中心，即数据中台与业务中台，以支撑数据交换与业务交互。通过中台将共性需求抽象化，通过解耦和组件化方式，保证整个系统是分布式的，各种业务应用以微服务方式进行交互处理，可保障业务随着场景发展而迭代，支撑给予用户全新体验与个性化服务。

2.4 中国数字营销的5个新特性

2.4.1 中国引领企业数字化转型大潮

随着人工智能、云计算、大数据、机器学习等一系列前沿技术的不断发展，并深入到医疗、制造、安防等传统行业领域，企业数字化转型逐渐在各个行业爆发。中国宏观经济面临下行压

力、经济结构的转型升级推动生产要素成本上升，同时激烈的市场竞争、用户多元化消费习惯的养成、行业赢利点的转变等也倒逼企业进行数字转型升级。

在此背景下，中国涌现出诸如阿里巴巴、腾讯、华为、新华三、浪潮、海尔、海康威视等一批优秀的企业数字化转型实践者，从市场营销、供应链、生产制造、内部管理等多方面为企业提供数字化转型解决方案。企业数字化转型行业生态初步形成，中国正在逐步成为数字化变革的引领者。

2.4.2 中国数字营销生态正在快速搭建

在数字经济时代，传统企业需要从市场营销、供应链、生产制造、内部管理等多个方面进行数字化转型升级。其中，营销作为最接近消费者、最容易为企业带来实际收益的环节，受到了各行各业企业的重视，数字营销也成为企业数字化转型升级中市场受众最广、发展潜力最大的一个版块。

赛迪顾问预测，2019年中国数字营销市场规模将达到652.5亿元。同时，随着中国互联网用户的基本普及，用户已经习惯了使用社交软件、电子商务、在线视频等应用，用户的基础观念与使用习惯已经养成，移动端正在成为数字营销发展的重要引擎，数字营销已经成为企业与消费者直接接触的重要方式之一。

作为世界领先的数字技术投资和应用大国，中国孕育了世界近三分之一的"独角兽"公司，本土市场中拥有大量热衷数字科技的80后、90后年轻消费者，更有业务遍及全球的阿里云、腾讯云等本土企业布局多行业、多元化的包含数字营销解决方案在内的数字生态系统，其中也涌现出不少优秀的数字营销解决方案提供商，如以 SAP、Oracle、用友等为代表的传统 ERP 厂商和以云徙科技、Salesforce、端点科技、有赞科技、微盟等为代表的新生态厂商。

2.4.3 云原生数字营销阵营已经形成

目前，以云计算、大数据等前沿技术为基础，国内已经形成了以阿里云、腾讯云等为代表的云计算生态的数字营销新阵营。

其中，凭借突出的客户运营能力、消费者基础以及技术实力，阿里云通过共享服务·区域服务、Apsara Aliware、阿里云大学等合作计划，并收购端点科技，与云徙科技等优秀企业建立合作关系，构建出具有丰富开发功能的 PaaS 平台。在此基础上，阿里云帮助国内外众多企业用户轻松上云，助力目标客户企业搭建自由营销推广系统。

腾讯云则集结了云计算、企业微信、微信支付、小程序等工具，与微盟、有赞科技等众多云行业企业建立了紧密合作关系，助力金融、零售、教育等行业企业实现数字营销、数字生产、数字管理。

2.4.4 消费品、汽车、房地产等行业数字营销需求最迫切

对于营销数字化转型升级，不同行业的需求度和紧迫感不同。与最终用户越接近、与消费者产生互动体验越频繁、购

买决策后期越长的行业，对数字营销的需求越高。其中，消费品、汽车、房地产等行业受大数据、云计算、人工智能、物联网等新技术影响最深，也是数字营销转型动力较强的典型行业。

以汽车行业为例，虽然近几年汽车销量稳步提升，但是增速逐步放缓，加之汽车品牌数量之多、企业竞争愈发激烈使得车企亟须找到新的增长点。当前随着移动互联网、大数据等技术的发展，消费者行为正在逐步改变，多元化的买车习惯已经养成，购车用户前往 4S 店的次数由过去的 4～5 次减少为 1～2 次就可以做出购车决定，越来越多的消费者通过互联网、短视频、社交媒体网站等渠道了解汽车信息。80 后、90 后消费主力军对内容新颖、突出情怀的产品付费意愿会更强，这也对汽车企业的数字营销内容质量提出了更高要求。

2.4.5 "数字中台"成为数字营销解决方案的主流模式

在互联网时代，当数字化成为企业的核心战略后，如何实现业务数据化？如何使数据赋能企业推动业务转型升级？如何提升企业数字资产的价值？这些都成为制约企业发展的难题。在此背景下，数字中台成为指导企业数字化转型、实现智能营销的主流方法。

数字中台是基于企业级互联网及大数据架构打造的数字化创新平台，包含业务中台和数据中台。

一方面，数据中台可以在云厂商提供的运行机制和基础架构下，支撑企业新零售业务应用的标准化及快速定制化，同时为企业提供大数据数据采集、清洗、管理和分析能力，实现数据精细化运营。数据中台可以将企业内外割裂的数据进行汇聚、治理、建模加工，消除数据孤岛，实现数据资产化，为企业提供客户立体画像、商品智能推荐、业务实时监控，助力企业实现数据驱动业务。

另一方面，业务中台不仅可以将原本不同系统相同功能的服务聚合起来，统一标准，统一规范，统一出口，实现企业业务的整合；还可以通过服务的聚合实现资源与能力共享，支撑新应用与新业务的快速开发与迭代，以满足快速变更的用户需求。通过数字中台构建的客户触点体系，可以帮助企业客户实现业务数据化、数据业务化，赋能企业智能化，全面实现数字营销。

2.5 数字营销解决方案架构分析

数字营销是以"技术+数据"为双驱动，帮助企业构建面向消费者的全面触达、交易、运营的营销数字化平台与服务。

当前，中国数字营销解决方案的系统架构主要有三类：

第一类是以阿里系生态为代表的基于中台架构的数字营销平台（如云徙），能支持企业线上使用，也支持私有云搭建，技术依赖于阿里等互联网巨头，主要面向大中型企业提供服务。

第二类是纯 SaaS 服务，主要面向中小企业提供数字服务，如 Salesforce、微盟、云徒等。

第三类是以 SAP、Oracle、用友等传统第三方软件厂商为代表推出的解决方案，主要是由原先的 ERP 延伸出来，其产品形态是软件或云服务，品牌业主可以在此软件上进行广告投放操作，主要面向中大型企业提供服务。

后两类可以归集为 SaaS 数字营销云。

2.5.1 基于中台、微服务架构的数字营销平台

基于中台和微服务架构的数字营销平台整体架构如图 2-3 所示，平台主要分为 3 层。

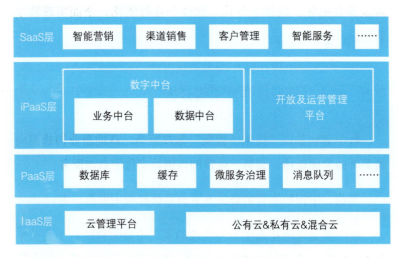

图 2-3 基于中台、微服务架构的云数字营销平台示意图⊖

⊖ 图片来源：赛迪顾问，2019 年 2 月。

1）IaaS 层：即基础设施层，主要为计算、存储、网络能力提供支撑；可以是公有云、私有云或混合云。

2）PaaS 层：除传统的平台层外，创新性引入数字中台，中台采用微服务架构来构建，是整个平台的核心与基础，它包含业务中台和数据中台。业务中台是将企业常用的业务场景和功能抽象为共享服务中心或组件，建立核心数据模型和业务规则、逻辑，提供包括交易中心、促销中心、商品中心、会员中心、结算中心，库存中心、支付中心等在内的大多数共性服务，使得企业可以基于共享服务中心快速构筑营销应用。数据中台则是基于大数据中间件来搭建的轻量级大数据平台，主要实现数据的分层与水平解耦，通过数据建模实现跨域数据整合和知识沉淀，沉淀公共的数据能力，形成数据资产，通过数据服务实现对数据的封装和开放，快速、灵活满足上层应用的要求，通过数据开发工具满足个性化数据和应用的需要。

3）SaaS 层：即前端应用层，主要是针对营销涉及的营销、活动、交易、服务（售前、售中、售后）等提供各种各样的应用服务。

2.5.2　SaaS 数字营销云

SaaS（Software-as-a-Service）是云计算时代的一种服务模式，本质来说是改变了以往软件的服务模式，免去了 IT 资源及软件购买、安装和部署的工作，而是采用直接租用，即通过互联网方式登录 SaaS 提供商平台直接使用。SaaS 对企业的最大好处就是成本更低，相对于私有化部署每年在升级、扩容、维护方面花费的成本，SaaS 每年相对固定的租金成本更加可控。另外，SaaS化服务方式一般通用性比较高，但企业选用SaaS服务时还会可能需要调整内部的流程来适应软件的方式。因此，国内使用SaaS的企业一般以中小规模为主，大企业由于其内部流程、管理的复杂性和个性化，要改变流程本身所花费的时间与成本更大，因此更愿意选择私有化定制。

SaaS数字营销云，旨在为企业提供营销领域的集营销、交易、服务为一体的SaaS产品与服务。数字营销云包含以下几个产品：

- 全域会员i-CDP（Customer Data Platform）。该产品将企业与消费者所有触点渠道打通，并在一个池子中统一管理；同时，提供等级、权益、积分等功能，为企业留住会员，增加忠诚度。
- 营销智能i-Marketing。该产品主要解决会员的精准营销问题。通过自动化营销引擎，对目标用户组群提供一对一的营销推广，实现高转化。
- 全渠道销售i-Commerce。该产品负责交易闭环，把线上、线下交易的场景做到体验无差别，目的是让消费者在起心动念的时候随时随地能完成交易。
- 智能服务i-Service。这是一款客服产品，包含人工客服与智能机器人，为企业提供高效的服务平台，提升客户满意度。

数字营销云是以业务+数据双中台为基础的，因此其本身也继承了双中台带来的好处。比如平台天然实现了人、货、场的数据融通，从商城中创建的优惠券促销，会自动流转到营销系统中，通过营销引擎推送到目标消费者。消费者所有的交易信息也会自动归集到会员档案中，提供更清晰的会员画像；性能上，中台的互联网架构也保证了数字营销云能够应对高并发的考验。

一般来说，软件服务提供的价值分为几个层次：第一个层次是提高效率，例如电子笔记类；第二个层次是优化用户体验，比如电子审批，把线下流程线上化，不仅提高了效率，同时为使用者带来极大的体验提升。数字营销云属于另外一个层次，其为企业带来直接的商业利益，也即开源。所有的会员营销、交易或者提供的客服，都围绕着为企业带来更多的商机、更高的转化以及客单价展开。对于中小企业来说，提高效率并不急切，因为业务能跑起来；提升体验也并非刚需，因为流程本身还不够复杂；而为企业开源，是中小企业，甚至是大企业都十分看重和依赖的，也是最舍得投入的。这也是近年来营销领域的 SaaS 能够迅速发展的原因。而 SaaS 数字营销云兼备了双中台基础以及 SaaS 化的优点，形成推动企业业务的有效闭环，为企业提供独特的价值。

2.6 面向营销的数字中台

随着消费者消费行为的改变，企业线上线下渠道的融合，能更有效地服务终端消费者，提升消费者购物体验。而数字中台支撑是企业连接自己的用户（终端消费者和客户）、沉淀业务能力和数据能力、实现企业营销升级的关键。

2.6.1 新中产阶层的消费转型

随着新中产阶层的崛起，特别是以 80 后、90 后为主流的消费群体，他们的消费行为已经发生了很大变化，具体有如下 3 个特点。

1. 个性化

今天的消费者购买商品已经从短缺经济时代的必须型向喜欢型转型，他们越来越追求"自己的消费自己做主"。他们买一件衣服、一双鞋子，甚至一个杯子都不是因为缺少这些东西，更多的是因为喜欢，是这个商品所传递的某种属性打动了他们。他们不再跟风大众商品，更追求能展现个性的消费体验。

2. 碎片化

移动互联网和智能手机的普及，使每个人平均每天在手机端花费的时间超过 3 小时。移动支付的快捷和"3 公里 30 分钟"快递物流问题的解决，消费者每时每刻都能发起线上购物，购物时间已经完全碎片化。

3. 理性化

根据《2018 年中国移动互联网用户行为洞察报告》显示，78% 的移动互联网用户在购物前会收集相关信息并进行多方对比。他们不相信广告，更相信口碑。84.5% 的用户愿意花更多钱购买质量更好的产品。他们不盲目崇拜品牌，更关心商品本身的品质。他们更愿意为好的服务、好的品质、好的商品买单。

2.6.2　企业经销渠道体系变革

过去的几十年，线下经销渠道是企业实现销售至关重要的一环。一个企业的经销渠道下沉能力越强，他的获利能力也越强，几乎所有的品牌企业都通过全国总代理、省代理、区域代理等方式布局渠道。近几年随着淘宝、京东等电商平台的迅速崛起，传统渠道面临极大挑战。为了更好地满足消费者需求，企业渠道正在面临新一轮的变革。

1. 扁平化

移动互联网的迅猛发展，用户已经很容易被触达，消费者关系的重建，去中间商趋势越来越明显。在传统的多层级渠道体系下，层层铺货，层次越多，效率越低。最近几年，很多新兴互联网快消品牌甚至放弃了地面渠道的建设，将商品放到淘宝、京东等第三方电商平台甚至自媒体上销售。中间商在整个商业链条中没有提供任何增值服务，理论上讲其就没有存在价值了，越来越多的商品会没有渠道商，商品从工厂直接到卖场、零售商，渠道变得越来越扁平化。

2. 线上线下融合

根据格力电器2018年的年报，格力电器2018年总营收2000.24亿元。董明珠赢了2013年与雷军的"10亿赌约"。2013年年底他们打赌时，中国的移动互联网正处于高速发展时期，小米通过互联网营销手段，没有一家线下门店，将营收做到了200多亿元。而作为传统企业代表的董明珠对互联网营销不以为然，挺身而出跟小米雷军打赌，在当时形成了很大的新闻效应。

5年后的今天，董明珠认为员工只有充分接触消费者，才能真正知道消费者的需求，于是率8万员工开微店，全面展开社交电商。董明珠本人更是亲自为格力代言，在实现格力品牌人格化的同时，她自己成了一个大网红。

到 2018 年年底，小米之家的线下（直营和加盟）店超过了 2000 家，2013 年小米手机都是在线上卖掉的，而 2018 年小米手机 52% 的销售额是在线下实现的。

几年前，很多品牌企业不得不在京东、天猫上开店时，为了避免对线下渠道造成冲击，往往采取线上线下不同款型的方式。2014 到 2015 年笔者调研的几个著名电器品牌企业就专门生产电商专供款来应对互联网浪潮。到今天，有些先进的企业率先实现了线上线下同款同价，甚至实现了线上下单、线下实体店就近配货，从而实现了从线上向线下导流。

在今天来看，已经没有了 5 年前经典的格力线下模式或者小米线上模式，互联网已经变成一种基础设施。传统企业纷纷在线上渠道开设虚拟网店"触电"，同时电商企业也纷纷从线上走到线下，比如阿里的天猫小店、京东的京东实体店、小米的小米之家、三只松鼠的线下投食店等。企业都在进行渠道体系的融合，线上线下的融合。

3. 数据化

"所有的生意都是数据生意"（"硅谷精神之父"凯文·凯利的商业预言），所有的渠道变化都建立在与消费者关系重建的基础上，无论我们从哪个渠道触达消费者，目的都是获得消费者的数据和连接，从而和消费者产生互动，在互动过程中精准了解消费者的诉求，最终有效满足消费者需求。

渠道只有利用数据和工具，建立企业和消费者的关系，从用户获得、留存到为老用户提供增值服务产生复购，沉淀出可复用的数据，渠道才能产生价值。不能获得消费者数据并与消费者产生互动的渠道就没有价值，数据能力已经变成渠道的核心能力。

2.6.3 数字中台支撑企业营销升级

今天的企业，要更加敏捷、更加快速地适应瞬息万变的市场，实现从以产品为中心向以客户为中心的转变，就要在传统渠道和不断涌现的新媒体等多端上实现全覆盖。从而建立起企业从商品到客户之间的连接，包括品牌、市场、渠道、交易及服务的连接。

企业与客户间所有的连接都应该基于同一平台去做，将连接过程中产生的数据沉淀和积累下来，实现数据资产化。最终通过对海量数据的清洗、治理和分析，洞察消费者特性，为企业提供客户立体画像、商品智能推荐，进而实现精准定位客户，助力企业实现数据驱动业务，实现数据精细化运营。

建立一个全面服务化架构的数字中台，依靠平台能力为各个前端输出统一的管理能力，帮助企业实现业务数据化、数据业务化，赋能企业智能化营销，将会成为传统大型企业全面数字化转型的最佳解决方案，甚至成为未来数字营销的主导方案。

某知名企业开发了一款针对高端客户的健康产品，为了更好地服务客户，企业在中台上定制了相关前端应用，通过数据中台打通腕表记录的消费者每天走路、跑步等的运动数据，通过定制的 App 记录客户每天使用产品和饮食的情况，结合仪器测量收集客户的健康数据。通过收集到的大量运动和饮食数据，进行数据建模，分析出最佳运动和饮食方案，反馈到前端 App 上及时指导客户每天应该做多少运动、应该吃什么。企业通过腕表、App 实时连接用户，收集和处理数据，并最终通过算法实现了智能的健康指导。企业在真实帮助客户实现健康愿望的同时，极大地提高了用户体验。

| 第 3 章 | CHAPTER

全面解读中台

中台，通过对业务、数据和技术的抽象，对服务能力进行复用，构建了企业级的服务能力，消除了企业内部各业务部门、各分子公司间的壁垒，适应了企业，特别是大型企业集团业务多元化的发展战略。基于中台，可快速构建面向最终消费者和客户的前台应用，从而满足各种个性化特征的前台需求，为企业的数字化转型提供明确的道路。

3.1 什么是中台

那么中台到底是什么？中台是一个新的概念，但却是一个旧有的名词，在新时期我们赋予其新的内涵。本节介绍中台的历史起源，以及数字化时代中台在企业信息化建设中的表现和作用。

3.1.1 中台的源起

在中国古代东汉时期，尚书台成为政府的中枢，号称中台。唐朝所完善的三省六部制，以门下省为西台，中书省为东台，也将尚书省称为中台。尚书省作为执行机构，辖吏、户、礼、兵、刑、工六部，如图3-1所示。

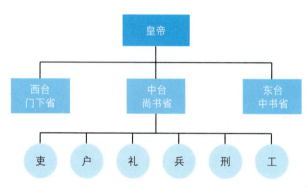

图3-1 中国古代官场的"中台"架构

在一个投资银行的组织结构中，前台（Front Office）是与客户（无论是个人客户还是公司客户）直接互动的岗位，诸如大堂经理、客户经理、柜员等。中台（Middle Office）是指直接支援前台工作的所有人员，使用前台或后台的资源，为前台提供专业性的管理和指导，并进行风险控制，比如风险管理、合规应对、财务管控以及IT服务等。后台（Back Office）指幕后的职能岗位，行使管理职能，比如结算、清算、会计、人力资源等。

位于芬兰的著名移动游戏公司 Supercell 以小前台的方式组织了若干个开发团队。每个团队包含了开发一款游戏所需的各种角色。这样各个团队可以快速决策、快速开发。而基础设施、游戏引擎、内部开发工具和平台则由类似"部落"的部门提供。"部落"可以根据需要扩展为多个小分队，但各个小分队都保持共同的目标。"部落"本身并不提供游戏给消费者。

2015 年的阿里巴巴已拥有规模庞大的个人会员和企业会员，业务种类纷繁复杂，业务之间交叉依赖，业务团队众多，不能及时响应业务的要求。因此当年 12 月，时任阿里巴巴集团 CEO 的张勇通过内部邮件宣布启动阿里巴巴 2018 年中台战略，构建符合 DT 时代的更具创新性和灵活性的"大中台，小前台"的组织机制和业务机制，实现管理模式创新。即将产品技术力量和数据运营能力从前台剥离，成为独立的中台，包括搜索事业部、共享业务事业部、数据平台事业部等，为前台即零售电商事业群提供服务。从而前台得到精简，保持足够的敏捷度，更好地满足业务发展和创新需求。

2017 年 5 月出版的《企业 IT 架构转型之道：阿里巴巴中台战略思想和架构实战》详细阐述了业务中台是介于前台与后台之间的。其采用共享的方式建设，解决了以往烟囱式和单体式架构设计的重复开发、数据分散、试错成本高等问题。书中列举了建设业务中台的一些原则：高内聚低耦合、数据完整性、可运营性、渐进性等。此书的出版推动了中台思想的发展和中台的建设。

之后，很多互联网公司快速跟进中台。滴滴出行在 2017 年 12 月分享了《如何构建滴滴出行业务中台》。滴滴出行在前端业务上形成了出租车、快车、专车、代驾等多业务共同发展的业态。虽然各业务的应用场景不同,但所有业务本质都是出行,交易流程是相同的。如果各业务独立发展,则业务间缺少协同性。

京东在2018年12月宣布采用前台、中台和后台的组织架构。前台职能是理解和洞察客户需求和行为,通过产品创新和精细化运营服务客户,最终实现和提升客户价值。中台通过沉淀、迭代和组件化地输出服务于前台不同场景的通用能力,作为为前台业务运营和创新提供专业能力的共享平台。后台职能则提供基础设施建设、服务支持与风险管控,为中、前台提供保障。

3.1.2 从组织管理和技术系统角度看中台

中台可以作为一种企业组织管理模式和理念(Middle Office)。不过从技术系统角度看,中台也可以作为一种新型的企业IT设施架构(Middle Platform)。此外,为建设中台系统,有些企业会成立专门的中台技术团队来整体负责、实现和运营。因此作为组织管理模式的中台和中台系统这两者并不是完全分开的。

中台化的组织方式就是在公司内部构建统一的协同平台。一方面,可以让各业务部门保持相对的独立和分权,保证对业务的敏感性和创新性;另一方面,用一个强大的平台来对这些部门进行总协调和支持,平衡集权与分权,并为新业务、新部门提供生长空间,从而大幅降低组织变革的成本。中台部门提炼各业务线的共性需求,最大程度减少重复"造轮子"。

从技术系统层面看，**中台是企业级共享服务平台**。传统的 IT 系统或套件没有太多关注系统能力的复用和共享，因此企业在多年的信息化过程中引入和建设了多套具有重复功能的烟囱型系统。而中台则要求对能力进行细粒度分析，识别共享能力，并将共享能力建设成为统一的平台。因此中台不是单系统的服务化。

综上所述，**中台是能力的枢纽和对能力的共享**。中台是在集中的基础上建设分权的业务，进行联通，并为各业务提供统一的服务。因此一切将企业的各式各样的资源转化为易于前台使用的能力，为企业进行"以用户为中心"的数字化转型服务的平台，都是中台。但要注意，与此思想相匹配所建设的中台团队并不能当作资源共享团队。中台团队关注的是如何形成基础服务，为前台团队建设业务应用提供便利。因此中台要实现平台逻辑与业务逻辑的分离，并隔离不同前台业务。

另外，中台不是微服务，因为中台不仅是一种技术架构，还是企业进行数字化转型的整体参考架构。不过从技术角度，可以认为微服务是建设中台的最佳实践。微服务是将 J2EE 时代的单体架构拆分为多个提供微服务的技术架构。微服务将相关联的业务逻辑及数据放在一起形成独立的边界。各个微服务之间通过标准的协议，比如 HTTP RESTful 风格进行通信访问。各个微服务间是松耦合的。不同的微服务开发团队理论上可以使用不同的技术栈来实现微服务而无须强求一致。另外，微服务所需的数据存储一般都由单独的数据库实例或数据库模式隔离，数据的交互只能通过接口或消息实现，而不能在数据库层直接访问另一个微服务的数据。微服务强调接口的隔离原则，通过接口封装。由于微服务可单独部署，因此可根据需要对所需的微服务进行扩缩容，无须针对整个系统，从而使系统的伸缩性更灵活，更能应对大流量并发场景，比如秒杀。微服务拥有与生俱来的独立开发、独立部署、独立发布特性，支持高并发高可用，以及去中心化管理等优点。但由于微服务是分布式编程，提高了开发、调试、部署、运维等的难度，增加了服务管理的复杂度，且需要重新设计原先由单一数据库保证的原子性等。虽然微服务对开发团队提出了更高的要求，但是它促进了研发团队的一体化运维能力，从而改变了企业的研发组织架构。

3.2 中台系统及其展现形式

中台是数字化转型下重构企业IT基础设施的最佳实践。那么，怎么理解中台是企业级共享服务平台？我们先来看看中台的起源地——阿里巴巴建设中台的驱动力和成果。

2008年的阿里巴巴集团由于内部部门之间的隔离、业务目标相对不一致，淘宝和淘宝商城（即现今的天猫）是作为两套独立的系统分别建设的，即是两套独立的烟囱型系统。但二者的基础业务都是电商交易，因此基本功能是类似的，包括商品、交易、支付、评价、物流、积分、论坛等功能。由于系统间的隔离，虽然商城的流量和交易持续走低，却无法将淘宝的流量引流到淘宝商城。因此，两个业务部门商量如何打通两个电商平台，从而成立了共享业务事业部，着手进行内部称为"五彩石"的项目。"五彩石"项目的成果，即现在称为"中台"的各共享业务服务中心，这为后续天猫的快速发展奠定了坚实的基础。中台整合了阿里巴巴集团的产品技术能力和运营数据能力，对各前台业务形成了强有力的支撑。后续上线的聚划算、1688等均得益于中台的建设。

由此可以看到，企业在信息化建设过程中，不同业务部门基于本部门的业务需求提出了相对独立的方案。IT部门为满足不同业务部门的不同业务需求（有时甚至是相互冲突的），搭建了纷繁复杂且部分功能重复的烟囱式系统。烟囱式系统的建设不仅带来了功能的重复建设，还带来了重复维护，导致企业的重复投资。此外，为了打通烟囱式系统，还需要专门设计第三方集成方案或引入企业服务总线（ESB）的概念，集成和协作成本高昂。因此，在建设和引入新的系统时，虽然各部门根据自己的业务需求构建了定制化的最优解决方案，但这些方案可能只是局部最优；如果从公司整体来看，不一定是全局最佳的解决方案。所以，构建系统如果不从全局出发，不进行现有系统的改造升级、重复利用，那么只能是在旧有的复杂性上再次引入新的复杂性，导致系统越建越复杂，而效率却越来越低。

既然我们强调中台是能力的复用，那么在建设新系统或业务应用时，可复用的能力具体是以什么样的形式提供的呢？在程序设计中，函数是将一段经常使用的代码封装起来，然后在需要使用时直接调用。使用函数体现了程序设计模块化的指导思想，即将大问题分解为小问题，通过解决小问题来解决大问题。其次，函数的使用大大减少了重复编写程序段的工作量。相关的通用函数集，可以编译成动态链接库及类库，这再次提升了复用的可能。既然我们可以使用函数、类库的方式将一些可复用的功能封装起来，那是不是也可以将可复用的功能作为服务提供？**以服务的方式提供共享能力的平台就是中台**。中台是比函数和类库更高一层次的复用封装（见图3-2），从而更好地服务于业务。

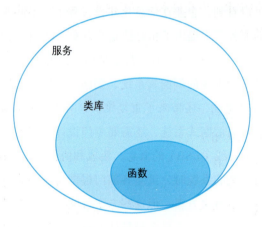

图3-2　共享的三个层次

3.3　中台的作用

中台应该包含哪些内容呢？什么应该包括在中台里？什么不应该放在中台里？中台与企业现有的ERP、CRM是什么关系？如果建设了中台，中台应当如何发挥作用，而不是又让企业陷入建设另一套IT系统的老路？

3.3.1　中台的分类

中台是从多个相似的前台业务应用共享的需求中产生的，因此最先提出的中台是业务中台。数据是从业务系统产生的，而业务系统也需要数据分析的结果，那么是否可以把业务系统的数据存储和计算能力抽离，由单独的数据处理平台提供存储和计算能力？这样不仅可以简化业务系统的复杂性，还可以让各个系统采用更合适的技术，专注做本身擅长的事。这个专用的数据处理平台即数据中台。

3.3.2 业务中台定义及建设内容

业务中台是阿里巴巴首先提出的企业 IT 架构的转型之道。站在阿里巴巴集团全局的角度看，业务中台是从整体战略、业务支撑、连接消费者和业务创新等方面进行统筹规划的。因此业务中台内含了阿里巴巴电商交易的主营业务。业务中台更多关注的是如何支撑在线业务。阿里巴巴一开始将淘宝作为平台方连接商家和消费者，进行电商交易活动，随之发展出淘宝商城，即后来的天猫。天猫本质上还是电商交易平台。既然都是电商交易平台，就都涉及售前、售中和售后的业务流程。

业务中台围绕以交易为核心关联的领域组成。交易的对象是商品，商品通过店铺售卖给会员，交易的凭证是订单，在线交易需要支付，成单后需要货品出库和物流派送等，售前需要营销促销活动吸引流量并加强转化，售后用户会对店铺、商品进行评价等。由此可见，典型的业务中台由多个业务服务中心组成，如图 3-3 所示。

会员中心服务于用户的消费全生命周期，为用户提供特定的权益和服务，企业可以通过会员中心与用户进行互动，培养用户忠诚度。其主要能力包括：

- 会员运营管理：包括会员注册、个人信息维护、会员注销、会员卡办理等相关能力。
- 会员体系管理：包括会员体系的创建、积分规则、成长值规则、等级、权益等相关能力。
- 客户服务管理：包括客户的新增、导入、查询等相关能力。
- 积分交易管理：包括积分获取、核销、清零、冻结、兑换等相关能力。

图 3-3 一个典型的由服务中心组成的业务中台

商品中心提供管理商品核心数据的能力，围绕商品构建商品关联数据，诸如商品版本信息、商品品牌、商品属性、商品类目等。其主要能力有：

- 品牌、类目、属性管理：包括对商品品牌的维护、查询，前后端类目的维护，属性及属性组管理等相关能力。

- 产品数据管理：包括对产品模板的创建、编辑、查询、禁用等相关能力。
- 商品数据管理：包括商品创建、修改、查询等相关能力。
- 商品发布管理：包括商品发布、上下架（即时＋定时）等相关能力。

交易中心负责企业业务交易订单的整体生命周期管理，包括加入购物车→订单生成→合并分拆→流转→支付→发货→退换货→完成。所有电商业务的核心系统都是围绕交易订单进行构建的。其主要能力包括：

- 购物车管理：包括购物车商品添加、编辑、查询、校验等相关能力。
- 正向交易管理：包括交易订单生成、发起支付交易订单、商品发货管理、上门自提及核销等相关能力。
- 逆向交易管理：包括换货、退货、退款等相关能力。
- 订单数据管理：包括交易订单、支付记录、发货记录、换货记录、退款记录等数据管理能力。
- 交易流程编排：支持交易流程节点的配置化，便于根据业务场景的不同设置与之匹配的流程。

评价中心提供对评价主体对象、评价规则/等级、评价内容、评价操作的管理能力，从而满足不同角色的评价用户对评价内容的发布、追加、平台审核、平台申诉等需求。主要能力包括：

- 评价内容管理：包括管理评价的主体对象、评价规则配置、评价等级、评价标签配置等相关能力。

- 评价操作能力：包括评价的发布、修改、追加、回复、申诉等相关能力。
- 评价监管能力：包括评价发布审核、申诉审核、评价屏蔽等监管相关能力。

店铺中心提供企业店铺主体管理、店铺管理、类型管理、经营对象管理等能力以支持企业为商户提供线上门店，同时也支持商户管理、店铺会员、店铺会员等级管理、店铺装修等。其主要能力包括：

- 商户管理：包括商户单个、批量开通，商户审核，商户基本信息维护等相关能力。
- 店铺管理：包括店铺开通、店铺基本信息维护、店铺审核、店铺会员等相关能力。

支付中心给下游商户输出标准的支付服务，提供代付代收、财务对账等服务。通过对接多个主流渠道，稳定输出微信、支付宝、银联等支付能力。其主要能力包括：

- 支付能力：包括创建支付订单、接收渠道通知、查询渠道订单等基本支付能力。
- 支付路由：包括支付渠道管理、支付方式管理、支付商户和应用开通管理等相关能力。
- 资金账户：包括资金账户管理、充值维护、提现等相关能力。

营销中心提供商家的活动计划、申报、审批、执行、核销的全链路管理，也提供基本的促销能力，如优惠券活动、满减买赠等。其主要能力包括：

- 活动模板管理：包括提供营销活动的策略模板、规则配置、条件、动作模板等相关能力。
- 活动管理：包括提供具体活动的基本信息配置、人群圈选、商品管理、触发条件等相关能力。
- 优惠券管理：包括优惠券的发放、领取、查询、使用核销等相关能力。
- 赠品管理：对于满赠、买赠活动，提供赠品维护、查询、启用、禁用等相关能力。

库存中心提供仓库、库存、货品、单据（入库单/出库单/盘点单/盘点盈亏单）、审核（调拨/盘点）、包裹、货品运费、物流运输、接入第三方物流公司的服务能力。其主要能力包括：

- 仓库管理：包括服务区、仓库、仓位及其关联管理等相关能力。
- 货品管理：包括货品进货入库、销售出库、调拨入库、调拨出库、调拨审核等相关能力。
- 货品盘点：包括盘点单生成、审核、查询等相关能力。
- 履约管理：包括库存检查、发货单创建及查询、包裹物流查询、运费管理、物流状态跟踪等相关能力。

建设一套中台系统，可同时运用在多个电商平台的开发设计和服务中。因此，中台可以为同时建设、运营多套电商平台的互联网企业节省系统建设和运营成本。因为中台既可以避免功能重复建设，又可以通过全渠道打通会员系统来增加流量、互相促进，还可以减少运营成本和人员。有了中台，再发展电商相关应用就会变得更加容易，比如，阿里巴巴发展出的聚划算。

如果使用传统的系统思维来设计业务中台，很有可能只是将原先隔离的各业务系统通过微服务的方式，强行集成在一起，如图3-4所示。这种方式构建的微服务不是纯粹基于领域进行建设，而是从一个系统的粒度层次进行建设。比如PMS会涉及用户和订单，OMS也需要关注会员和订单，CRM同样涉及会员。因此，按此方式建设的所谓中台，它的各组成部分还是互相交叉重叠的，并不能体现中台是能力共享平台的核心理念。所以，只对企业业务系统做一个大一统的集成，并不是中台。

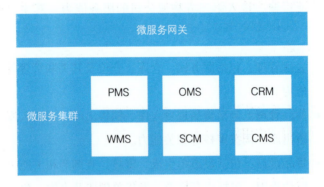

图3-4　传统思维下所建设的"业务中台"

3.3.3　数据中台定义及建设内容

数据中台是什么？

数据中台与数据仓库有什么区别？

数据中台到底怎么与业务中台融合？

这三个问题一直以来是人们问得最多的问题。本节将试着对这三大问题进行一一解读。

在回答数据中台是什么这个问题之前，先了解一下大家比较熟悉的数据仓库。在以 BAT 为首的互联网公司蓬勃发展起来之前，国内三大电信运营商对于数据仓库的建设走在其他行业的前面。早在 2011 年的时候，中国移动集团公司就组织编写了指导各省公司建设数据仓库的纲领性文件《中国移动 NG2-BASS3.0 建设规范》。在文件中明确将中国移动的业务分成了 7 大业务板块，按照功能将数据资产划分为三层：数据层、功能层、应用层。这是很典型的数据仓库建设的分层模式，如今的数据中台数据分层建设模式也延续了数据仓库的分层建设规范，后面会详细讲到。

图 3-5 所示是某电信运营商数据仓库的应用层规划内容，详细规划了每个应用领域的数据应用。但是仔细研究可以发现，这些数据应用几乎全是"分析"，也就是解决了事后"看数据"的问题。

再来看看图 3-6 所示的阿里巴巴的数据中台支撑的数据应用层，除了通用的数据分析以外，还包含"个性化推荐""风险评估""预警监控"等与业务紧密结合的数据赋能业务的应用。而这些丰富的赋能业务的数据应用必须依赖数据中台提供的强大的数据服务来支撑。

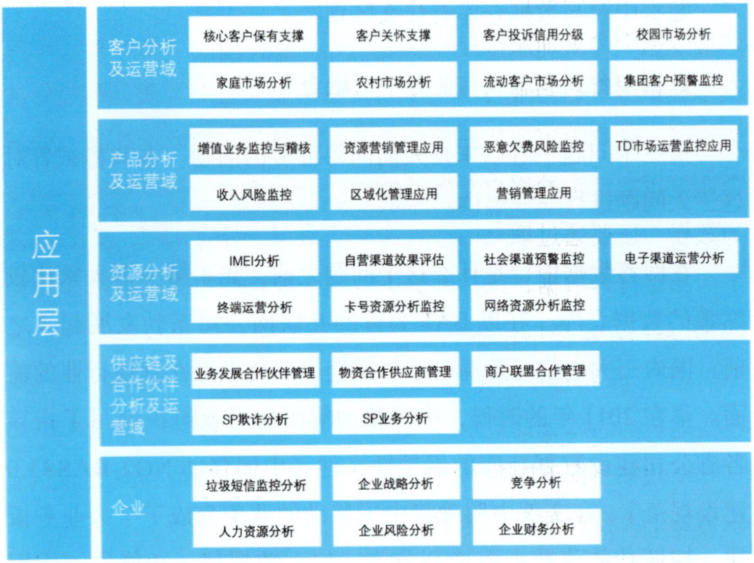

图 3-5 某电信运营商数据仓库分层模型

图 3-6 阿里巴巴数据中台总体架构图

通过上面的对比不难看出，数据中台与数据仓库最大的区别就是数据中台更加贴近业务，不只提供分析功能，更重要的是为业务提供服务，与业务中台或者业务系统（老旧系统）连接更加紧密了。就拿大家比较熟悉的"千人千面"案例来说，除了要整合业务系统产生的用户基础属性、订单、评价、加入购物车等行为数据，还要通过埋点的方式实时获取用户偏好浏览、搜索、分享商品等行为数据，经过数据中台对一系列的数据进行加工处理（见图3-7），最终以微服务的形式提供支持。在业务系统中，每个需要呈现商品给目标用户的数据服务，已不是简单地、一成不变地去商品库查询数据，而是调用数据中台提供的商品推荐接口，以此来根据不同的人群偏好、浏览历史、商品相似度等数据来为每个人推荐他最感兴趣的商品。试问这种业务、数据紧密联动的场景在数据仓库时代又如何能做到呢？

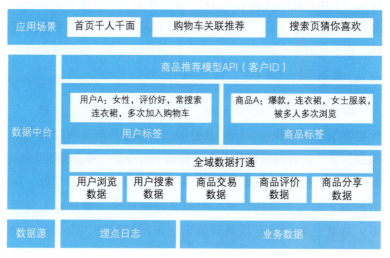

图 3-7 数据中台与外部系统交互

在介绍完数据中台与数据仓库的区别之后，我们再回过头谈谈数据中台到底是什么。首先说说数据中台不是什么。

第一，数据中台不等于大数据。近些年来，"大数据"这个名词可能是被提及最多的词汇之一，大数据甚至成为国家战略。同时，"数据中台"也正是在大数据概念兴起之后应运而生的。因此，相当一部分人把数据中台和大数据划等号，一提到数据中台，就想起Hadoop、Spark等大数据处理技术，这样的想法是不对的，这些大数据处理技术只是数据中台的基础设施提供者。大数据技术大行其道，加速了数据中台战略成熟。

第二，数据中台也不是一个研发工具。最近一段时间，在市面上流行着一种说法，说某某公司有一个数据中台产品，可以直接卖给某某客户。这种说法是在忽悠客户。实际提供给客户的仅仅是一个可视化的研发工具而已。数据中台一定是整合了企业自身数据并经过加工、治理后形成企业自身的数据资产的平台。试问，根本还没了解客户到底有什么数据的情况下，如何能说自己有一个数据中台产品呢？

那么如何定义数据中台呢？我们也曾尝试在网上找到一个标准答案，也曾找过首倡"数据中台"概念的阿里大咖们寻求标准答案。最近网络媒体上各种数据中台分享、峰会纷纷扰扰，各种解读真是乱花渐欲迷人眼，但都没有得到一个很精炼、标准的关于数据中台的定义。但越是没有标准，越是被人问得多，这就是为什么开篇提到的第一个问题就是"什么是数据中台"。

经过这些年来对数据中台的一腔热血，我们也曾经为此翻阅大量资料，力求言简意赅，力求精准定义。我们认为：**数据中台是一个用技术连接大数据计算存储能力，用业务连接数据应用场景能力的平台。**

"连接能力"是数据中台的精髓。作为一个处在中间层的能力平台，"连接"是其根本任务。在业务层面需要尽可能连接各种数据源作为其生产资料；同时，由于生产数据的场景越来越多，覆盖了线上、线下等多渠道，各数据生产资料之间也需要进行连接，才能形成全域的数据；数据在数据中台这个平台上按照标准的模型进行规范加工处理后需要服务于多种场景，同样需要我们提供标准的数据服务接口将数据与应用场景连接起来。因此，连接是数据中台的根本能力，也是数据中台的价值所在。

3.3.4 业务中台和数据中台的关系

无论是业务中台还是数据中台，都是在企业 IT 系统架构演进过程中形成的，并从企业自身 IT 系统规划、建设、运营、运维等多年的经验中提炼出来的共性能力。业务中台和数据中台作为两个轮子并肩构建了数字中台，支撑前台对会员提供从营销推广、转化交易到智能服务业务的闭环服务，促进企业业务的提升和发展，如图 3-8 所示。数字中台对内连接企业的后台系统，诸如 ERP、人力资源、协同办公、财务管理等。

业务中台抽象、包装和整合后台资源，转化为便于前台使用的可重用、可共享的核心能力，实现了后端业务资源到前台易用能力的转化，为前台应用提供了强大的"炮火支援"能力，且随叫随到。业务中台的共享服务中心提供了统一、标准的数据，减少了系统间的交互和团队间的协作成本。

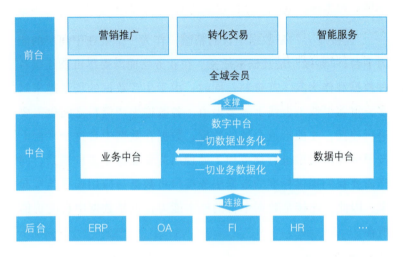

图 3-8　业务中台与数据中台双轮驱动的数字中台支撑前台业务

数据中台接入业务中台、后台和其他第三方数据，完成海量数据的存储、清洗、计算、汇总等，构成企业的核心数据能力，为前台基于数据的定制化创新和业务中台基于数据反馈的持续演进提供了强大支撑。可以认为，数据中台为前台战场提供了强大的"雷达监测"能力，实时掌控战场情况，料敌先机。不过数据中台所提供的数据处理能力和在之上建设的数据分析产品，也不局限于服务业务中台。数据中台的能力可以开放给所有业务方使用。

从前台应用的角度看，业务中台所提供的"炮火支援"能力和数据中台所提供的"雷达监测"能力是一体的，并不是相互独立的。业务中台与数据中台相辅相成，互相支撑。对于业务方来说，自己产生数据，并同时消费自己的数据，在消费自己的数据时又在继续产生数据，从而形成数据闭环。打个比方，业务沉淀数据是产矿，将数据导入数据中台是探矿和挖矿，数据中台对数据进行建模等加工处理是对矿物的加工提纯，通过数据服务指导业务的开展是矿产再生的过程。业务中台和数据中台只是技术实现方式不同，它们一起组成了支撑业务创新的两个"轮子"，缺一不可。

3.4 中台的发展与进化

中台的存在价值是为它的客户服务，比如业务中台和数据中台要快速响应前台应用的需求。但如果中台同时服务于多个前台应用，在资源有限的情况下，必然涉及对来自不同应用的需求的优先级排序和取舍。如果前台应用急需某一能力，但中台又不能及时提供，是否允许前台先实现，等中台有时间再来沉淀？由此可以看出，大中台立足于横向的、全局的长远考虑，而小前台则注重于解决纵向的业务应用的当前问题。大中台的发展必然涉及权衡，但如何做取舍没有标准答案，需要结合实际情况进行。

3.4.1 中台的演变

中台的催生基石是能力共享。如果中台所提供的能力无法被共享，那就不是中台能力。如果中台只服务于一个前端应用，那就不是中台。那么哪些能力比较通用且是多个前台系统的共性需求？要回答这个问题，可从系统的组成开始分析，如图3-9所示。一个应用系统首先是为用户服务的，因此最先离不开的是系统的角色和用户。因此，建设中台的一个起步点就是先将角色和用户这些资源管理起来，形成用户共享中心。统一用户、统一权限、统一登录，可以看作是中台的雏形，但如果仅仅停留在此阶段，就退化成了单点登录。在此基础上，再发展与人相关的会员系统，比如会员的积分、积分的变动、会员的等级等就形成了会员中心。再者，用户是通过商品、订单与系统进行交互的，因此，商品的管理、订单的集中处理也是可以一起共享的。这些资源的统一集中管理后，相关的用户、会员、积分、订单等数据被存储在一起，方便全局管控。进行集中管理的资源越多，建设中台所取得的成果就会越大，就越能体现中台对前台应用的支撑作用。

图3-9 中台建设的三个步骤

在资源集中管理的基础上，更重要的是抽象出系统能力。抽象是指在考虑目标事物时，去除表象的、次要的方面，而抽取相同的、主要的方面，从而做到从个别中把握一般规律。通俗一些的说法就是将目标事物模型化。只有通过抽象，设计出来的能力才能应用到类似的需求中。

中台是为前台业务服务的，因此当前台业务有所更改时，中台要随需而变。这就要求中台具有很好的灵活性来支撑业务的开拓和发展：

1）数据模型需要根据前台业务要求实现可扩展性。

2）业务流程可根据场景和需求重新定义和编排，并可通过插件机制进行定制。

3）中台环境需要支持多环境可部署。比如不同的基础设施环境，包括公有云、私有云及容器云等；再比如不同的微服务框架，如阿里云的 EDAS、开源的 Spring Cloud、Dubbo 等。

中台的建设不是从零起步，但是中台是为业务服务的，是需要根据企业业务演进逐渐积累而成的。因此中台的建设不是一蹴而就的。

3.4.2 中台生态的形成

中台是企业级共享能力平台，因此除了最开始提出的业务中台和数据中台，还会逐步发展出技术中台、研发中台、移动中台、AI 中台、算法中台、组织中台等其他中台。

技术中台整合和包装了云基础设施，以及在其上建设的各种技术中间件，比如微服务、分布式缓存、消息队列、搜索引擎、分布式数据库等，并在此基础上建设和封装了简单易用的能力接口，如图3-10所示。技术中台的建设标准是参考在一个只提供虚拟机或容器的私有云上，建设一个业务中台或数据中台所需但私有云没有提供的技术相关组件。技术中台作为工具和组件，为建设前台应用和业务中台提供了基础设施重用的能力，大大缩短了它们的建设周期。如果数字中台（即业务中台+数据中台）是强大的中台炮火群，则技术中台提供的是如何根据需要快速搭建中台炮火阵地（即创建和部署不同环境下的中台）。

　　如何让阵地建设得更加可靠、简捷易用（通过技术中台提供资源的动态扩展能力等）？隔离数字中台对基础设施的依赖。比如业务中台的每个业务服务中心都需要关系型数据库。关系型数据库要提供一主一备和自动切换功能，以及读写分离和只读库创建的能力。为了快速访问大数据量的表，一般需要使用分布式数据库对其进行分库分表操作。分布式缓存是提高访问效率的一个必不可少的组件。通过消息队列实现异步解耦和大流量削峰填谷，这大大增强了前台应用应对大用户并发的能力。使用CDN加速的对象存储，可极大提高前端访问的性能。数字中台是在技术中台的基础上开发、运行的，但又不能与技术中台绑定。因为数字中台关心的是如何满足业务要求，而技术中台提供基础设施底层的能力，两者相互促进但又相互隔离。

图 3-10 技术中台

研发中台是关注应用开发效率的管理平台，如图 3-11 所示。软件开发和系统建设是一项工程，涉及项目管理、团队协作、流程、测试、部署、运营、监控等方面。如何将在企业应用开发过程中的最佳实践沉淀为可重用的能力，从而更好地快速迭代开发创新型的应用，也是很多企业目前的一个关注点。这个关注点也是企业能力的体现，即研发中台。研发中台为应用开发提供了流程和持续交付的能力，包括敏捷开发管理、开发流水线、部署流水线、持续交付。敏捷管理一般由问题、迭代、实施等组成，并管理研发人员的日常工作和任务。开发流水线则涉及源代码的版本管理、分支的创建、合并和提交，半成品的构建、存储和使用以及产成品的构建。将产成品部署到指定环境并上线运行是部署流水线的职责。线上的应用需要监控，包括基础设施监控、应用监控、日志洞察、浏览器监控、链路分析和追踪等功能。研发中台为应用的开发提供了流程、质量管控和持续交付的能力。

图 3-11　研发中台

消费者接触得最多的企业前台触点在移动端。如何保障移动端的迭代效率和稳定性也是企业需要着重考虑的。一个电商业务一开始可能只是一个工具型的 App，完成对商品全生命周期的闭环支持。随着在业务中台基础上发展出相似业务，需要平台级的移动端开发支持。继续深化发展可能还需要支持多业态。因此为快速开发移动 App、H5 和小程序以支撑前台业务发展所进行的最佳实践就逐渐沉淀为移动中台，如图 3-12 所示。

1）移动 App 与其他前端技术比较，有其特殊性。比如移动 App 作为一个 C/S 架构，其发版模式需要通用应用市场的审核，而其客户端的更新是使用者控制的，提供远程配置、动态更新有助于控制 App 端。

2）移动业务是在线业务，对网络存在强依赖，而移动链路本身的稳定性和连通率等相比有线网络有一定的不足，因此消息推送的实现需要考虑网络因素。

3)因移动端质量相关问题,需要提供热修复等功能。

4)对移动 App 本身的安全扫描和加固也是一个需要着重考虑的因素。由于前端有不同的实现技术,如果完全使用不同的开发方式,对于企业来说是重复投入,且资源和技术不能共享。因此,使用 Hybrid 混合开发的方式,既可以支持移动 App,又可以支持 H5,甚至小程序,这也是移动中台需要研究的一部分。因此,尽可能将前端组件化,比如 UI 组件和图表组件,在此之上组装成业务组件,能大大提高移动端开发效率和质量。

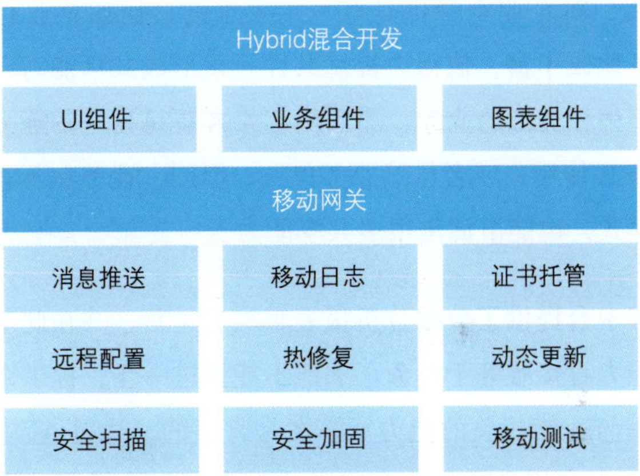

Hybrid混合开发		
UI组件	业务组件	图表组件
移动网关		
消息推送	移动日志	证书托管
远程配置	热修复	动态更新
安全扫描	安全加固	移动测试

图 3-12 移动中台

前面所提的业务中台、数据中台等都是从技术系统层面展开的中台演变。企业在进行中台建设时,容易着手的也是对技术体系的改进。但要发挥中台的能力,让中台战略实际落地到企业,并为企业的业务目标服务,需要有与中台技术架构相匹配的组织架构。从 Supercell 的"部落",比如阿里巴巴的共享业务事业部、数据平台事业部，京东的前、中、后台，大家都可以看到建设中台需要两手抓，两条路线相匹配，齐头并进。如果将业务中台、数据中台等称为"战斗部队"，那么为企业提供的项目投资管理、风险管理、资源调度等的组织中台则是"战场指挥部"，指挥前线，调度后方。

"大中台，小前台"这种组织形式，并不是什么新鲜事物，实际上它是一种理想化的支撑模式。前台业务足够灵活，配套支撑足够快捷，资源还能够高效复用。不过要让中台模式在企业中发挥作用，对企业本身也是有一定要求的，比如企业有一定规模，业务比较丰富，值得去提炼共性元素形成共享能力。如果同时开展多种相类似的业务，那么从业务 A 提炼出来的能力可能提供给业务 B 使用；或者虽然业务单一，但同一业务在不同地域有不同的模式，也能沉淀出很多共享能力。

数据中台提供了数据分析报表来响应运营，并在此基础上提供数据能力直接服务于业务。那能不能更进一步，提供诸如个性化服务等与智能相关的能力？答案是肯定的，通过 AI 中台就可实现。AI 中台借助数据中台的能力，尝试解决模型的训练、发布，智能服务的构建自动化，统一的元数据管理体系，模型的全生命周期管理等问题，通过 AI 能力平台化，降低对人员能力的要求。与数据中台利用 CPU 级别的资源不同，AI 中台需要扩展对 GPU 资源管理和整合能力，为算法模型的开发者、训练者、标注管理者、数据管理者等构建智能服务的人员服务，并最终为业务人员提供智能化的服务。

3.4.3 中台与前台的博弈

中台通过提供基础服务和解决方案为前台业务应用提供服务。中台的职责是不断提升整体平台的服务能力基线。根据中台对前台业务的支持与参与度不同（见图3-13），会产生不同的中台建设路径。

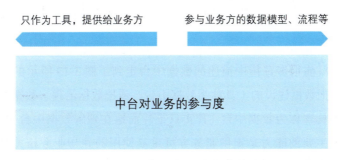

图3-13 中台对业务的参与度

一个极端理解是中台是工具，即将中台作为工具平台来建设。由于工具的通用能力强，抽象层度高，所以工具可适应各行各业的企业。如此，中台的研发人员可只专注技术相关的问题，而无须关注和了解企业本身的业务。但是正由于工具无法深入业务场景，也不内含业务能力，导致中台不能沉淀业务，从而使中台开发人员与业务方沟通不顺畅，中台方无法直接为业务赋能。为了解这个问题，需要一个长期的业务理解和系统建设过程。

另一极端是中台完全为业务服务。中台方能快速理解业务需求，参与业务方的数据模型讨论、流程设计等，并将其变成系统实现。中台研发人员参与业务建设，符合中台为业务服务的目的，而且中台的能力也是通过业务沉淀下来的。但是过分关注业务，过分与业务团队耦合，会受限于时间和团队的能力，不仅中台可能会没有考虑通用的业务能力，也会导致无法更专注于对中台技术的深入研究。中台如果不从抽象度、适配性等角度出发，投入建设机制性的工作，很有可能局限于某单一业务，导致中台无法很好地适应其他相关业务的要求，从而不能很好地应对业务的变化。

目前很多宣传中描述的数据中台走到了图 3-13 所示的最左侧：把数据建设的工具称为数据中台，或把数据治理、数据建模等工具宣称为数据中台（其实只是片面地在理解数据中台）。中台最主要的能力是提供业务方可重复使用的并与业务相关的能力。数据工具的能力太泛化，会导致与业务方的距离太远，从而不能很好地为业务方赋能。

从历史发展来看，一开始企业建设了一个前台应用 A（如图 3-14 所示）。随着业务的发展，扩展到类似的业务，由于业务快速发展的需要，很有可能重新开发另一个前台应用 B。但随着应用 B 的建设，发现应用 A 和应用 B 的很多功能和能力是重复或相似的，因此考虑是不是可以通过建设公共的部分，避免重复投入和建设。由不同前台应用抽取出来的公共部分即为中台。但是中台建设是一个新的命题，需要更强有力的团队，需要不断探索。如果中台研发团队的研发能力和时间进度无法跟上前台业务的需求变化，那么中台就只能满足部分前台业务的需求。再者，如果中台的抽象程度低、扩展性差，则会导致中台无法满足前台业务需求。这时前台应用又因为业务本身的发展目标和压力不得不自行组织团队完成这部分功能,由此可能发生本应由中台提供的能力却最终实现在业务应用中。中台越做越小,前台应用越做越大。这样一来,进一步压缩了中台的生存空间。

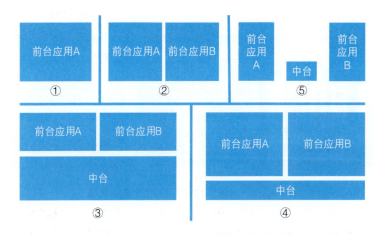

图 3-14 中台与前台应用的关系

因此,中台既需要满足业务的需求,但又不能过度参与业务。中台能力的建设首先要保证投入到中台的资源不能成为业务建设的瓶颈。中台提供的能力要具有灵活性和可定制性,便于业务方根据规范自主完成,减少沟通成本,提升效率。

"大中台,小前台",并不意味着前台不重要。相反,建设大中台就是为了更好地服务于小前台。大中台要想发挥作用,体现出自己的价值,必须通过小前台的引导。因此,判断中台建设是否成功的指标应包括:前台有没有使用中台,前台从使用中台中获得了哪些好处,中台好不好用,愿不愿意继续使用中台。

3.4.4 中台的进化策略

虽然中台概念的提出到现在仅几年时间，但中台已经在这几年中走出了自己的路径。根据中台的进化和演变的历史及可能的方向，目前可以看到共有广度和深度两种途径，如图3-15所示。

图3-15 中台的广度和深度两种进化策略

广度是指中台所涉及的内容会越来越多，即可以认为各种中台的不断出现，也可以认为是一个中台内部的共享服务中心会不断横向扩展，从一开始所提的业务中台、数据中台，逐步演化到AI中台、技术中台、研发中台等。另一方面，一个中台范围内的共享能力也在扩展，从用户中心、交易中心、营销中心等扩展到内容中心、工单中心、成长中心等。中台团队如发现某一前台业务模式很好，则将其沉淀为共享服务，从而提供更多的业务，这也是在建设和加强中台。由于中台作为中枢点同时支撑多个前台业务，因此中台成为打通前台业务的最好着力点，让不同的前台业务可以互相借力和引流，互相促进发展。

中台所沉淀的共享服务能力并不要求支撑所有前台业务，只要有多于一个前台业务需要某一种能力，此能力即可沉淀为中台能力，因此我们不能大而全地建设中台。如果企业认为现在企业各系统的用户管理能力需要统一，那就可以着手进行用户中心的建设。在此基础上，如果企业发现会员需要统一管理，订单需要全局视图，那么就构建会员中心和订单中心。因此，中台的建设是可以分阶段逐步实施的，无须将所有重构全部一起推动，而后者既会增加复杂性，又会提高风险，还不能及时得到反馈。

中台的成长离不开前台业务的创新。只有不断进行业务迭代和更新试错，对中台提出新的挑战和沉淀，才会让中台做得更好。另一方面，中台团队也需要有自己的产品化、平台化建设思考，并作为新业务的孵化器。

中台还需要建设成为开放的体系。开放不仅仅是对企业内部开放，也要对企业外部开放。通过中台建设，企业可以将自有的系统变为开放式平台，从而为其他企业充分提供第三方的数据和服务。再者，中台本身通过开放也可以充分利用其他第三方数据和服务。开放可以接口的方式，通过开放 API，开创新的商业机会和应用模式。

中台的开放也意味着中台需要支持个性化需求。通过抽象能沉淀共性的流程、数据模型等。但不同业务总有不同点，这些不同的需求就需要个性化的支撑。中台和前台一般是由不同团队负责的。因此为了提高效率，中台必须留出足够灵活的扩展点，以便不同前台业务根据其需求进行定制化扩展。

中台作为平台，必然需要考虑拆分整体应用形成业务组件，通过业务抽象建模，解决共性的问题，从而更好地为业务服务。对业务问题的抽象程度越高，中台对业务的适配度就越高，需要对具体业务参与度就越低，从而更能发挥中台及中台团队的价值。因为越好的抽象越能发挥业务应用开发的创造性。在考虑拆分的同时，必须设计整体框架和组装策略，即组件间的协作机制。通过协作机制，才能让各业务组件协同实现业务场景以达到业务目标。

中台作为一个平台，其本身的运营也需要数据支撑。比如需要统计和观察中台以 API 形式提供的共享能力，从而了解中台哪些能力被业务引用及引用的频率，所使用的参数模式等；哪些设计的接口能力没有用处等。有了实际的数据，可更好地迭代中台。

中台建设是一个综合性的系统工程，因此需要有效的方法论的指导。中台建设方法论会在后续章节专门讨论。

第 4 章 CHAPTER

企业中台 5 大成功要素

对于大部分企业来说，数字营销和企业中台还是新鲜事物。阿里巴巴集团从 2009 年开始启动，直到 2015 年才揭开其最终的面纱。企业中台是为端业务应用变化服务的，比如，阿里巴巴集团前端应用有很多，包括：天猫、淘宝、咸鱼、聚划算、盒马、高德地图、菜鸟、饿了么、支付宝等。未来，传统企业的营销应用端也会有很多，比如：抖音、今日头条、bilibili、微信公众号、微商城、App、线下门店、官方商城、第三方商城、广告互动、自媒体等。不同的人在用不同的端，例如，某汽车企业下个星期要在深圳国际展览中心办一个车展，营销部门需要一个连接参加车展的端，按照以前的方法，需要提前 5 个月开发，而有了中台，只需要提前3天就可以了。

云徙科技是权威的企业中台建设厂商，它将企业的业务实践和业务能力与阿里巴巴集团的中台理念相结合。阿里巴巴集团是中台架构的公司，其商品中心是全球最丰富的商品中心，会员中心也是全球最完善的会员中心，阿里巴巴的交易中心是全球最多交易场景的中心。在过去3年多时间里，云徙科技和阿里云一起服务了几十家行业头部企业，和客户一起共创了中台建设。我们从中总结了企业中台项目的五大成功要素，分别是中台文化、组织架构、人员要求、业务执行和中台实施的特殊性。

4.1 中台文化：7个行为准则和行动纲领

中台文化是企业中台战略思想落地的基础，是指导企业数字化转型、数字营销的行动纲领，是指导企业全体职员行为的行为标准，是自下而上，跨部门横向沟通、统一思想的重要原则，同时，也是企业文化的具体体现。图4-1所示为中台文化的7个行为准则和行动纲领。

中台战略是公司级战略，管理层应当身体力行去推动中台战略落地。启动中台战略的目标到底是什么？希望解决什么问题？要在全公司发出一个声音，指导员工的行为。跨部门怎样融合？对于业务部门提出的各种新想法、新创意，中台怎样快速支持？积极创新也就意味着这件事之前没人做过，存在失败的风险，所以团队要有包容犯错的心态。

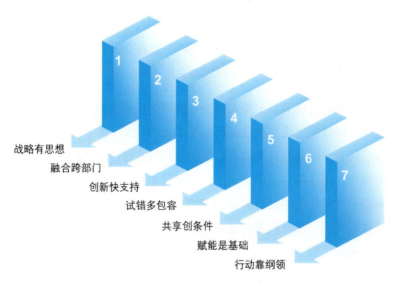

图 4-1 中台文化的 7 个行为准则和行动纲领

中台为企业带来的最大价值是共享服务，避免重复"造轮子"。无论是什么资源，人、财、物以及 IT 系统都一样，能够抽象为共享服务的，都将共性的服务抽象到中台，为前台提供服务，赋能前端业务单元。中台文化是企业文化的重要组成内容，是全体员工的行动纲领。

4.1.1 战略有思想

中台文化为企业构建数字中台指明了方向，规范了员工的行为；为客户提供更优质的产品，更符合数字化时代的服务体验；为生态伙伴提供与时俱进的数字化工具。

2019 年 4 月，笔者参加某知名企业 25 周年大庆。该企业

2018年的营业收入在全球行业内排名第七，并将2019年第二季度和第三季度定义为"数字狂欢季"。来自全国各省市的600多名经销商在集团总部五星级酒店宴会厅齐聚一堂。

由知名电视节目主持人担当本次周年庆的主持人，他热情地邀请集团数字化转型项目负责人X总上台致辞。X总在喜庆的音乐、随音乐跳动的灯光以及台下的掌声与欢呼声的伴随下健步走向舞台，他在舞台正中央站定，先深深地鞠了一躬。他特意穿上运动鞋、粉红色的运动裤和25周年庆的文化T恤。在聚光灯下，他神采奕奕，面带和蔼的微笑，不像头发发白的六旬长者，更像一名兄长。

他询问台下的观众："今天这身装扮怎样？"台下响起了雷鸣般的掌声，调皮的年轻人还响起了"嗖嗖"的口哨声。然后，X总愉快有力地回应四个字："年轻，完美！"一上场，就与台下600多名经销商打成一片。

他说："很高兴看到越来越多的85后、90后选择成为经销商的一员，欢迎更多的年轻人加入。25年来，公司发生了很多事。今天，是25周年庆典的日子。与往年不同，今年的主题是'数字狂欢季'，之所以是狂欢季不是狂欢日，是因为不止一天。与云徙科技合作的数字化转型项目，在持续推进中，基于数字中台，包括业务中台和数据中台，在持续迭代优化。今天，我们将推出为大家服务的'拓客营销工具'。

"未来，将会上线B2B2C数字商城、O2O数字商城、智慧门店、智能营销、智能客服以及C2B供应链。帮助大家持续经营客户、实现你们的人生价值是公司的责任，公司就是中台，你们则是前台，中台是为前台服务的。公司过去是以产品为中心，现在正在向以消费者为中心转变，向经营客户价值的思路转变。要打造体验至上的服务体系，快速响应消费者的需求。传统的IT建设思路与技术已经无法满足互联网场景下的业务新需求。

"当下的市场环境用一个字形容，那就是'变'，用三个字形容，则为'变变变'！市场充满挑战，变化是因应形势、大势所趋、与时俱进。不变的是初心，特别是两个不变：

第一，为消费者提供优质的产品不变；
第二，为经销商伙伴提供商业机会不变。

"我们必须抓住市场新机遇，抓住数字化转型的新机会。公司董事会决议，中台战略及数字化转型是公司的战略目标，实现战略目标，公司的未来将无可限量。使用领先的科技实现高效的服务体系，通过营销场景化、服务体验化连接千禧一代。信息技术日新月异，通信技术一日千里，人工智能已崛起，如果我们不学习、不进步，将会被时代淘汰。走向世界的前沿，我们只有一条路，向前冲、冲、冲。

"时代在召唤，我们的思想要改变：拥抱数字化，拥抱中台，与优秀的企业合作，实现我们共同的战略目标。以客户为中心，形成前端（超级用户）驱动后端（销售服务与生产制造）发展，重构价值，构建数字化经营平台，必须从顶层设计去构建公司未来的新动力和中台赋能实施体系。充分利用科技创新和新商业模式去形成新动力。"

X总慷慨激昂的讲话，让在场的经销商深深体会到了公司数字化转型及中台战略的决心与信心，对公司转型后的样子充满期待与渴望。中台文化在企业落地生根，公司管理层以身作则是最低要求，身体力行践行中台思想是中台战略的基础。

中台战略是企业级战略，已植入该企业全体员工的行动中，自上而下，自下而上，思想一致，步调一致，行动一致，达成企业数字化转型的战略目标。

4.1.2 融合跨部门

传统IT项目建设是由技术驱动的。每年，企业的IT部门根据各部门的系统使用情况，结合行业趋势，向公司提交IT预算。立项后，IT部门与各IT服务厂商联系，决定改造哪些老项目，建设哪些新项目。中台项目属于公司级项目，需要跨部门协同，以业务转型或升级为驱动力，驱动IT技术升级。业务部门需要了解技术，技术部门更加需要熟悉业务。

2018年10月，云徙科技与阿里云联合项目组，进驻某家大型航空公司，提供轻咨询服务。尽管该公司业务部门高层对IT技术了解不多，但读到钟华编著的《企业IT架构转型之道》时，领导就决定，业务核心骨干人手一本，学习阿里巴巴中台战略思想与架构实战，了解阿里巴巴启动中台战略的原因及IT架构演变过程，包含共享服务中心搭建原则、技术选型、高可用和高并发技术。业务部门高层认为，通过技术实现来驱动业务，从而实现商业目标是公司的首要目标，如果实现不了商业目标，再先进的技术都不是业务部门当前首先要考虑的事情。

该航空公司经过 20 多年的发展，拥有几千万存量用户。某领导在一次沟通会议上讲道：

"假如未来航空公司也是个生态，那么这个生态的演变将是平行的，或者是网络化的。如果说必须先具备啥再具备啥，那么这个说法没有解。比方有人说航空公司内部要具备某种能力，那我马上就问他，这个能力本身又该怎么建？如果我们内部不具备这种能力，能不能做其他（需要这种能力才能做的）事？尤其是在一个存量的生态体系里面，你会发现，如果是用这种技术逻辑去解决业务问题的话，走不通，最后必然会打败仗。但是，明知是败仗也要做。为什么呢？这个过程中，搞技术的人懂了业务，搞业务的人懂了技术，事情都在往前发展。我可以肯定地讲，我们公司没有一个人能把完整的技术逻辑说清楚，包括我本人。说不清楚的原因是经历得少。我们不是搞 IT 的，业务对技术系统不熟悉。你会发现沟通比较顺利的的企业，可能有某一位起关键作用的领导，他有自己比较清晰的想法。

"我们要区分过去、现在和将来，我们做的这些事情，是为了弥补过去做得不好的地方。公司发展到今天，有一个非常痛的痛点：数据不通！面向未来，航空公司该做什么？是把票卖好。说俗点，就是有人愿意用更高的价格比较方便地买到机票。方向对永远是正道，凡是不能直接指向最终目标的，就需要再三斟酌，因为那都是某个时间段某一个人不完整的想法。我们学习阿里基于中台服务于前台的理念，一定要把这种模式设计出来。相关岗位的人需要知道，使用这些数据能可以用于分析，辅助精准营销策略的制定，例如：某个航班，乘客浏览后，系统建议客户购买哪几个产品（组合）。只有到了这个级别，技术才能产生面向未来的价值。

"一家企业里面很少出现既懂技术，也懂业务，还懂管理的人。但是这永远是在过程中培养的，不可能是天然的。搞技术的务必考虑到业务的需求，务必认真听取业务人员的需求和痛点，技术加业务在很大程度上还是在操作层面，不是在管理层面。中台项目需要考虑管理的问题，否则，技术的理论很快会被推翻。企业政治，背后就是意识形态，是价值观与企业文化，是什么是正确的问题！不同层面有不同层面认为正确的事情。你会发现，无论怎样，只有中台项目建设完了，企业的绩效变好了，才可持续。后面领导想否决也否决不了，因为中台项目确实有效。"

4.1.3　创新快支持

前阿里云总裁胡晓明在 2018 年云栖大会上表示，技术跟经济发展密切相关，城市管理、制造业、零售业、金融等各行各业都面临转型，因为他们的"天"变了，他们的"天"就是消费者，越来越多的消费者停留在互联网上，各行各业都在用技术的力量驱动着行业的进步。

企业要的不是软件，企业已经过了通过软件来完成信息化的年代，企业需要的是创新的机会，变革的机会：

第一，企业的 IT 基础设施能够全部云计算化，只有云计算化，企业内部才不会产生"烟囱"；

第二，企业的业务架构必须互联网化，只有业务架构互联网化，才能被组件化，才能像搭积木一样，满足企业快速创新、横向拓展的需求；

第三，数字化转型必须实现数据在线和智能化。

自 2018 年以来，拼多多模式被众多企业学习与模仿。某日化企业采用中台架构后，将用户资源、商品资源、支付资源、订单资源、营销活动资源、店铺资源共享给各个经销商，其中一家经销商在数字中台能力的支撑下有了自己的店铺，这是行业首例。该经销商通过自己的店铺发起的拼团活动，达到一定规模的销售额后，再向总部申请拼团的优惠政策。这一模式取得了显著效果：不仅实现了自己店铺的销售任务，还赚取了合理的利润。总部将该营销活动作为案例向全国其他店铺推广，引起了行业的高度关注，大家纷纷学习并模仿。

在母婴和日化行业，客户对品牌的忠诚度要高于一般行业，奶粉产品、化妆品产品一旦被用户接受，黏性相对较高。系统结合用户基本信息（年龄、性别等）、皮肤信息（干性或油性等）、个人化妆品使用偏好（香型、日间或晚霜等）以及购买记录等信息，可按月度精准推荐产品。客户还可以选择循环购的方式，到了时间点，由系统自动帮助用户下单商品，自动发货。从选购到签收的每个环节，数字中台自动发消息给用户，同步购物状态。

2017 年，云徙为一家大型啤酒企业提供服务，在原来一瓶一码系统的基础上，使用一瓶一码的数据，全面推动业务场景化创新，为啤酒企业、分销商、终端销售商、消费者带来了巨大变革：

第一，每年节省瓶盖兑奖回收成本近1000万元。

第二，一瓶一码关联一箱一码、一托盘一码、一车一码。动员分销商、终端零售商扫码收发货，分摊营销费用。全渠道纷纷扫码，供应链因此全打通并减少了串货的情况。

第三，消费者扫码获奖，成为品牌商的粉丝，品牌因此获得终端消费者的数据，当新品推出或者有推广活动时，啤酒企业触达终端消费者。

第四，鼓励终端零售商扫码，啤酒企业更加精细化地为终端零售商服务，拉动销售。

第五，营销活动随需制定，分钟级系统发布。

第六，技术赋能、数据驱动帮助终端零售商卖货，进而拉动渠道商进货。

企业中台支持业务快速创新，支持体验创新。随着AI技术的快速发展，服务体验层出不穷，在服装行业已有多种AI的应用场景。

首先，顾客身份和商品信息智能化。顾客进店后扫码可以绑定自己的淘宝ID后，在店内随意拿起任何一件衣服，货架边的"镜屏"就会感应到商品信息，给出若干种搭配选择。镜屏上的搭配还将高度呈现"个性化"，显示顾客曾经网购过的衣服、鞋子、配饰等，方便根据现有服装进行搭配。

其次，顾客在屏幕上选择喜欢的衣服的尺码、大小之后，点击"试衣"按钮，便一键同步到后台库房中，并由售货员进行捡货。试衣间内同样有一面智能镜屏，无论是加购，还是更改尺码、颜色，都可以点击试衣镜完成。

企业中台支持交易场景创新。原来消费者主要在超市购买日用商品，未来可能是在24小时自动购物机购买。

企业中台支持业务创新。某主营电视机等家电业务的大型家电企业盯上了终端士多店渠道末端的零售店。该家电企业在思考如何与数千万个终端士多店开展更加紧密的合作关系，让他们卖电视机，同时还能卖其他产品，店主开店，由企业帮助运营。从单一品类到多品类延伸，从单一店铺到多店铺延伸。在企业中台的支持下，通过业务创新，赋能运营能力、产品能力、支付能力和物流能力。

4.1.4 试错多包容

最为经典的试错案例要数爱迪生试制灯泡了，几乎没有哪个案例可以与之比拟。在持续很长的一段时间里，爱迪生尝试过1000多种材料，经过数千次试验，才发现炭化棉线做的灯丝可以连续点亮45个小时。当有人问他失败数千次感觉如何时，爱迪生却说："我没有失败，只是证实了上千种不能用作灯丝的材料而已。"至于"竹丝"和"钨丝"的发现，则是进一步试错的结果。

过去，企业和个人一样，所有犯过的错，都是过程，都是通向成功的必经之路。中台技术支持低成本、高效的A/B测试，大大降低了企业的试错成本。当企业尝试新业务、推出某个新产品，或者打算做某个新营销活动时，在不确定的情况下，可以先小范围、发布不同的版本，供不同的用户使用，通过数据分析了解哪个版本更受用户欢迎，然后再扩展到更大的范围、更多的维度测试那个版本，由点及线，由线及面，直至全面推广。

搭建了数字中台的企业，应鼓励运营人员持续试错。假如企业形成了一种试错机制，在尝试新业务、推出某新产品，或者打算做某营销活动时，可以要求运营部门提出 10 个以上方案，从中选出 3 个方案进行测试，最终确定选出一个最优的方案进行推广。每个新尝试，都采取这种策略，长期坚持执行，试错成本会远低于其他企业。

4.1.5 共享创条件

2014 年开始起步的共享经济，一度火热爆棚，住宿、出行，只要有闲置的资源，都可以拿来共享。共享模式迅速吸引流量，滴滴、Uber、摩拜、小猪短租、Airbnb 纷纷获得市场的热捧，不仅获得经济效益，而且社会价值很高。共享服务是中台文化的重要特色之一。一家服务终端消费者的中大型企业，一定有自己的存量用户，无论是房地产企业、汽车企业、耐用品企业，还是快消品企业。

这些企业都在思考一个问题，如何围绕客户提供更多的产品或增值服务，以满足客户需求，同时增加用户黏性？尤其是多元化集团企业，在集团内部，要如何实现客户共享、会员共享、交叉引流，形成自有流量的生态平台？

2016 年，某家拥有几千万用户的大型房地产企业，在广佛交界相距 5 公里的位置，每边各有一个楼盘开盘，虽然户型一样，但佛山楼盘的价格却不到广州楼盘的三分之二。广州的楼盘开盘时间早于佛山楼盘 1 个月，由于户型好，位置不错，一开盘就吸引了 20000 多人认筹抢购，但总共只有 2000 多套房子。由于佣金结算机制，客户只属于楼盘，与楼盘对应的经纪人或者业务经理，并没有跨楼盘共享的佣金结算机制，造成佛山楼盘的业务经理拿不到广州楼盘剩余 18000 人的认筹抢购名单。如果当时实现了通盘通客、跨楼盘销售机制，那么佛山楼盘开盘的火爆场景可以预测。

当下，大多数企业会同时采用传统分销、电商、直销等多渠道销售模式。如果企业的实体组织结构依然是多层级的树状组织架构，绩效考核指标没有考虑跨部门可共享业务，各个职能部门只顾负责自己的业务，如果内部还鼓励"赛马"，更会加剧"各自为政"的现象，一定会导致大量的资源浪费。

共享业务要求企业进行渠道创新，比如，分销渠道的商品是否可以发货给直销客户？电商的快递物流是否可以为分销的客户提供服务？电商部门已经与支付宝、微信支付谈好的系统接口，是否可以为经销商所用？负责电商的部门为了获取更大的利润，发展互补性的产品，这些产品是否可以借用分销渠道进行销售？面对这些疑问，数字中台可以完全满足企业持续创新的业务，共享服务融入中台建设的血液里。

技术部门也是如此，对于开发出的程序代码，哪个服务接口被调用的次数多，哪个接口被不同的业务部门调用，系统可以清晰地记录并可视化，实现数据共享、实时在线。

4.1.6 赋能是基础

2015 年 12 月，阿里巴巴宣布启动"大中台，小前台"战略,就是为了让前端的业务创新更灵活,缩短新业务开发时间,将各个业务线在技术、用户管理、营销、交易中的共性需求沉淀到一个专门的中台共享服务事业部,让中台共享部门赋能前端业务。云徙科技认同阿里的中台战略,也采取了同样的中台建设思路。业务架构师是中台的核心力量,是特种兵,集结在云徙"贝雷帽俱乐部"下,为前台的客户中心提供取之不尽、用之不竭的弹药。

中台由于打通了各业务线的数据,具有强大的数据分析与运营的能力,所以对于已建立数字中台的企业,建议组建中台部门,为前端的业务赋能。前端业务对自己所负责的领域相对较为熟悉,但是,他们不了解其他业务线的新玩法,所以有效的做法是,通过中台部门有效地将各业务部门的知识和经验赋能到前端。

我们曾经服务过一家全球领先的日化企业,其销售网络覆盖全球100多个国家,旗下有几十个品牌,且每个品牌都有自己的市场部门、自己的市场策划人员。在2018年"3.8女王节"即将到来的时候,某品牌新到任的市场经理苦于不知通过什么营销活动来实现当年的销售任务。这个时候,如果有一个部门能轻松收集信息生成分析报告,提供以下信息,那么他就会清晰很多:

过去3年,该品牌在女王节分别做了什么营销活动,集团内其他品牌做了什么营销活动,每年排名前10的营销活动分别是什么,该品牌的目标客户在2018年有什么新的变化,行业流行趋势是什么……如果今年3.8女王节开展"活出你的漂亮"营销活动，将有 83% 的概率实现 4.3 倍的 ROI，有 92% 的概率实现 5.8 亿元的目标销售额。影响活动目标达成的因素主要是，竞品可能会推出更大力度的促销活动等。

对于这类为前台赋能的工作，中台应发挥自己的强项、优势，为前台赋能，挖掘前台的潜能。

4.1.7 行动靠纲领

笔者有幸得到阿里巴巴集团前总裁兼首席运营官关明生的指导，曾经多年与关先生一起工作，听他讲得最多的就是：愿景（目标）、使命、价值观。价值观是企业文化的重要组成部分，有一次，我不解地问："价值观有什么用？"他告诉我，价值观就是我们的 DNA，它指导我们行为的，无论你是谁、身在何方，面对同样的问题，你的反应都应该是可预测的。当时，我似懂非懂。

2006 年秋季的某一天，我和销售的同学一起拜访义乌的一位客户，销售的同学告诉我，这位客户有望与我们合作。

上午 11 点左右我们赶到客户现场，客户问我们："今天，你们过来给我们培训的主题是什么？"当时我有些不知所措。中午两个小时，客户需要休息，我趁此时间回到酒店。在回酒店的路上，我突然想起关先生的话，价值观是指导我们行为的：1）质量 & 服务比利润更重要；2）让客户觉得物有所值；3）教学相长 & 互动分享。我忽然醒悟过来，回到酒店，我马上行动，对 PPT 迅速进行组织调整，终于在下午两点准时到达客户现场给客户做了成功的培训。

中台文化是企业文化的重要组成部分，战略、融合、创新、试错、共享、赋能是中台服务的行为准则、行动纲领。无论多么完善的制度，都不能做到面面俱到，中台文化是纲，中台技术是目，纲目并举才能做到事半功倍。

4.2 组织架构：中台为组织架构赋能

组织架构的本质是：为实现企业战略目标而进行的分工与协同安排。组织架构的设计受企业内外环境、发展战略、组织规模、人员素质等因素影响。没有最合适的组织架构，只要能实现企业的战略目标，增加企业对外竞争力，提高效率，就是合适的组织架构。

任何新的战略思考都需要组织创新才能落地。随着信息技术的飞跃发展，中台技术的普及，以及中台理念得到大多数企业管理者的认同，数字化时代的中台赋能型组织架构较传统组织架构发生了明显的变化。

1. 传统组织结构

传统企业的组织架构大多数属于直线型、职能型、事业部型；规模大一些的集团企业出现矩阵型和多维立体型组织，其中科技型企业大多采用网络型组织（见表4-1）。

表 4-1 传统组织类型及其优缺点

组织类型	适合企业	优　点	缺　点
直线型组织	没有实行专业化管理的小型组织，较适合创业阶段企业	运营成本低，权力集中，权责分明，命令统一，行动快捷	缺乏分工，管理者负担比较重，风险大，难以胜任复杂职能
职能型组织	快速成长阶段的企业	既有集中统一指挥，又有职能分工专业化的长处。匹配规模经济，减少资源浪费	跨部门横向协同不畅，追求职能目标，看不清全局利益
事业部型组织	多产品、跨区域以及多种产业经营的企业	有利于发挥事业部积极性，培养人才，强调结果。企业高层专心规划长远的战略	管理人员比重大，对事业部负责人要求高。分权导致可能出现架空总部领导
矩阵型组织	规模化发展的企业	加强横向联系，专业人员得到充分的利用。有较大的机动性，促进各种专业人员相互帮助	破坏命令统一，双重职权容易引起冲突，组织结构稳定性较差
多维立体型组织	跨国企业或跨区域的大企业	矩阵组织与事业部组织有机结合	机构庞大，管理成本高
网络型组织	变化快、资源稀缺、劳动力成本高的企业	组织进一步扁平化，效率高。核心人员集中精力做自己擅长的事情	缺乏对组织的控制力，技术创新很容易被窃取或扩散，对外部资源依赖性强

这些组织架构对内的信息流，是自下而上收集，中心决策，自上而下分解推进，定义岗位职责，层层汇报，管控意识强，跨部门、跨中心分工割裂。在这种组织架构下，员工厌恶风险、规避犯错，信息和数据被保守控制，组织内部不愿意互相分享。

所有企业形态一直都处于演变的过程中，多数企业都处于过渡形态，因此企业的组织结构表现形式相对复杂。依据企业进化规律可知，企业将从低级组织形态向高级组织形态演变，因此组织结构将逐渐复杂化，组织结构的变革应该符合企业进化规律。

2. 中台组织架构

企业未来的核心功能是赋能，不再是管理，因为管理缺少创造力。赋能与激励更依赖企业文化，即中台文化。中台组织正在重新定义企业的组织概念，员工需要领导者更多的支持与服务，成就感是团队成员工作的主要驱动力，他们注重精神奖励超过物质奖励，比如他开发的服务被调用多少次，他的工作给团队带来多大的收益，需要即时奖励。在中台组织架构面前，以管理为核心职能的传统组织面临着巨大的挑战。

中台组织是协同性组织网络，其特点是扁平化、组织成员相互信任、沟通透明、简单高效。前端业务部门可以调动相应的资源为其服务。传统组织的行政决策权力下放到一线的业务人员。组织成员采用自驱动的工作方式，依据事务的优先级协同上下游和内外部资源，在利他与利己思维间找到平衡，工作进度实时同步，强调联通透明。

数字化时代的企业业务实时在线，只有配套的组织在线，员工才会在线，沟通才会在线，进而在线协同服务终端消费者，服务生态伙伴，实现数据化运营，激发组织中每一个人的创造力。

中台组织是学习型组织，创新驱动个人成长、团队成长；个人经验与团队大数据结合，个人知识融合组织智慧；隐性的知识显性化，显性的知识标准化；知识标准形成系统化，个人的知识组织化。通过知识竞赛等形式，鼓励组织成员内部比超赶学；鼓励组织成员内部分享，教学相长；通过导师制，快速提升新人的个人能力，同时，师傅也在带徒弟的过程中，不断丰富个人知识体系，共同成长。

中台组织是由各小团队组成的大团队，其特点可概括为 3 个方面，9 个特征，如图 4-2 所示。

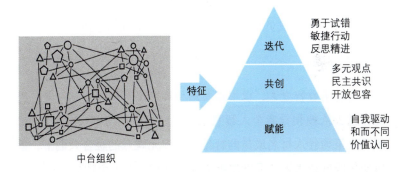

图 4-2　中台组织及其特征

（1）赋能

中台组织的核心特征是自下而上，激发团队每人的内驱力，在尊重个人意愿和观点的基础上，拥有共同的愿景与价值观。它有以下 3 个特征：

- **自我驱动**：团队行动是出于自下而上的意愿。只有来自团队成员内心的期待，才能激发出最大热情与承诺，才有可能克服向前过程中的困难和挫折。传统团队像老式火车，全部依靠车头带，而自我驱动型组织，就像现代高铁动车组，每一节车厢都是动力源。

- **和而不同**：强调团队形成相互信任的和谐氛围，能够尊重每名团队成员的各种观点。在这样的团队氛围中，每人都能够坦诚地表达自己的意见和建议，而不用担心其他。
- **价值认同**：尽管在一些事情的看法上，大家的观点有差异，但是团队能够形成整体与合力，其关键在于团队成员有相同的价值认同理念。团队发自内心地认同组织努力方向及利他思想，为客户创造价值。在团队协作过程中，团队成员相互协调，形成战无不胜的整体。

（2）共创

再聪明睿智之人，也很难看清楚环境黑箱中的全部细节。因此，过去依赖领导者个人智慧成功，已难以适应数字化的时代。团队决策须卷入每名成员的智慧，在多元观点的融合共创下，适应变化的创新决策才可以浮出水面。它有以下3个特征：

- **多元观点**：多元观点来自组织团队多元的背景与能力。因此，共创型团队的成员结构是多元化的，具有不同背景、不同能力、不同经历、不同性别、不同年龄。在这样的团队中，每名成员是独立思考的个体，会积极贡献自己的信息与洞见。
- **民主共识**：决策过程的民主化是团队凝聚的共识，是智慧创新的必要条件。在团队决策过程中，成员之间要充分交换各自观点以及观点背后的假设条件，这样得到的最终决策才能吸收大家的智慧，才能取得一致的共识。
- **开放包容**：中台团队具有开放包容的团队氛围。面对不确定的环境变化，束缚组织创新的最大障碍是固化的思维。

拥抱变化、接受变化是团队共创前行的前提。在新形势下，团队容纳多元化思维，跨域思考，跨界借鉴，才能实现创新突破。

（3）迭代

数字化时代，要考虑如何低成本试错、高效优化调整，因此，缘于软件工程的迭代方法论成为敏捷团队的重要工具。它有以下3个特征：

- **勇于试错**：宽容失败，接纳失败，视失败为成功的前提条件，让团队认识到只有试错的次数足够多，才能摸索出属于自己的正确道路。
- **敏捷行动**：小范围低成本试点。这样行动的目的是学习与验证，因此，团队执行这样的行动应当快速、敏捷，不断调整实验来增加成功的概率。
- **反思精进**：在试点行动过程中，根据实践反馈进行反思，对之前的认知假设进行调整，然后再试。

阿里巴巴曾鸣教授在《智能商业》一书中预言，自组织协同会伴随着组织原则发生改变，组织架构和运营法则也会发生改变，全新的组织结构会更自由地联结、更顺畅地协同、更高效地共创，且在智能商业时代，传统公司将大批消亡。

4.3 人员能力要求：运营、业务、技术铁三角

中台组织是由传统的组织演变而成，一个组织或团队的核

心是人。对人员的要求需要根据每家企业的实际情况，有所不同。中台为业务创新而生。众所周知，创新无定式。业务创新，是在对行业深厚的理解和洞察基础上提出的，主要人员包括运营人员、业务人员、技术人员三种角色，也称"铁三角"。下面，我们以日化行业为例，列举中台组织的主要人员构成及其能力要求。

4.3.1　运营人员的能力要求

运营人员要有较强的沟通能力、策划能力、分析能力和写作能力等。运营人员要具备敢于尝试、屡败屡战的素质。这一点跟创业精神是一致的。因为跟技术和产品相比，运营是最缺少方法论的工作，需要不断尝试、敢于试错，十条路中可能只有一两条是通的。所以，心理素质要好要强，撞墙了换个方向再试、再撞，总会有找着门的时候。

运营人员要有统筹全局的眼光和能力。运营工作很分散也很琐碎，只盯一点是难以达到出众效果的，多维度的协同运营才能盘活全局。再进一步，运营人员应不局限于运营工作，要和产品团队保持良好的协同，懂点技术更好。

1. 运营负责人

- 10年以上行业业务工作经验。
- 5年以上互联网行业工作经验，熟悉会员体系、社群运营，熟悉商城会员体系的建立与优化。
- 具有良好的产品数据管理能力和电商产品逻辑。

- 具备现代网站创新策划能力，对互联网发展潮流高度关注，有独特的产品、用户心理分析能力，擅长分析市场发展方向和动态，能根据需求与市场变化迅速做出回应。
- 有各类线上、线下活动的组织经验，具备较强的统筹规划、策划及执行能力，具备优秀的创意和提案能力，熟悉营销策划方案及其他文案的撰写，可独立撰写较规范的活动策划文案。
- 在详细数据分析的基础之上，根据流量分析数据和走向，对店铺进行内部优化；具备较强的文字表达能力、数据分析能力。
- 具备优秀的团队合作能力、流程把控能力和良好的沟通能力；具有创业精神和战略思维，具备良好的市场拓展、沟通技巧、管理能力和组织协调能力；勇于创新，富有激情和创造性，工作细致、耐心，能承受较高强度的工作压力。
- 关注领先的IT技术，对于成熟的IT技术有较深的认识。

2. 运营人员

- 4年以上互联网运营经验，有市场营销、电子商务相关专业学历者优先。有天猫、京东、唯品会等电商平台运营经验优先。
- 有互联网公司品牌管理或活动策划、运营经验，了解微信、论坛、微博等网络推广平台和推广手段。
- 优秀的沟通协作、执行及项目管理能力，强烈的责任心和挑战欲望，能够在复杂环境下承受压力，并协调各项资源，创造性完成目标。

- 熟悉线下营销计划的管理，熟悉各营销网会员的购物习惯和购物心理。
- 熟悉各种营销工具，对站外推广、线下推广有独到的见解。对店铺视觉、营销主题活动策划有独特见解并有成功案例。
- 优秀的文案和活动策划能力，策划过成功的品牌营销案例。
- 善于学习，能够很快地接受新鲜事物；吃苦耐劳，刻苦钻研，有团队精神。

4.3.2　业务人员的能力要求

有较强的业务分析能力、业务理解和抽象能力、业务规划能力、业务场景化能力、业务数据化能力、数字营销产品设计能力，了解数字化技术。业务架构师的第一要务是理解业务，并转换为可被开发人员理解的实现方案，因此业务理解能力是业务架构师的必备技能。通常来说，一位专业的业务架构师，对业务要有非常深的认识和积累，应该能预判业务未来发展趋势，以便在系统可扩展性上留有一定的空间。

数字营销产品设计，必须要了解用户的业务流程。要先充分理解用户到底需要哪些功能，再去设计如何实现这些功能。甚至有时候用户不知道自己想要什么，需要专业的架构师帮他们去思考、去设计。抽象能力是指将对业务的理解转换为系统实现模型的能力，这显然也是重要的能力。

1. 业务架构师

- 8年以上行业业务工作经验。
- 3年以上互联网行业工作经验。
- 设计整体业务架构方案，能抽象需求，沉淀业务能力及产品设计开发。
- 带领团队成员完成共享服务中台项目建设。
- 具有很好的协调沟通能力。
- 具有互联网运营能力。
- 熟悉互联网技术。

2. 产品经理

- 产品经理岗位经验4年以上，熟悉互联网产品运营。
- 对C端产品、B端产品有较深的认知，有行业工作经验者优先。
- 具备优秀的口头与书面表达能力。
- 优秀的文案能力，能够准确表达自己的设计理念和思想，并进行产品提案。
- 思维敏捷、责任感强。
- 熟练使用产品经理必备的基础工具：原型、流程、脑图、需求管理。
- 有项目管理认证（PMP）或商业分析（PBA）经验或认证者优先。

4.3.3　技术人员的能力要求

技术人员需要有业务理解能力和技术全面视野、系统设计的全局观、技术方案决策能力、开发进度优先级和节奏控制能力等。在面对业务问题时，技术架构师脑海里是否马上能浮现出多种技术方案，这一点很重要。技术离不开业务。一个好的技术架构师，应该掌握并理解业务，技术团队要从早期就意识到这一点，否则，会出现由于不知道简单成熟方案，而采用了复杂不成熟的方案的情况。因此，广阔的技术视野是架构师的必备素质。

全局观通常体现在系统设计时，需要考虑对上下游系统的影响。正常情况下，所设计的新系统不是一个孤立的系统，如果没有足够的全局观，有可能会导致新建设的系统上线后，其他上下游系统出现问题。

技术方案决策能力是一位合格技术架构师最重要的能力。上面说的"全面或全局"是技术架构师在思考系统设计时"放"的过程，而权衡则是"收"的过程，确定系统开发的节奏。技术方案决策通常解决一个业务问题，有多种可解决的技术方案。总体来说，在技术决策过程中，把握两个原则：性价比和可持续发展。

技术人员需要了解开发进度优先级，并具备节奏控制能力。系统开发优先级意味着把握住了系统的重点，可以保证在新设计的系统架构指导下，实现业务不出现大问题。节奏控制则意味着全面，配合业务部门，知道在什么时间点该做什么事，为实现业务需求做好铺垫。

1. 技术架构师

- 8年以上IT系统架构设计经验，熟悉大型互联网架构或具有大型 IT 项目咨询经验者优先。
- 有微服务框架实战经验优先。
- 有很强的沟通和理解能力,有良好的团队协作精神、环境适应能力和执行力,抗压能力强。
- 有中间件技术设计和研发经验者优先,有大型互联网企业工作经验背景优先。
- 技术栈:Spring、MyBatis、分库分表、消息队列、Spring Cloud、Redis、Elasticsearch 等。

2. 开发工程师

- 4 年及以上 Java 开发经验。
- 精通 Java 并有较全的知识面,熟悉 Spring、Spring Boot、Hibernate、MyBatis 等主流框架。
- 熟悉 Web 分布式系统,熟悉 Nginx、Resin/Tomcat、Redis/memcached 等应用,熟悉 RPC 解决方案。
- 熟悉数据库技术(MySQL/PostgreSQL)、数据库优化及 SQL 优化。
- 有微服务开发(Spring Cloud、Dubbo)高并发场景实战经验优先。

3. 运维工程师

- 4 年以上互联网运维经验。
- 精通 Linux,精通 Shell 编程。
- 熟练掌握 Java/Python/Go 语言中的一种或多种。
- 熟练 MySQL/PostgreSQL 中的一种或两种。

- 熟练阅读国外技术文档。
- 有 DevOps 运维开发经验优先。

4.4 业务执行：业务运营与敏捷开发

企业建数字中台的目的是实现数字营销，数字营销的目的是营业收入增长。阿里的使命是"让天下没有难做的生意"，云徙的使命是"引领企业数字化创新"。当下，企业界都在谈企业经营的第四张报表，即数字资产表，它体现了企业未来数字化业务提升的能力。

如何能够提升数字资产表？我们认为，可以从内容运营、活动运营、用户运营三个维度做好运营工作（如图4-3所示）。做好运营，必须需要数据，由数据积累形成数字资产，实现数字化平台持续优化和管理，并使用敏捷的开发方式开发迭代。

图4-3 业务运营与敏捷开发

1. 内容运营

内容运营是指基于内容进行策划、创意、编辑、发布、优化、营销等一系列工作。我们认为，无论是 App、H5 还是 PC 端，可吸引用户注意并且延长停留时间、促进交易转化的展示均可称为"内容"，形式包括文字、图片、视频、音频、动画等。

内容运营的核心在于梳理内容消费者、内容生产者、数字营销平台与产品三者的关系。内容消费者，即消费内容的人，他们来到数字营销平台可能是为了阅读、体验，也可能是出于好奇。谁会对平台上的内容感兴趣，谁就提供了可转化的流量。内容生产者，即内容生产方，是数字营销平台的发动机，他们决定了数字营销平台会提供怎样的内容。内容生产者所提供的内容需要与内容消费者相匹配，这样才能保证内容流转效率和数字营销平台转化能力。数字营销平台与产品是内容消费者和生产者的渠道或载体，它需要维护内容生产者和内容消费者的关系。相应地，内容生产者和内容消费者之间的交互保证数字营销平台的正常运转。

内容生产者在内容管理系统 CMS 进行文字、图片、视频、音频或动画等内容的生产，然后基于生产好的内容在数字营销平台的内容管理中心模板或模型中通过拖曳的方式迅速配置营销内容，如图 4-4 所示。基于大数据和 AI 营销技术，数字营销平台可以依据每位用户的喜好及热门内容，向用户精准推荐他可能感兴趣的内容。用户的订单、数字营销平台的商品、营销活动以及店铺推荐都可以通过数字营销平台进行分享传播。

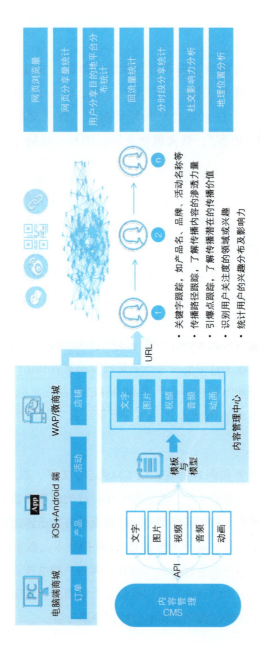

图 4-4 传播内容实现销售的过程

通过数据埋点，数字营销平台根据关键字跟踪、传播路径跟踪，了解传播内容的渗透力量、传播时间的长短、传播链路的长短。其中，关键字可依据业务运营需要进行自定义，包括商品名称、品牌、营销活动名称等。根据引爆点跟踪，了解潜在的传播价值，营销人员可基于数据的实时变化，实时调整营销策略，做到将优质内容、热点内容推送给更多的用户进行传播。

营销活动结束后，数字营销平台自动生成运营报表，统计网页浏览量、网页分享量、用户分享目的地分布、回流量、分享时段、社交影响力、地理位置等维度信息。内容生产者依据可视化的数据运营分析了解：内容消费者是谁？他们通常在什么地方活跃？他们的习惯是什么？最近他们在关注什么热点？我们需要提供什么内容才能吸引他们的注意？意见领袖又是谁？然后结合线下业务人员，实时调整营销政策，实现营销目标。

2. 活动运营

活动运营是针对不同营销活动的运营，包含活动策划、活动实施、活动总结（如图4-5所示）。一个标准的活动策划方案至少包含以下内容：

活动主题：主题要鲜明，让用户看得懂记得住，一看就有兴趣，还会自发向周围的人宣传。

活动对象：明确活动针对的是哪类人群，这类人群会对哪些内容感兴趣，让活动抓得住人。

活动时间：活动的起始时间、奖励发放的起止时间、利益相关方的激励时间。

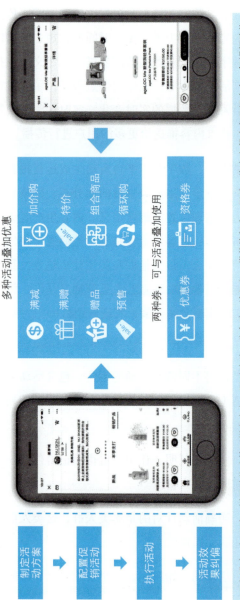

图 4-5 常见的营销活动

活动内容精准描述：营销活动的文案，用户一看就明白。

活动规则详情：让用户看得懂，技术人员看得懂，不会产生歧义。

广告投放渠道：投放时间与渠道选择，哪些渠道能最大程度吸引活动对象，也要考虑投入产出比。

活动流程设计：活动流程简单、有趣，用户乐意执行。

活动风险控制：提前做好风险管控，尽可能考虑潜在风险，准备好预防措施和备选方案。

监测指标：包括投放渠道的监控、与用户交互的监控、交易监控、分享监控、奖励发放的监控，监控的目的是在发现与实际预期有偏差时，及时调整方案，以便实现营销活动目标。

成本预估：一场营销活动需要花掉多少营销费用？这是企业非常关注的问题，包括显性成本和隐性成本。

效果评估：收益评估（ROI）、品牌曝光率、产品曝光率等，活动预计效果需要得到领导认可。

常见问题答疑：向客服人员提供一个详尽的答疑材料，以便用户在参与活动时，及时答疑解惑，提高用户满意度。

活动效果改进措施：活动结束后，结合活动分析报告，加以总结并优化。

云徙科技从为几十家行业领先企业服务的实践中，积累了几十种营销活动方案、几百种活动模板。我们将这些方案总结提炼，作为模板沉淀到数字营销平台中。数字营销平台在今后的营销活动配置中，可以将之前沉淀的模板按类型自由组合，并按需与各类促销活动关联，以实现营销效果的最优化。

3. 用户运营

用户运营指以用户为中心，遵循用户的诉求设置运营规则与活动，制定运营目标与运营策略，控制运营过程与结果，以达到预期所设置的运营目标。用户运营是运营工作的核心，所有运营工作都是围绕着用户的获取、激活、留存、转化、传播来开展的（如图4-6所示）。而用户优化是用户运营中最复杂的环节，如何对用户运营指标详细分解，是用户优化工作的重中之重。

第一，用户分群管理，如何分群取决于实际运营需要，比如按用户的来源、注册、下单、复购、流失等维度区分。用户来源分群包括自然搜索用户、活动用户、渠道用户。注册用户分群包括新增注册用户、累计注册用户、累计注册用户转化率。下单用户分群包括下单用户数、下单用户转化率。重复购买用户分群包括当期新增购买用户数、累计购买用户数、老用户重复购买数。流失用户分群包括：Banner流失用户数、注册流失用户数、登录流失用户数、订单流失用户数、支付流失用户数。

第二，用户活跃指标分析，包括每个用户活跃天数、访问活跃分析、购买活跃分析、登录活跃分析、加入购物车活跃分析、评论活跃分析、分享活跃分析。根据需要，可分为日活跃情况、周活跃情况和月活跃情况。具体到每个用户，指标包括活跃天数、访问、购买、登录、加购物车、评论、分享分析。

第 4 章 企业中台 5 大成功要素

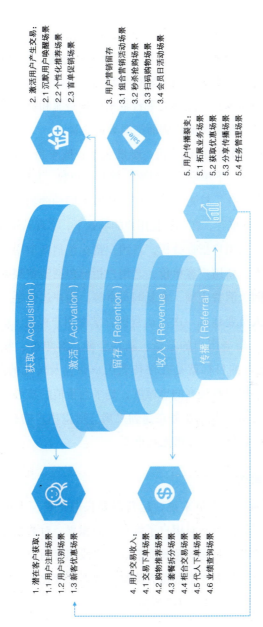

图 4-6 用户转化场景

第三，用户留存指标分析，分为：访问留存分析、登录流程分析、购买留存分析。根据需要，其维度可分为：次日留存率、周留存率、月留存率等。用户留存率越高，意味着用户使用数字营销平台的时间越长，能够为平台带来的现金流和资本估值就越高。通过用户留存情况能从侧面把握渠道质量。

第四，用户转化指标分析，维度包括：成单量、付费金额、客单价、咨询率、下单率、支付率、首购用户数、复购用户数等。通过购物场景优化，针对不同的用户推荐不同的购物场景，实现千人千面、精准推荐，在不打扰用户的场景下，实现营销闭环。

第五，新老用户指标分析，新用户指标包括新增用户数、新用户获取成本、新用户客单价，老用户指标包括消费频率、最近一次购买时间、消费金额、重复购买率等。用户运营是一个长期过程，运营人员要通过一次次运营报告掌握用户概况（新老用户的增长情况、新老用户的数量、消费金额、客单价、复购情况等）。用户运营的目标就是在保持老用户留存及转化的前提下，不断拉新。老用户有较高的忠诚度，是平台价值的核心，而新增用户多意味着数字营销业务在蓬勃发展。所以用户的行为分析、对比分析和价值分析等显得尤其重要。

4. 运营管理

对于普通运营人员来说，运营需要长期积累，无论是经验积累、实力积累，还是对用户了解程度的积累、对数据敏感程度的积累。创意随着时间的延长而消磨，手段随着用户的熟悉而失效。运营人员日常需要掌握每天流量、数据的变化，洞察每个影响运营数据的因素（如图4-7所示）。

第 4 章 企业中台 5 大成功要素

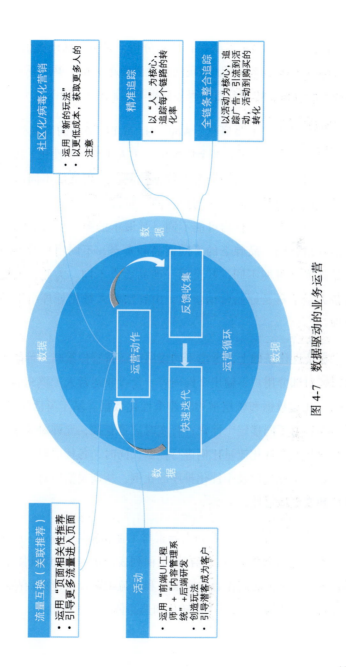

图 4-7 数据驱动的业务运营

每一次活动结束后要进行总结分析，为下次活动提供参考，分析维度包括流量分析、与玩法相关的数据分析、渠道分析、内容或产品分析、传播分析和服务分析等（如图4-8所示）。

其中有几个主要概念：App、H5或PC终端的商城主页有几个楼层，某个楼层有7个广告位。千人千面（个性化）就是针对不同用户，按其偏好结合大数据预测，分别展示不同内容和楼层顺序。因此，对不同用户，同一资源位下曝光的品牌、店铺、商品、卖点信息均可能不同，且展示的图片素材会针对用户偏好组合同一品牌下的不同商品和卖点，不同用户看到的同一品牌商品可能不同，甚至同一商品卖点不同。为此，需提前准备大量素材及原始营销信息，由算法和大数据处理引擎动态处理。

在个性化基础上，考虑不同楼层的运营管控策略，可能个别楼层针对部分用户不输出个性内容，仅投放运营人工填充的固定数据，此类数据和楼层被称为非个性化数据。基于灵活性考虑，需能够针对不同楼层个性化进行实时流量管控，允许对某楼层的个性化与非个性化流量比例进行控制；同时，各楼层顺序同样可设置是否个性化以及个性化排序的比例，从而灵活应对业务的多变性和变更稳定性。

用户在资源位入口看到引导素材（通常为某个商品）产生兴趣，点击进入承载页后，能在该页面列表内第一时间看到所点击的内容（基于页面制作者内容推广和引流策略，对应的商品可能不在首屏），以此对用户点击转化和选品体验均达到最佳。

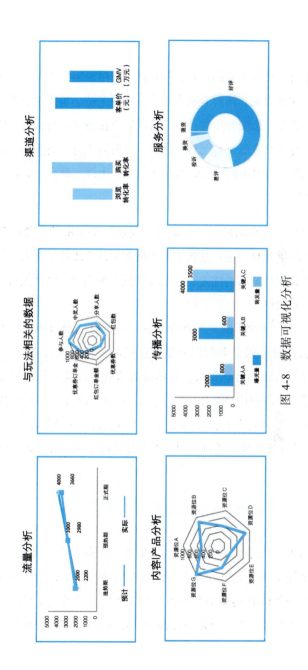

图 4-8 数据可视化分析

5. 敏捷开发

成就客户是云徙的核心价值观之一，尽管敏捷开发要比瀑布开发投入的精力大、耗费的成本高，但我们坚持小步快跑的方式：业务整体规划，系统分步骤开发，帮助客户在最短的时间内，快速上线，实现最小业务交易闭环，之后，每两周或每一周发布一个迭代版本发布（如图4-9所示），甚至于一天一上线。那么，如何做到快速迭代？

第一，重点明确，及时调整。通过分析需求的紧急性和重要性，做出优先级判定；迭代中，严格按照优先级排序开发。每次迭代，重新调整需求的优先级，及时调整业务需求，将优先级不高的需求往后调整。

第二，持续不断地发现问题并解决问题。通过版本发布来检验团队在每日例会上做出的承诺；我们坚持测试宣布上线时间，各工序互为内部客户关系，互相监督检查，以及时发现问题。

第三，倾听用户声音，相信老用户直觉。我们的业务架构师坚持与企业一线业务部门实时沟通，主动了解他们的痛点和需求，在下一个迭代中快速优化；通过对用户需求及时响应获得用户认可和口碑。

4.5　中台实施：1个经验和4个教训

阿里巴巴中台建设很成功，某地产企业的中台建设很成功，某白酒企业的中台建设也很成功，这些成功的案例吸引着越来越多的企业关注并接纳中台理念，但别人的成功并不意味着自己的成功，实际上，在项目建设过程中，存在各式各样的问题与困难。

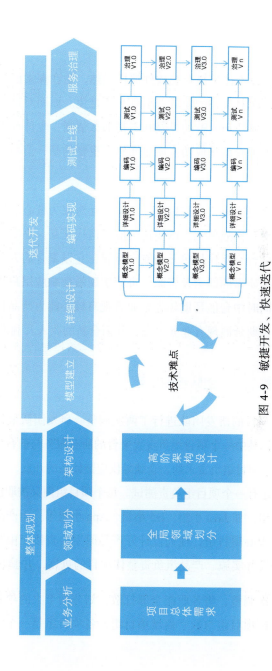

图 4-9 敏捷开发、快速迭代

4.5.1 经验：持续迭代完善

中台建设不像传统套装软件那样成熟，是在探索已知世界的未知问题，面对未知的领域，困难在所难免。而面对这个不确定性的世界，成功和失败的界限并不是那么清晰；也许今天遇到的困难，明天再看就是成功，反之亦然。重要的是，信心和持续创新的环境。

企业要快速成长，需打造以面向交互对象为核心的特种部队型前台、交互作战单元，以快速响应、迭代交互。事实上，中台组织就是前台交互作战单元的航空母舰，它以聚合的方式帮助前台快速匹配所需的能力及资源，进而实现敏捷响应用户快速变化的需求。同时中台能帮助领先企业将现有核心能力产品化、业务化，在中长期延展现有业务生态，开拓全新的收入及利润来源。

4.5.2 教训1：团队组织错误

某个项目的研发团队进行了两次调整。研发团队最初分成三大项目组，其中一个项目组负责大中台的所有服务与前台应用的开发；另一个项目组负责采购、仓储等供应链体系的开发，与SAP关系紧密；还有一个项目组负责测试。每个项目组内又按职能细分为若干个小组，如Java小组、H5小组、App小组等。而产品小组是一个独立中心项目组，他们设计好产品原型后直接交由技术部门评估、开发并实施。产品组负责整体项目的进度，并验收成果。

第一次调整，将各职能全部打散，划分两个大的项目组——数字供应链项目组与数字商城项目组，各项目组是一个完成的实施主体，包含了各种职能，产品小组负责将产品的《需求规格说明书》提交到两大项目组，统一由项目组进行项目管控。

第二次调整，按产品线分为 6 个小组，每个小组由 7 人左右的敏捷团队组成。其中，中台是敏捷开发组之一，2 周上线一个迭代版本。当一个迭代在开发时，原则上不允许需求变更，若有需求，放到下一个迭代版本完善。业务架构师们负责迭代规划、原型设计以及《需求规格说明书》的编写。所有产品线统一测试，由测试人员宣布迭代上线的时间点。经过这一次的调整，无论是项目进度还是效果都将得到大幅提升。敏捷开发这种小组作战的形式，以及谁开发谁负责的原则，能培养每个小团队成员的主人翁意识和积极主动的精神，打造目标一致而又松耦合的、快速响应的团队。

许多管理人和领导者都陷入一种迷思，认为增加更多的人力是好的，因为人是最宝贵的资产，所以投入人力应该是提升整体效能的最好方法。但事实是，大规模组织让人们变得过度自信。这是因为人们倾向于在团体规模扩张时，低估完成工作的时间。有这样一个实验，当被要求完成相同的乐高模型时，两人小组花费了 36 分钟的时间，四人小组却花了 52 分钟，比两人小组所花的时间整整多出 44%。

4.5.3 教训 2：业务拆分不清

对业务理解不透，导致业务梳理和系统规划的时候抓不住重点，设计出的系统不能满足实际需求。例如，某企业的业务复杂度高，同时存在各种销售模式，有直销、经销、预售等；存在多业态，有商业地产、泊寓、教育、酒店；存在多种会员类别，有家庭会员、个人会员。在业务设计之初为了能够快速响应业务需求，将用户中心与会员中心的服务进行了整合，但随着业务的发展，在迭代开发过程中造成了大量的混乱信息，使团队的管理和维护成本大大增加。后续还是将用户中心与会员中心分开才解决问题，过程中走了很多弯路。

4.5.4　教训3：微服务被滥用

中台一定是企业级的，这里的企业级不是说难度而是指范围。企业级也不一定就是一个企业的范围，甚至可以是跨企业的。中台的建设过程虽然可以自下而上、由点及面，但驱动力一定是自上而下、从全局出发的，并且需要一定的顶层设计。

企业级也是区分企业中台化与应用系统服务化的关键点，简而言之，中台化是企业级、全局视角的，微服务化更多是系统级、局部视角的。从组织架构模式的角度，"中台"突出的是规划控制和协调的能力，而"前台"强调的是创新和灵活多变。微服务不是越多越好，一定要根据实际的业务做相应的匹配，设置一个独立的业务单元，单独提供一个系统服务。

某个项目中台设计之初，整体拆分出了80个微服务，16个共同组件，需要应用服务器86台，人员维护成本相当高。优化以后，微服务缩减到了26个，应用服务器只需要33台。

4.5.5　教训4：系统过度设计

大部分微服务案例只能看到微服务架构的"演进结果"，而看不到微服务架构的"演进过程"。这就像每个人看到一个架构的高峰，却看不到攀登高峰的路径。这就给很多架构师一个假象：微服务的架构是通过能力极高的架构师一步到位设计出来的。在中台建设过程中，往往也会陷入这样的误区。软件架构的最基本规律是解决当前的需求和痛点，无法对没有出现的问题和痛点进行设计。因此，一步到位的整体的微服务架构设计完全没有必要。况且一个集中化的设计很难体现微服务的轻量级优势，因此也违背了创新工作法的原则，结果会导致业务真正需要创新的时候，把之前设计的内容又推翻重来。

第 5 章 CHAPTER

中台建设方法论

本章聚焦于企业信息化领域的业务中台和数据中台，阐述双中台的建设方法论。双中台研究的内容和解决的问题都存在于业务领域，因此首先阐述业务的顶层设计。然后分别展开介绍业务中台和数据中台的建设方法论，最后将介绍由应用迁移到中台的 3 条路径。

互联网技术的发展为企业信息化建设带来了红利。IT 系统可以更多地思考业务活动的本质，而不受限于信息化技术手段。数字中台不拘泥于业务工作系统、财务、流程，而聚焦于业务运行本身的客观规律。我们认为业务是由多个相对独立的业务域所构成的，每个业务域有自己的运行机制，各个业务域高效工作，协同完成整个业务经营活动。数字中台则实现了各业务域的运行机制，通过能力输出业务数据和流程，支撑各应用完成业务活动。数字中台是一种全新的架构业务体系的思想，它是信息化领域的一场革命。

5.1　中台架构整体策略

在企业信息化层面上的数字中台也是平台，它提供前台软件的业务运行环境，具体来讲，为前台软件提供业务能力和业务分析数据。一方面，业务中台提供业务能力，数据中台提供了分析数据的能力。业务中台聚焦于业务本身的运行规律，通过信息技术手段实现业务运行的核心机制，因此业务中台源于业务，服务于业务。另一方面，数据中台从数据上分析业务运行规律，反馈业务运行效果，因此数据中台也源于业务，服务于业务。综上所述，只有从业务调研着手，才能推导出数字中台的建设方案。

数字中台建设的整体策略是从业务着手，自顶向下逐层调研业务，再自底向上对业务逐层抽象归纳，形成业务全景图。根据业务全景图，我们设计出应用全景图；根据应用全景图，我们逐层细化，设计出应用功能清单。在此过程中，业务被拆解为最小粒度——原子业务对象。原子业务对象包括原子业务实体、原子业务活动和原子业务规则。

笔者有幸参与了多家大型企业的中台架构咨询服务，其中一家零售连锁企业从调研伊始，便安排咨询团队分别与董事长、多个副总裁进行至少半天的座谈。接着按组织机构逐级往下，参与部门有商品部（商品部正副总监、部门正副部长、部门核心骨干总共至少 20 人）、运营部、物流部、CRM 事业部、质检部等。每一次的访谈我们都在对业务进行一次拆分。最终，该企业的业务被拆解为了大量原子业务对象，这些原子业务对象正是构建数字中台的原材料。

中台的架构过程就是一个从上到下、逐层抽象的过程。首先将业务抽象阶段找出的业务对象按照主题和相互之间的密切关系，聚合为一个主题域。然后将主题域结合技术的视角，设计出整体架构。对业务中台而言，它是三层模型；对数据中台而言，它是四层模型。分层模型的内容，在后续章节会详细介绍。在分层模型的指导下逐层展开，结合业务的详细场景，设计出每个领域或中心内部的逻辑模型。对业务中台而言，它是组件模型；对数据中台而言，它是逻辑模型。逻辑模型的内容，在后续章节会详细介绍。

在架构设计结束后，研发团队就可以开始做详细设计了，包括数据模型设计、交互图设计、算法设计等。详细设计结束后，研发团队分敏捷小组开始编码实现，测试团队进行用例编写和场景验证。验证通过后，部署上线。在设计、编码、部署过程中，结合研发中台的 DevOps 技术，以敏捷团队的形式进行组织，以分层迭代的方法进行持续集成和交付（设计与实现的详细内容不在这里展开）。综上所述，数字中台架构的总体策略如图 5-1 所示。

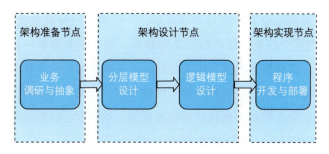

图 5-1　数字中台架构的总体策略图

5.2　业务顶层设计

企业的商业理想是企业业务运行的指导方针，而数字中台实现和支撑了企业业务的运行，尤其是业务中台更是业务运行的核心机制提供者，因此数字中台的设计必须要服从于企业的商业理想。而商业理想的实现是通过业务的顶层设计来展开的，推理可知，数字中台的设计也就必须符合企业的业务顶层设计。

业务顶层设计是一个不断发展变化的概念。在实现商业理想的道路上，当前的业务顶层架构需要不断调整，尤其在商业竞争节奏加快，新模式、新技术加速业务环境改变的当下，更是如此。这是传统的IT系统难以持续改进的根本原因，因为商业竞争的加速，需要业务支撑系统不再只是一个模块的功能变更，而应是朝向变化拥抱未来，那么系统自身的调整不能再慢慢来，但是商业规律又决定了总不能随时推翻重构。目前企业的现状是，内部的生产系统、工作系统，无法做出快速的大幅调整，这就需要借助中台来快速适应变化，缓解对后台系统的压力，保证生产和内部系统的有序运行。

在某次企业高层领导的访谈中,一位领导一针见血地指出:"在我们这个行业,核心是产品和服务。当下企业和客户的连接变化了,自然服务模式发生了变化。服务模式的变化,要求产品的设计也发生变化。与客户的连接越来越多元化,越来越让人出乎意料。企业要想实现自己的商业理想,就要学习这样或那样的变化,改变自己,赢下未来。"

业务的顶层设计不是今天做好,就可以持续几年都不变。中台的架构设计也是一样,它会随着业务顶层架构的变化不断快速演进,这是中台需要具备的重要特点。

业务顶层架构,也称为业务规划蓝图,是指通过对企业调研分析、行业分析,按照系统论的方法,从全局的角度,对企业资源、企业经营活动进行统筹规划。业务顶层架构不仅要梳理出当前业务处理模型,还要设计未来的业务处理模型。业务处理模型包括业务领域的划分、业务流程的梳理、业务规则的梳理。图 5-2 是为某企业设计的业务顶层架构。

图 5-2　某企业的业务顶层架构设计

5.3 业务中台设计方法论

归根到底，**业务中台本质上是一个体系或系统，它实现了企业核心的业务运行机制，因而处于企业运行生态的核心位置，所有应用系统都必须与之建立联系**。有不同的看法认为，中台的存在只是为了抽取可复用的能力，但反过来思考，这些能力为什么可以复用呢？实践证明，业务能力输出的内容主要是核心业务数据和业务流程，从单一业态的价值链来看，每一个业务环节的产出不仅会影响到下游环节，还会反作用于上游环节，必然要求每个业务环节将其核心业务数据实时共享出来，这是为什么需要能力复用的一个根本原因。从单一业态不同业务场景来看，对同一领域的业务对象的需求基本一致，比如电商和门店都需要查询和修改商品，必然要求业务领域提供类似的能力。从不同业态来看，由于商业规律从宏观来看，本质是相同的，因此必然要求每个业务领域提供基于流程的可复用能力。综上所述，众多的可复用能力只是中台的形，核心的业务数据和业务流程才是中台存在的本质。

在一次与客户的沟通讨论中，一位客户深有感触地说："我们想通过中台的体系来建设核心业务系统，而不只是抽取一些共享的能力，方便各方应用来调用。"另一个客户在讨论时，言辞更加激烈："谁说只有共享的内容才能放进中台啊，只要是企业的核心业务都应该放进中台！"在中台的实践中，大家逐步认识到，中台是企业业务运行的核心机制，共享只是中台的一个重要属性。

讲到业务中台，就不得不提业务中台的能力。能力本身也是一种功能，但是它是更加抽象的功能，是多个相似功能的抽象实现。能力的基础是结构和运行机制，功能则是具体的展现方式。例如，财务部门基于方便成本核算的考虑，要求定义偏财务的产品类目，这是一种分类功能；业务部门基于方便市场管理的考虑，要求定义偏市场管理的产品类目，这又是另一种分类功能。对于中台而言，这两个功能属于同一个能力：中台的类目结构支持按不同维度定义分类，并支持建立不同类目的映射关系。能力是系统内生机制的体现，在不同的业务场景下，表现为不同的功能。类比一下，河流具有流动的能力，那么可以用河流运送木头，也可以载人，运送木头和载人都是流动能力运用到不同场景的功能体现。业务能力的多少决定了业务中台的含金量。

该如何着手建设业务中台呢？在正式阐述前，笔者有4句要诀送给大家，如图5-3所示。

图5-3　中台建设4句要诀

5.3.1　能力支撑是基础

业务中台居于整个企业数字化平台的中间层，从全局的角度来观察，业务中台是上层应用建设的基础，它提供了应用功能所依赖的业务能力。

应用功能建立在能力的基础上。例如，手机端提供手机号登录的功能，PC 端提供邮箱账号登录的功能，这两个不同应用功能都依赖于用户中心多认证方式的业务能力。

通过对业务能力顺序编排实现业务流程。以电商下单为例，分别需要经过库存校验、优惠计算、订单计算 3 个节点。这 3 个节点分别对应库存中心、促销中心、交易中心这 3 个中心提供的能力。通过对这 3 个中心能力的编排，就实现了下单流程。

通过将不同能力的返回结果聚合为一个有针对性的数据集，满足用户需要。例如在用户检索商品时，系统往往需要将商品的库存和商品详情拼成一个数据集合返回给用户。

综上所述，中台能力为应用功能的实现打下了坚实基础。衡量业务中台价值的一个重要标准就是中台业务能力的丰富程度。

5.3.2　中心自治是承载形式

中心是一个独立的体系，它能够独立运营，支撑多个业务场景。同时，它也是中台能力的物理载体，既提供了中台能力的编码实现，又在运行时生成一个物理进程承载多个中台能力。这里的中心需要区别于微服务，从业务上来讲，中心实现的业务范围比微服务更大，中心是多个或多类型业务实体的聚合，而微服务一般指一个业务实体或一类业务实体的聚合。例如商品中心既提供类目也提供商品属性，而类目微服务只提供类目服务。从技术角度看，中心具有复杂的内部组件结构和数据流关系，微服务追求的是简单和轻量，一个中心可以由多个微服务组成。

中心自治在业务上要求中心能够独立运营，比如商品中心可以提供多个维度的类目定义供前端用户查询，而不需要横向依赖其他中心提供的能力。(独立是相对概念，在现实世界中任何一个业务都可能与其他业务发生直接或间接的关系。这里的独立是指进程的独立、物理代码的独立。)在技术上，中心具有独立的生命周期，包括中心启动、运行、停止三种状态。我们可以通过运维的技术手段观察和控制某个中心的生命周期，而不会影响到其他中心的生命周期。

5.3.3　3 层模型是骨架

既然业务中台是一套体系，那么从系统论的观点来分析，它一定具有层次结构和相互联系。联系自不必说，业务中心间的关联关系错综复杂。那么层次结构呢？根据 DDD 的分析，我们可以看到领域模型分为核心域、支撑域、通用域，但是我们认为这远远不能揭示复杂的业务世界，原因如下：

第一，这三个分类边界模糊，难道核心域的内容不可以是通用的吗？

第二，这三类领域的比较都是以功能角度去考虑，难道功能就应该是划分领域的标准吗？

第三，我们划分领域的标准是不一致的，能否通用是一个维度，是否为核心则是另外一个维度。

我们认为，既然业务中台分析的是业务规律，那么我们对业务领域的划分也应该回归业务的角度。业务世界有什么信息在暗示我们吗？

业务活动的目标。所有的业务功能都是为了达到目标而存在，我们将目标相同的功能归为一类，那么这些功能自然是紧密耦合、协同不可分的。业务功能按照目标的不同分为两大类：为了管理好企业资源而存在的业务功能，以及为了管理好经营活动而存在的功能。系统论明确指出，层次在系统中是客观存在的。因此我们再深入一层剖析，将经营活动按是否必要划分为核心类业务活动和支撑类业务活动。

综上所述，业务中台从下向上可拆分为业务实体层、业务协作层和业务活动层，如图 5-4 所示。该分层结构不仅定义了业务中台的结构，也定义了数据流向、服务依赖关系、单次事务的调用次数等。我们可以基于此定义中台的开发规范。

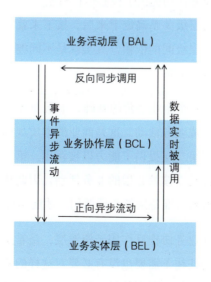

图 5-4　业务中台的 3 层架构模型

1）业务实体层（Business Entity Layer，BEL）：由对静态业务实体进行管理的中心所构成，也就是我们分析的企业静态资源管理。静态资源包括通用业务对象，比如省地市、元数据，还包括商品、会员、用户等。

2）业务协作层（Business Collaboration Layer，BCL）：由以完成或管理支撑类业务活动为目标的中心所构成，比如促销中心、评价中心等。本层的中心并不一定是业务活动不可或缺的部分（或者说主流程的一部分），但是没有这些支撑类的业务中心，我们的服务和业务水平就不能更上一层楼。

3）业务活动层（Business Activity Layer，BAL）：由以完成或管理核心类业务活动为目标的中心所构成，比如交易中心、供应中心、物流中心等。本层的中心都是企业业务活动必不可少的部分，它们为业务活动提供了核心运行机制。

中台的内部层级关系确定下来后，接下来就需要确定层级间的依赖关系了。层级间的依赖，其实就是不同类型中心的调用关系和异步数据流动关系。

静态资源是一个企业经营的基础，上层业务活动需要实时获取企业资源以完成业务活动，这是商业的本质规律。因此业务实体层向第一层和第二层提供了能力以被调用。第二层是业务协作层，本层的目标是支撑核心层的业务活动，因此从逻辑上看，本层只有提供能力随时准备给核心层调用，才能实现支撑的目的。

业务活动和业务协作反作用于资源层，是希望资源层做出相应的调整。我们往往不需要也没有必要对这样的希望进行实时反应，因此上层的反作用以事件异步流动的方式向下传递。支撑层也是同样道理，活动层对协作层的反作用往往不需要实时，因此异步流动是最好的选择。

如果我们将同层内各中心按业务流程的先后顺序，从左向右排列，那么中心领域事件会从左向右驱动业务流程的运行。反过来，下游业务中心往往需要根据上游业务的最新状态来选择业务动作，此时，就需要进行反向实时调用。

5.3.4　5步法是指导思想

在5.1节中，我们阐述了数字中台建设的整体策略，核心思想是从业务抽象到领域建模，再到架构设计。因此业务中台的架构思路和整体策略保持一致，并进行必要的补充，图5-5所示为业务中台建设的五步法。

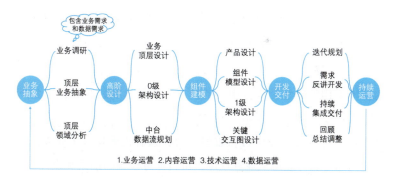

图5-5　中台建设5步法

1. 业务抽象

在业务抽象阶段，通过业务调研和业务分析，设计业务蓝图和抽象业务元素，为下一阶段的中心建模阶段准备顶层思想和业务素材。这一阶段,根据企业不同的实际情况,可轻可重。比如企业已经做过咨询调研和流程梳理工作了,那就可以在以往工作成果基础上进行短期的业务理解和业务设计工作了。如果企业对以往的咨询工作并不满意或者上一次咨询时间久远,竞争环境发生了巨大的变化,这就需要做仔细完整的业务咨询了。

(1)业务调研

通过座谈会、调研表、实地考察等多种方式获取业务素材,深入理解企业业务和感受企业面临的竞争。调研前,需要做好调研的计划、调研道具等;调研中,积极有序引导,良好互动,详细记录,保证调研的质量;调研后,及时汇总整理调研内容,初步梳理加工后形成调研纪要。如何做好调研不是本节的重点,在相关专业书籍中有详细介绍。这里需要强调几个和传统IT咨询调研不同的地方。

业务调研参与人就是中台交付人,因为只有这样才能保证对业务的准确理解可以完整地传导到设计、实施过程中。调研参与人不仅有产品经理、业务架构师,还应当包括技术架构师。这里的技术架构师既包括业务中台的技术架构师,也包括数据中台的技术架构师。为什么技术架构师要参与业务调研呢?因为我们的核心目的是设计业务中台和数据中台,只有正确理解了业务,技术架构师才有可能遵从业务规律,进行业务模型的抽象和设计。

我们主张数据中台和业务中台的设计,应该交由同一个架构师团队来统一设计(极端一点,也可以是以一个人为主,由他全程负责)。业务中台和数据中台的架构师在一个团队中,后期在领域模型设计阶段才能相互融入,我们称之为无缝对接。因为业务中台的领域模型，是大数据架构师设计数据分析模型的基础，只有深入理解了业务中台的领域模型，才能设计好数据中台的数据分析模型。另外，当业务中台的领域模型发生变更后，设计团队能快速评估影响，设计出数据中台的调整方案；相对地，数据分析模型变更，比如增加或减少了变化因子，设计团队能快速评估影响，设计出业务中台支持或调整的方案。

这里的调研分析不同于传统的系统调研。我们更加强调的是，以面向中心的思想来探讨业务，认为业务流程只是形式，核心是各领域中心的结构和运行机制。各中心的设计需要满足业务流程的需要，但是这不是核心目的。我们主张在业务调研过程中进行领域模型的探讨，反复思考逐步清晰业务领域的边界。

（2）顶层业务分析

在业务调研结束后，结合行业趋势、类似项目的比较以及自身的经验，输出企业的商业模式和核心业务场景。业务场景包括企业级业务场景、部门级业务场景和操作级业务场景。并在业务场景梳理过程中，找出企业痛点。最终设计出企业 TO-BE 的业务蓝图和应用蓝图。

（3）业务抽象

通过顶层业务分析，明确了总体方向后，我们便可以展开对具体业务场景的梳理和抽象，并输出功能需求清单。在此过程中，还需要定义出功能操作的业务对象或业务实体。基于业务实体，结合对应的功能需求，定义出需要系统提供的能力。根据能力的主题和实体间的密切关系，我们便能对实体进行归类，定义出主题域。具体方法将在第 6 章详细阐述。

2. 高阶设计

（1）中心规划

经过业务的调研和分析，技术架构师理解并熟悉了业务。基于上阶段输出的主题域，技术架构师按照中心的多个划分标准，进行中心的规划。具体方法将在第 6 章详细阐述。

（2）0 级架构设计

业务中台的 0 级架构本质上是应用架构，它以中心为最小单位进行设计，因此也称为整体架构设计。0 级架构包括了功能层级的架构和技术层级的架构。

功能层级的架构需要描述业务中台在整个数字平台中所处的位置，业务中台由哪些中心组成，以及中心与应用、中心与后台的交互关系。功能层级的 0 级架构承接了企业的应用蓝图规划，指导企业各 IT 系统的职责划分和定位。

图 5-6 所示为一个企业功能层级的 0 级架构示意图。

从图 5-6 中我们可以看到，企业整体功能架构从下往上分为 IaaS 层、PaaS 层、基础组件层、数字中台层（包括业务中台和数据中台）和业务应用层。每一层的具体功能如下：

- IaaS 层：完成硬件资源的虚拟化管理，为用户提供对资源的使用服务。

第 5 章 中台建设方法论

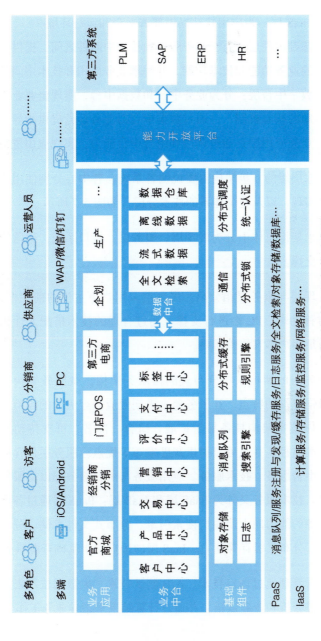

图 5-6 功能层级的 0 级架构示意图

- PaaS 层：为应用软件提供部署平台和运行环境。
- 基础组件层：介于业务服务和技术中间件之间，提供通用的业务功能和技术功能，并解耦业务应用和技术中间件。
- 数字中台层：分为业务中台和数据中台，实现企业业务活动的核心机制，并通过数据中台对业务运营提供指导。
- 业务应用层：通过调用和组合中台能力，实现应用逻辑。

技术层级的 0 级架构需要说明各系统、各中心分别使用什么技术来实现，以及整个体系的技术分层，如图 5-7 所示。

技术架构总体上分为展现层、服务层、接口系统、运营管理和运维支撑。

展现层与服务层相分离，展现层采用当下主流的前端框架，分别对移动端、PC 端进行支撑。通过合理的技术搭配人性化的设计满足用户感官体验需要。

服务层的架构采用分布式的微服务架构，微服务架构去中心化加强终端的特点，让服务免去雪崩效应等容灾上的风险。同时，整体技术架构具备易于扩展、组合、部署，可支持动态伸缩、精准监控，并且可以提供灰度发布等优点。服务层包含应用服务、中台服务、技术服务。应用服务与中台服务都以微服务架构实现。技术服务又分为 PaaS 层和 IaaS 层：PaaS 层通过各项基础中间件的能力向上层输送搜索引擎、分布式文件存储、分布式数据库、分布式缓存等能力；IaaS 层向用户提供基础资源服务。

运营管理通过埋点技术、A/B 测试技术、大数据技术来进行数据采集分析和业务试错，并通过计算结果来指导业务工作。

第 5 章 中台建设方法论

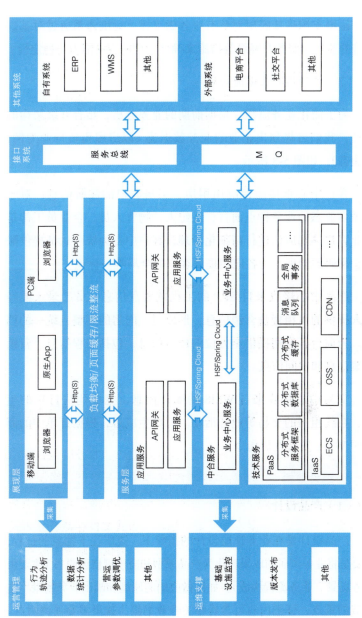

图 5-7 技术层级的 0 级架构示意图

运维支撑将从底层对所有服务做支撑。运维体系通过对基础设施的监控、服务升降级等措施来确保系统的容灾能力与稳定性。

(3) 中台核心数据流规划

为了简化业务流程,根据前期的业务分析,结合 0 级架构的设计,我们可规划出企业的业务数据流(以房屋租赁行业为例,多业态),如图 5-8 所示。

客户中心承接前台应用租房、买房客户的注册信息;对于集团多业态的业务特点而言,经纪人、物管人员、企业员工都是企业客户,都应该进行精细化管理。客户中心为统一认证提供账号、密码的验证,为各应用提供客户的全局唯一标识。

产品中心接收来自 ERP 的工程域楼盘信息、员工录入或经纪人提供的可租楼盘营销信息,形成每一间房的完整且统一的档案。为前台各应用提供全方位的楼盘信息,包括工程信息、营销文案信息和房间信息。

交易中心接收来自 WMS 的库存信息,完成购房订单的生成、在线租房的交易等业务活动。订单生成后,根据订单中的商品向 WMS 发起发货指令。

3. 组件建模

(1) 产品设计

产品设计是在业务顶层设计的指导下,逐层往下抽象的过程,主要是将业务调研的成果转化为产品原型和需求规格说明书(主要由业务场景、业务流程构成)。如何做应用的原型和画出业务场景不是本节的重点,详细内容可参看相关专业书籍,这里需要强调两点:

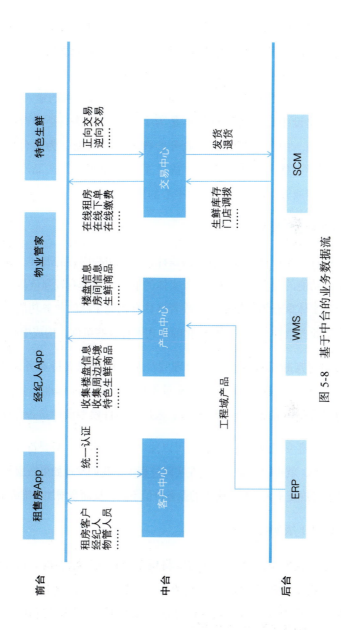

图 5-8 基于中台的业务数据流

- 中台产品的详细设计需要以面向中心为指导思想。不仅需要设计出应用需要实现的功能,更重要的是要将需要中心支撑的功能明确标识出来,归到中心的待实现列表里。这样技术工程师在领域建模阶段才有具体和明确的输入。
- 建设中台的核心目的不是为了共享,共享只是中台的特性。中台是为了完成业务的核心运行机制,为前台提供业务能力基础的系统。确立了这个原则后,产品经理才能放开手脚,自主推动中心的建设。

(2)组件模型设计

组件模型设计承接 0 级架构设计,是对中心内容的展开。通过对中心功能的分析和对中心业务实体的抽象,将具有较强依赖关系的业务实体聚合为一个组件,或者将具有相同主题的业务功能聚合为一个业务组件。最后以结构化的形式聚合这些组件,构成中心。

如何判断组件模型是否合理呢?是否很好地支持业务流程、业务场景、复杂的业务规则是衡量组件模型优劣的标准。我们可以通过穷举边界业务场景的方法,来反证组件模型设计是否合理。

最后需要强调一点,组件是可以独立为微服务的,只要符合微服务的条件,就可以独立。但是在实践过程中,我们发现如果微服务承载的业务规模不大,独立带来的业务价值不高,反而会增加运维成本。

(3)1级架构设计

组件模型设计完成后,需要将模型转化为应用架构。这里的应用架构是指中心内部的应用架构,我们称为 1 级架构。1 级架构是以组件为最小单位设计的功能层级的架构。1 级的功能架构是必不可少的，它指导着我们的设计和开发；技术层级的 1 级架构可视情况而定，如果技术内容比较复杂则需要输出。图 5-9 所示为某企业功能层级的交易中心 1 级架构。

（4）关键交互图设计

前面已经完成了 0 级和 1 级的架构设计，有什么方法能证明设计是否可以满足实际业务场景的需要吗？我们可以通过实现业务场景的动态交互图，来反向论证设计的合理性。如何判断动态交互图是否合理呢？根据业务逻辑是否清晰、流程是否简洁、客户交互是否高效来判断。

如果设计出的交互图不合理，那就说明 0 级或 1 级架构存在设计不合理的问题。另外，通过交互图还可以较好地将设计思想传递给开发团队。

4. 开发交付

我们主张采用敏捷的方法进行开发交付，将最终目标拆解为多个小目标，逐个完成。同时又将每个小目标拆为多个子项目，每个小团队各自负责一个子项目，所有团队并行开发，协同向前推进。本节只对敏捷开发方法做概要说明，如有需要可参考相关专业书籍。

（1）迭代规划

将项目的最终目标拆分为几个阶段性小目标，每个小目标都能上线交付。这里强调一下，每个小目标都是一个闭环，是一个端到端可验证的交付物。在这个阶段，需要定义好可交付的标准，而不是开发人员常说的开发完成，我们主张是集成部署验证后，才能算作达到可交付的标准。

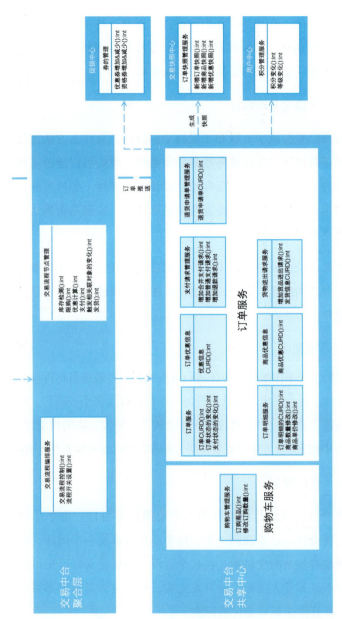

图 5-9 某企业功能层级的交易中心 1 级架构

（2）需求反讲开发

任务确认后，要求开发人员反讲需求，并给出对应的技术解决方案。团队讨论通过后，进行开发。开发阶段，每日召开站立会，同步开发进度和存在的问题，并在看板中加以体现。

（3）持续集成交付

敏捷方法强调开发完成的代码能够立即提交，自动构建测试，强调立刻处理代码冲突并验证。验证的过程强调自动化测试，对可能出现的问题进行预警反馈。集成测试通过后，能够自动将代码部署到类生产环境中，交由用户和质量保障人员验证。这里要强调的是，保障代码的每一次改动都能在任何时候部署到环境中。

（4）回顾总结调整

在每一次迭代完成后，团队及时组织召开总结会议。回顾本次迭代在技术、组织、沟通方面表现优秀的成员，学习先进的技术和方法。总结错误和阻塞的问题，针对性提出改正的措施，并在下一次迭代开始前，做好对应的调整和准备。

5. 持续运营

项目上线后，只是产出业务价值的开始。数字中台需要在持续不断的运营中，不断沉淀和发展。能力会逐步增强和扩展，模型会逐步调整和完善。

（1）业务运营

通过数字中台的能力，我们可以调优传统的业务流程或者尝试新的业务场景，并且反哺数字中台。比如对于电商平台而言，我们需要结合新的互联网玩法，定义新的营销活动。针对不同的行业，业务运营的内容不同。

（2）内容运营

内容运营主要是指通过企业自营渠道、第三方流媒体等电子渠道来建立与客户的连接。连接内容包括向客户推送企业新品介绍、促销活动宣传、企业动态等。数字中台完成内容管理、推送逻辑管理。

（3）技术运营

为了更好地发挥数字中台的作用，需要支持灵活的业务运营和内容运营。因此，数字中台需要不断运用技术栈或反复调整技术参数来适配，常见的有 A/B 测试技术的使用和策略调整，以及弹性伸缩技术、限流降级技术的使用等。这些内容都属于技术运营的范畴。

（4）数据运营

在线业务需要数据中台的反馈和指导，因此数据中台需要对业务数据进行分析和挖掘。而分析的维度和挖掘的算法需要不断地补充调整以及优化，数据运营则完成这些调整和优化任务。

5.4　数据中台设计方法论

"横向规划，纵向切入"八字方针是建设数据中台的标准模式。

所谓"横向规划"即在进行企业数据中台规划时,需要打通企业的所有业务板块。多业态的综合型企业尤其需要进行横向规划,比如,现在的地产公司除了主营的地产业务板块,还拥有周边教育、酒店、文旅、社区零售等衍生板块。这些板块沉淀的会员数据、交易数据、服务数据都十分宝贵,但只有在进入数据中台、经过融通后才能真正成为企业的资产。因此,在规划企业数据中台的时候必须全盘考虑,横向规划。

那么为什么要纵向切入呢?"罗马城不是一天建成的",数据中台建设涉及数据平台建设、数据模型建设、数据治理、数据业务服务等方方面面的体系化工程,不可能一蹴而就。在如今追求价值快速变现的数字经济时代,需要快速找到数据中台的速赢点,因此需要从最可能体现业务价值的数据需求出发,倒推需要采集什么数据源作为生产资料,需要创建什么算法模型,需要满足哪些业务场景,需要提供什么数据服务,先围绕一个场景的闭环快速搭建起数据中台的各种能力,实现业务价值赋能。然后按照全景规划依次迭代,逐步实现整个企业的全局数据中台。

具体来看,**数据中台建设总结为"规划、集成、建模、研发、管理、服务"6步法**,如图5-10所示。

5.4.1 总体规划

建设数据中台是一个系统化工程,需要从长计议,在建设之前要做好以下几项规划:

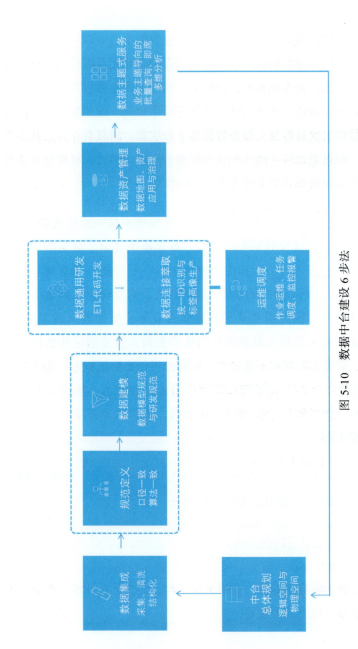

图 5-10 数据中台建设 6 步法

- 哪些数据域需要纳入到数据中台规划中，建设的先后顺序（判断的标准是这些域的业务形态是否已经稳定），有哪些潜在的数据应用需求。
- 数据中台的物理形态是什么，需要从建设成本、企业 IT 资源状况等多角度评估是采取公有云还是私有云部署。
- 根据接入的数据域情况规划集群配置，规划满足未来 3 年数据中台的容量，以及根据大约的作业数量推导出集群的配置情况，需要多少个核心的 CPU、多大的内存参与计算。
- 进行技术选型规划，根据企业实际情况确定以开源 + 自研为主还是采购成熟产品。

5.4.2　数据集成

在做好数据中台的总体规划之后，接下来需要动工建设。建设的第一步自然是按照规划中的数据源进行接入集成。需要根据数据应用的场景，反向推导、确定数据集成的方式，比如哪些数据源需要进行实时采集，哪些数据需要离线采集；离线采集的频率是多少，是按天采集还是按小时采集。

5.4.3　模型建设

模型建设是数据中台的重要工作，数据中台建设的成败关键在于数据模型设计规划得是否合理。数据模型分为分析模型和算法模型，分析模型是所有模型建设的基石。模型设计师要设计出通用高效的设计模型，首要条件就是要熟悉业务，不但要熟悉底层业务系统的业务流程,还要深刻领会数据应用场景。

数据建模分为 5 个步骤:选择业务过程、声明聚合粒度、确定模型的维度信息、确定事实以及冗余维度(见图 5-11)。

图 5-11　数据建模 5 步骤

1)**选择业务过程**:数据模型必定来自于某一个业务流程,举例来说,交易分析模型一定来自于交易订单流程,在设计模型之时需要梳理出所有的订单流程(线上、线下)。

2)**声明粒度**:统计粒度的确定是模型设计的关键环节,粒度定义得太细,不利于支撑上层数据分析汇总;粒度定义得太粗,又不能满足前端多变的个性化数据分析需求。基于此,在设计模型的时候需要进行分层建设,随着层级的越高,统计粒度会越粗,具体请见 6.3 节。

3)**确定维度**:维度即在业务过程中的主题,比如用户维度、商品维度、店铺维度。在建设模型的时候就需要从业务过程出发,提前预设可能会分析的维度,统一纳入到数据模型中。

4)**确定事实**:事实即模型中的指标,是模型中的核心,在进行指标定义的时候需要重点关注是否全面覆盖了本主题域中的指标,并且需要判定哪些指标可以相加,哪些指标不能相加。比如"销售量"可以在任何维度上进行相加,而"客户数""库存量"这种指标则不能在某些维度上进行累加。

5)**冗余维度:** 冗余维度的目的是让数据模型更加丰满,避免在计算统计中关联太多维度而产生复杂的计算逻辑,影响性能。因此,在模型设计的最后一步应尽量带上确定好的维度字段的属性,比如,客户维度需要带上客户的性别、年龄段、居住地、等级等各种维度。

最后,模型设计需要指明各种模型的数据计算逻辑,为接下来的数据研发进行指导,主要设计出指标统计的业务口径,并将这些业务口径转化为伪代码,指导开发人员进行数据研发。一份详细的模型设计文档至少应该包含如图 5-12 所示的内容。

5.4.4 通用研发

模型设计完成后,开发人员就按照模型设计文档,在模型设计师的指导下进行数据研发。研发包含数据萃取、数据聚合分析、算法实现以及作业调度等功能的开发。

与业务系统或者数据应用的研发不同的是,数据研发较少直接与需求人员对接,开发人员主要与模型设计师进行反复沟通,准确理解模型设计师的模型设计意图。

可以将数据中台的数据研发过程比喻成数据加工流水线,模型中的代码研发只是流水线中的一个部件,在每个模型部件研发完成后,还需要通过调度程序将这些作业有序地串联起来,并且组织好这些作业的依赖和触发关系。

JOB名称						
业务名称	供应商交易汇总-截止昨天	表英文名	DWS_TRADE_SHOP_STAT_TD	表中文名	供应商交易汇总-截止昨天	周期频度
ETL策略	4:Delete and Insert	增量标准	DS	设计人		修改人
数据来源	每天累计当季数据					
备注						

group 1：

目标表信息

序号	字段名	字段中文名	字段类型	主键
1	CHANNEL_ID	渠道ID	INT	主键
2	CHANNEL_NAME	渠道名称	STRING	
3	SHOP_ID	商家ID	BIGINT	
4	SHOP_NAME	商家名称	STRING	
5	JOIN_TIME	入驻时间	BIGINT	
6	TOT_ITEM_CNT_TD	截止昨天总商品数款	BIGINT	
7	SHELF_ITEM_CNT_TD	截止昨天上架商品数款	BIGINT	
8	PAID_ORDR_CNT_TD	截止昨天支付订单数	BIGINT	
9	PAID_ORDR_AMT_TD	截止昨天支付订单金额	DECIMAL(16,2)	
10	PAID_IETM_CNT_TD	截止昨天支付商品款数	BIGINT	
11				
12				
13	TENANT_ID	租户ID	STRING	
14	DS	统计日期	BIGINT	

源表信息

数据层	表名	字段名	字段中文名	字段类型	源表信息	映射规则	备注
DIM	DIM_SC_SHOP	CHANNEL_ID	店铺渠道	BIGINT		T1.CHANNEL_ID	
DIM	DIM_PLATFORM_CHANNEL	CHANNEL_NAME	平台渠道名称	STRING		T5.CHANNEL_NAME	
DIM	DIM_SC_SHOP	SHOP_ID	主键	BIGINT		T1.SHOP_ID	
DIM	DIM_SC_SHOP	NAME	店铺名称	STRING		T1.NAME	
DIM	DWD_ITEM_SHELF_DI	CREATE_TIME	创建时间	STRING		T1.CREATE_TIME	
DWD	DWD_ITEM_SHELF_DI	ITEM_ID	商品ID	BIGINT		COUNT(T3.ITEM_ID)	
DWD	DWD_ITEM_SHELF_DI	ITEM_ID	商品ID	BIGINT		COUNT(T3.ITEM_ID)	
DWD	DWD_TRADE_ORDER_PAID_DI	ORDER_ID	订单ID	STRING		COUNT(T4.ORDER_ID)	
DWD	DWD_TRADE_ORDER_PAID_DI	PAID_AMT	支付金额	DECIMAL(16,2)		SUM(T4.PAID_AMT)	
DWD	DWD_TRADE_ORDER_PAID_DI	ITEM_ID	商品ID	BIGINT		COUNT(T4.ITEM_ID)	
DIM						T6.PLF_MANAGER	
DIM						T7.REAL_NAME	
		$(date)					

关联关系

表别名	关联表别名	T1	关联条件
T1			
T2		T1.ID = T2.TEST_NUMBER_ID	
T3		T1.SHOP_ID = T3.SHOP_ID	
T4		T1.SHOP_ID = T4.SHOP_ID	
T5		T1.CHANNEL_ID = T5.CHANNEL_ID	
T6		T1.SELLER_ID = T5.ID	
T7		T6.PLF_MANAGER = T7.ID	

表关联信息

FROM		
关联类型	关联表名	关别名
Left Join	DIM_SC_SHOP	
Left Join	DIM_TEST_DATA_LIST WHERE TEST_DATA_TYPE = 1 AND DR = 0	T2
Left Join	DWD_ITEM_SHELF_DI WHERE DS <=(date)	T3
Left Join	DWD_TRADE_ORDER_PAID_DI WHERE DS <=(date) AND STATUS NOT IN (0,1,9) AND IS_TEST = 0 AND IS PAID = 1	T4
Left Join	DIM_PLATFORM_CHANNEL	T5
Left Join	DIM_SC_SELLER	T6
Left Join	DIM_EMPLOY_US_USER	T7
WHERE条件	T1.DS = $(date) AND T2.TEST_NUMBER IS NULL	

图 5-12 模型设计文档示例

5.4.5 资产管理

数据模型以及基于数据模型的调度均是数据中台沉淀的数据资产。数据资产需要规范的管理与治理，才能确保数据中台有序运转，确保数据真正成为提升企业业务价值的资产。

资产管理最基础的工作是做好元数据管理。元数据涵盖了采集的数据接口、创建的数据模型、数据模型中的指标以及作业与作业之间的依赖关系。将这些元数据有序地展示出来，就形成了企业的数据资产。

治理数据资产不是事后治理，而是在数据模型所涉及的表、指标所涉及的字段等信息进入数据中台时，就通过数据同步机制自动登记到元数据表中。

5.4.6 数据服务

"茶壶里有了饺子倒不出，等于没有饺子。"数据资产要能支撑上层的应用才能体现出数据资产的价值，否则那只能叫数据。因此提供一种数据服务能力统一对外服务，这是非常关键的事情。通过建设数据服务达到以下几个能力：

- **数据接口标准化**：针对数据交互接口提供统一的数据在线服务视图，可进行数据查询、上报、通知；针对批量数据提取，提供标准化的数据对外输出能力，支撑文本、数据库等在线服务。
- **在线交互实时化**：针对业务系统数据交互，提供各业务系统数据对接的统一服务平台；针对实时数据分析汇总服务，提供指标级数据统一口径，在线实时数据服务调用。

- **数据开发可视化**：提供服务接口的可视化配置能力，降低接口开发技术要求，易于掌握和维护；提供数据服务可视化管理界面，统一维护、统一管理。

5.5 应用向中台迁移的 3 种途径和方法

企业在建设中台的初期，都会对选择什么途径建设中台很困惑。一方面，存量系统运行了很长时间，现有业务完全依赖旧系统，而且积累了大量的业务数据；另一方面，旧系统越来越难以满足需要，改变势在必行。云徙结合自己服务多家企业的实践，总结了 3 种向中台迁移的方法。

5.5.1 方法 1：新应用替换旧应用

第一步，搭建中台，提供企业运营的核心机制，输出业务能力。

第二步，基于中台，建设全新应用。优化现有流程，提高用户体验。

第三步，开发接口系统，保证新旧系统的数据同步，上线前迁移一份旧数据到中台。

第四步，新应用和中台稳定运行一段时间后，停止旧应用。

5.5.2 方法 2：改造旧应用与中台对接

第一步，搭建中台，提供企业运营的核心机制，输出业务能力。

第二步，基于中台，对旧应用进行部分改造。由中台提供的能力转接到中台，中台未提供的能力继续由旧应用自己实现。

第三步，迁移旧应用的相关数据到中台。

第四步，发布运行。

5.5.3 方法 3：直接建设中台

第一步，借鉴行业经验和云徙服务多家客户的经验，结合企业初步设想，先搭建中台。

第二步，面向用户收集需求，快速迭代中台。

第三步，在中台迭代过程中，不断调整和沉淀业务能力。

第四步，根据业务需求，结合中台，规划应用和推行建设。

综上所述，无论采用哪一种方法，都需要进行旧应用的数据迁移，而且一定是异构数据的迁移。为了保证数据迁移的准确性和完整性，我们设计了两种方案进行数据迁移，分别是全量数据迁移和增量数据迁移，两种迁移方案的比较如图 5-13 所示。

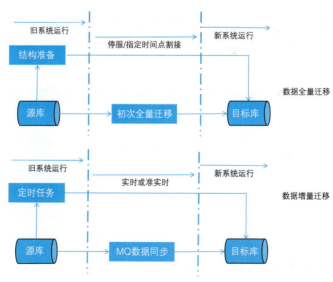

图 5-13 数据迁移的两种方案

增量数据迁移不需要停服，但是需要完成较多的接口联调，适用于"逐步替换"的中台迁移方法。全量数据迁移需要专门的停服时间来保证数据的一致性，需要多次演练，以保证停服当天的成功。

第 6 章 CHAPTER

中台的架构与设计

本章着重介绍数字中台技术层级的内容,虽然在前面的章节中对此已有简要说明,但都没有展开。本章将从业务中台建设的技术机制、数据中台的建设机制两方面详细阐述。

6.1 技术中台规划

这里的技术中台主要包括基础设施层、技术 PaaS 层和业务中台的基础组件层。

基础设施层主要是云化的基础实施资源,包括共享的云存储、共享的计算资源等。

技术 PaaS 主要是指互联网技术中间件，如常见的分布式应用服务、容器服务、消息服务、服务注册发现、容器管理服务、日志服务等，为我们的应用软件提供运行环境。

基础组件是指从业务中台抽象出来的通用技术功能模块，既包括认证、消息发送、规则引擎等，也包括为了隔离技术 PaaS 的复杂和异构而设计的适配器，比如消息队列的适配器、缓存的适配器等。

6.2 业务中台的建设

前面的章节介绍了中台建设的整体思路，从业务到模型、从模型到架构、从架构到交付、从交付到运营的闭环。这里着重讲解业务中台建设的建模抽象机制、分布式运行机制和扩展机制。

6.2.1 建模抽象机制

从业务到中台，必须经历抽象建模的过程。这个过程分为两个阶段，分别是 0 级抽象中心建模的阶段和 1 级抽象组件建模的阶段。每个阶段采用的建模抽象机制都是实体抽象法。下面以 0 级阶段建模抽象为例进行说明。

首先，我们梳理出企业功能需求，如某饮料企业的功能需求汇总表如图 6-1 所示。

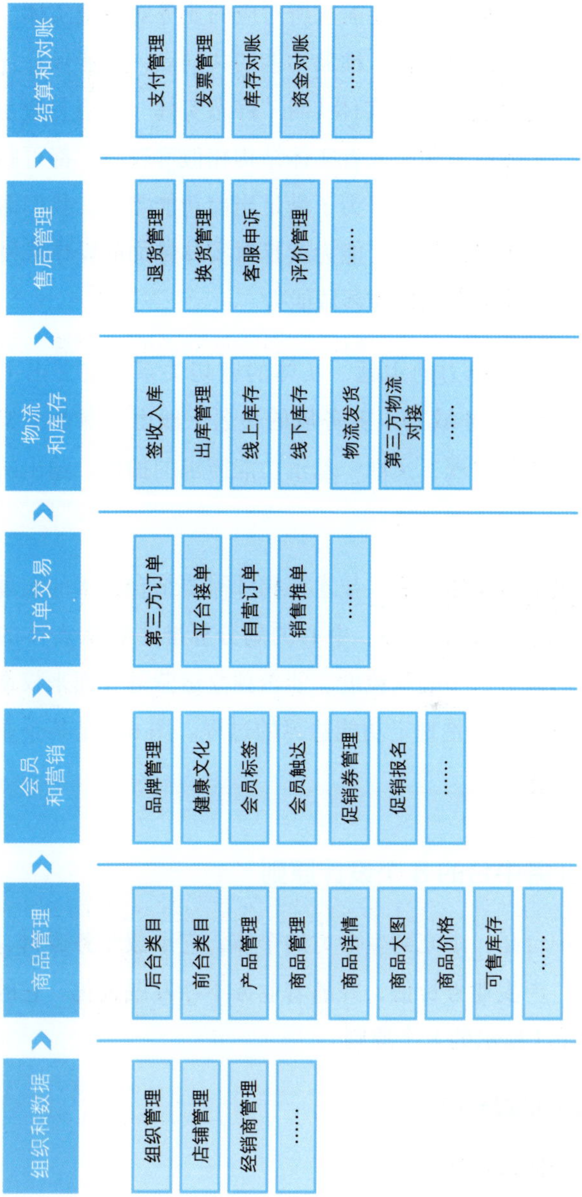

第 6 章　中台的架构与设计

组织和数据	商品管理	会员和营销	订单交易	物流和库存	售后管理	结算和对账
组织管理	后台类目	品牌管理	第三方订单	签收入库	退货管理	支付管理
店铺管理	前台类目	健康文化	平台接单	出库管理	换货管理	发票管理
经销商管理	产品管理	会员标签	自营订单	线上库存	客服申诉	库存对账
……	商品管理	会员触达	销售推单	线下库存	评价管理	资金对账
	商品详情	促销券管理	……	物流发货	……	……
	商品大图	促销报名		第三方物流对接		
	商品价格	……		……		
	可售库存					

图 6-1　功能需求汇总表

其次，找出每一个功能需求所对应的业务对象或实体。这一步需要剥离功能的差异性，抽象功能的共同点，才能保证定义合理。实体分为两类：业务实体（叫"静态实体"更容易理解）和过程实体。实体性质相同或者实体结构相似度较高，都可归纳为同一实体。在实体基础上，为了满足当前功能需求，我们需要定义出系统需要提供的能力。能力就是对实体施加的操作或发出的命令，这里的能力我们称为领域能力。

最后，根据能力的主题、实体的密切关系，定义出主题域（也可以称为"业务域"）。业务域的命名一般由资深业务架构师来定义，以避免出现二义性。基于功能需求的抽象，输出的产物见表6-1。

划分出多个主题域后，技术架构师需要结合技术的实现，将领域进行组合规划出中心。中心的划分标准主要从实体的聚合度、中心的职责、中心颗粒度、能否独立运营等方面来权衡。确定中心的过程也就是划定功能边界的过程。图6-2是某企业的中心划分结果。

6.2.2　业务中台的8个设计原则

业务中台是一个充满生命力的个体，它承载业务逻辑、沉淀业务数据、产生业务价值，并随着业务不断发展进化。它的设计遵循如图6-3所示的8个原则。

1. 服务松耦合原则

（1）面向接口实现

表 6-1 功能需求抽象表

系统应用	一级功能	二级功能	功能说明	业务领域	业务实体	领域能力清单
门店-订单管理	订单列表	订单列表	查看从前端销售平台获取的订单及其详情,也可通过导入方式获取订单数据,可以通过标签和筛选功能,快速找到订单	交易域	订单	生成订单
		付款确认	针对未支付订单进行人工确认付款的操作	交易域	支付订单	订单状态变更
		订单审核	系统将问题订单拦截,变为待客审、待财审等状态,通过订单核审将问题订单解决	交易域	订单	订单状态变更
		订单发货	填写物流公司,物流单号,将物流跟踪信息推给客户	库存域	出货单、面单	查询面单
		自提确认	确认客户身份以及了解客户需要自提的商品,通过客户提供的自提码找到对应订单,确认收货	物流域	面单	查询面单
		订单签收	订单自动签收/手动签收	物流域	面单	修改面单状态
		订单拒收	客服人工对待收货的订单进行拒收处理	物流域	面单	修改面单状态
		订单退款	客服人工对待发货的订单进行退款处理	交易域	退款单	生成退款单
		订单退货	客服人工对已签收的订单进行退货处理	库存域	退货单	生成退货单
		订单推单	商户可将订单推给客户,通过选择商品代客户下单后生成分享地址推送给客户,客户通过地址登录、确认并支付,推单成功	交易域	订单	生成订单
		异常订单	超时未处理的订单会变为异常订单,可对异常订单进行操作	交易域	订单	修改异常单状态
		手工订单	允许在后台为客户手动新建订单(添加会员、选择商品、添加配送地址、输入配送金额/折扣等),生成一张待支付订单	交易域	订单	生成订单

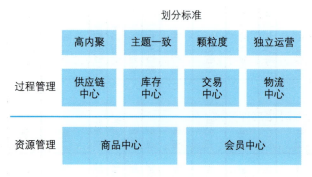

图 6-2　中心规划

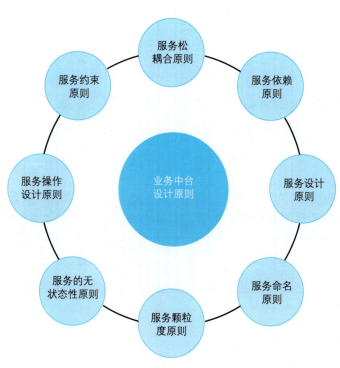

图 6-3　业务中台设计的 8 大原则

这是服务松耦合的基本要求，即每一个服务都按接口的定义进行实现。服务的消费方不需要依赖某个特定的服务实现，避免服务提供方的内部变更影响到消费方。另外，在服务提供方切换到其他系统时，不影响服务消费方的正常运行。

（2）异步事件解耦

服务间的事件通信采用异步消息队列来实现。由于有消息队列这个中介，因此生产者和消费者不必在同一时间都保持实时处理能力，而且消费生产者也不需要马上等到回复。

（3）服务提供者位置解耦

服务消费者不需要直接了解服务提供者的具体位置信息，例如 IP 地址、端口。典型解决方法是服务注册中心，服务提供者启动时将自己注册到服务注册中心，服务消费者通过服务注册中心查找具体服务提供者来访问。同时，服务注册中心可以提供负载均衡及 fail-over 的能力。

（4）版本松耦合

消费端不需要依赖服务契约的某个特定版本来工作，这就要求服务契约在升级时尽可能提供向下兼容性。

2. 服务依赖原则

（1）有价值的领域模型

- 价值导向：确保业务中心的服务都与企业的商业理想保持一致，相关联。
- 简捷为美：业务逻辑和流程避免复杂化。

- 领域洞察：紧贴业务的核心目的，从业务原则指导业务逻辑的设计。

(2) 服务间最小依赖

- 高内聚：同一类服务应归在一起。
- 低耦合：服务间保持最小联系。
- 能力与接口：业务流程和业务逻辑的操作都作为中心服务实现，而提供给外部调用的接口数据模型都会转化为服务。
- 识别通用性：识别出每个通用能力的可扩展的类型，从设计上支持它不断扩展，并在接口定义上满足其不断升级的需求。

(3) 能力实体具有层次性

- 能力与接口：分离接口实体与能力实体。
- 接口实体与限定元素：将接口实体核心元素与接口操作的限定元素分离。
- 接口实体的层次结构：建设接口实体和上下文限定元素的层次结构。

(4) 延迟对技术组件的依赖

- 捆绑依赖：避免在无关的技术组件之间引入新的依赖。
- 延迟绑定：在使用点才捆绑依赖关系。

3. 服务设计原则

(1) 优化远程调用

服务间的远程调用分为同步调用和异步调用两种模式。应当分析服务调用场景，选择较优的调用模式。

（2）去掉冗余数据

尽量去掉接口实体中客户端不需要的冗余字段，既能减少网络开销，又能避免给前端解析带去复杂性。

（3）设计粗粒度的服务接口

服务接口若能与前端一个用例或一个业务场景相对应（粒度较粗），则既能减少远程调用次数，又能降低学习成本。

（4）识别并设计通用的服务接口

由于中心服务不限定应用范围，因此一般要支持不同的应用。但不同应用在功能丰富性上有很大差异，这就决定了服务接口需要尽可能保证广泛兼容性。譬如，服务接口的参数和返回值必须是被广泛支持的较简单的数据类型。

（5）隔离服务内部的变化

避免服务内部的领域模型直接传导给客户端。如未能提供合理的隔离措施，则当服务进行内部重构时，势必导致客户端频繁变化。

（6）服务接口先行

详细规定服务与客户端双方对接的内容与形式等，对双方形成强有力的约束和保障。

（7）服务接口向下兼容

由于应用的广泛性，在服务公开发布之后就要保证相当的稳定性，不能随便重构，即使升级也要尽可能考虑向下兼容性。

4. 服务命名原则

强烈建议使用服务使用者专业领域内有意义的名称，优先选用业务概念而不是技术概念。

使用名词命名服务，使用动词命名操作。

5. 服务颗粒度原则

服务应是内聚而完整的，能够独立完成一个职责。在服务内部可以是由多个逻辑上密切相关的代码块共同组成。

6. 服务的无状态性原则

微服务体系的基本要求是服务无状态。无状态的服务是可伸缩、高可用性的基础。

7. 服务操作设计原则

操作表示业务动作，应当使用具体的业务含义而不是泛型操作来定义操作。相关的最佳实践如下：

- 重要的服务不能依赖非重要服务。
- 任何服务调用都要设定超时时间。
- 任何服务的调用结果只有三种可能：成功、失败或未知。
- 能异步调用的服务尽量使用异步调用，从而提高系统响应速度，降低系统之间的耦合性。
- 系统拆分时，粒度大小以一个系统 3~8 个开发人员维护为宜。
- 系统拆分时，往往先拆分数据服务层，因为数据服务层通常是复用性高的一层。

- 服务的实现不能有单点。
- 线上遵循 fast-fail 原则，避免服务调用时间过长，导致性能下降。fast-fail 原则是只要发生错误，则调用立即返回。
- 需要对高压场景下的服务调用链路进行特殊处理，可采用将链路缩短、预热等方式。
- 服务设计过程中，要避免同类服务由不同服务单元提供。
- 服务要做到向后兼容，如果无法做到，则需要采取管控机制确保服务消费者升级服务。
- 服务化架构的变化要使组织的架构能适应这种变化。
- 在部署服务单元时，要将读服务和写服务分离，将核心服务和非核心服务分离，以保证整个服务单元的稳定性和可靠性。
- 服务化时，要同时考虑安全。
- 静态资源也可以实现服务化，实现静态资源与动态资源分离，从而提高性能。
- 通过在外层系统埋点，可以实现面向终端用户服务的精细管理，比如服务的容量、服务的性能等。
- 需要将每个业务领域的通用规则沉淀成服务。

8. 服务约束原则

- 上可依赖下；
- 下不可依赖上；
- 上可跨级依赖下；
- 平级可允许单向调用，坚决禁止循环依赖；

- 高级别不可依赖低级别；
- 简单就是美；
- 重要的服务不能依赖非重要服务。

6.2.3 分布式运行机制

中台采用微服务风格进行建设，每一个业务中心都是独立部署的，因此分布式运行机制是保障业务中台正常运行的基础。无状态的微服务易于扩展和部署，对弹性伸缩、灰度发布等互联网场景有良好的支持。同时微服务架构也带来了复杂性，一个微服务应用一般由多个服务组成，每个服务又有多个实例，因此一套中台系统部署上线后，至少有几十个节点提供服务。为了管理众多的微服务，我们需要解决诸如何使配置一致、如何实时监控、如何发现新服务、错误如何定位等问题。

1. 服务注册与发现

服务注册是服务发现机制的核心，服务实例将自己的服务信息（包括网络IP、端口、服务名）注册到服务注册中心，服务注册中心将服务信息以及服务健康状态通过API暴露出来。服务消费方通过注册中心获取到服务实例信息，并通过IP、端口、服务名的组合去请求服务提供方提供的服务。

除了完成以上核心功能外，服务注册与发现还需要实时监控服务实例的健康状态，一旦服务实例不可用，将通知各服务消费方移除无效服务实例。另外，一个服务可能存在多个服务实例，需要根据不同的负载均衡算法来保持服务调用的均衡。

2. 弹性伸缩

在分布式集群里通过服务探针，可以监控应用和服务容器的状态，自动调整服务实例的数量。扩容，在监控到服务容器出现瓶颈，包括负载、CPU、RT 指标都出现紧张时，能够自动增加应用实例到集群中。缩容，在监控到服务容器负载减少出现资源浪费时，自动释放服务实例减少成本。调整弹性伸缩的规则支持用户灵活配置。

3. 限流降级

在互联网应用场景下，用户的访问并不总是均匀平稳的，时常会出现瞬时的高峰，比如活动期间。分布式应用服务需要提供限流功能，时刻感知流量的变化，并做出相应调整。限流的策略可分为限制访问的绝对数量和控制流速（整流）。整流的算法有令牌桶算法，限制总数可通过设置规则来实现。

降级是指某个服务被调低级别后，本服务的消费者在调用时即刻返回失败，这样服务实例将不会被调用。当然，也可以设置一个默认返回值。降级的规则支持用户灵活配置。

4. 灰度发布

灰度发布的技术用于两个不同版本同时在线上并行的情形，既可用于业务试错，也可用于版本发布。一旦确认新版本达到目的，就可以平滑地从旧版本切换到新版本上。灰度发布需要解决两个方面的问题，才能顺利达成目的。

（1）多版本部署

多版本部署分为客户端部署和服务端部署两个方面。客户端如果是原生系统，可以用热更新技术实现，比如Android的CodePush。客户端如果是H5，则需要在服务器端部署一套CSS和页面。服务端部署要求应用服务、中台服务都要单独部署一套，通过版本来区分。如果需要对MQ的数据消费进行隔离，则需要重新定义Topic或Tag。

（2）流量切分

流量切分包括入口流量切分和中台服务流量切分。入口流量的切分策略通常包括按服务器权重、IP地址段或用户标签等来切分流量。中台服务流量切分通过分布式服务发现机制，植入流量切分规则，控制流量的方向。

5. 消息队列服务

消息队列服务是互联网应用场景下非常重要的一个技术中间件。在业务上，通过消息队列既可以提高用户体验，又可以支撑IM业务等；在技术上既可以解耦系统，又可以削峰填谷等。消息队列具有高性能、高可用、最终一致性等技术特点，是技术架构的重要组成部分。

（1）异步通信

消息发送方将耗时较长且无须实时处理的操作封装为消息，发送给消息队列服务。发送方无须等待消息被消费方处理完成，可以继续做其他事情。消费方则可以按自己的节奏完成消息的消费。异步通信可用于系统间的解耦，各系统独立自主，互不影响；也可用于减少请求响应时间，提升用户体验。

（2）高可用

消息队列服务以集群的方式部署，常见的有 1 主多备或 2 主 2 备等。消息服务接收到消息后，会同时分发给多个备份服务各自创建一个备份。当一台消息队列服务挂掉后，另一台消息备份服务可以无缝对接，及时提供服务。在 RPC 调用方面，提供了负载均衡、服务注册与发现功能，保证了消息队列服务在高并发场景下的高可用。

（3）高可靠

消息队列服务提供了极高的可靠性，不过应用开发时还需要统一提供 retry 机制，进一步提高可靠性，降低应用开发的复杂性。消息队列服务在收到消息后，会立即执行消息的持久化处理。比较常见的持久化方式包括存储到文件和存储到数据库两种。持久化机制包括同步双写和异步复制，保证了数据的高可靠性。

（4）基于消息的最终一致性

使用半消息技术，保证只要一个事件发生后，关联的结果事件一定会发生。半消息解决了如下问题：

- 事件发生后，事件消息发送却失败；
- 事件消息发送成功后，消息代理推送给消息消费方却失败；
- 消费方重复消费此消息。

使用半消息技术，在事件发生前，先成功发送一个半消息，这样就保证了事件发生的消息一定能够发送成功。消息代理增加了事件结果查询功能，保证了事件触发成功后一定将消息推送给消费方。消息代理保证消息推送至少 1 次，但要求消费方自己实现幂等性，避免出现异常。幂等性的保证，可以通过为每一个事件创建唯一 ID，消费方增加一个过滤服务，每处理一个事件都会通过存储这个事件 ID 来实现。当消费方收到事件消息后，过滤服务会查询本事件 ID 是否已经消费过。

6. 分布式事务

分布式事务技术（DTP）用于保证跨多个资源事务的一致性，目前 X/Open XA 标准已由众多厂家实现来支持分布式事务。DTP 模型的典型应用场景是两阶段提交协议，多个资源管理器（RM）由一个事务管理器（TM）进行管理，事务管理器控制着全局事务和分支事务。DTP 模型分别通过准备阶段和提交阶段来协作完成全局事务：准备阶段，由 TM 通知各 RM 准备事务，并接收 RM 的准备结果；提交阶段，由 TM 通知各 RM 提交分支事务，并接收 RM 的执行结果。RM 执行结果都成功，那么 TM 返回成功，如果任意一个 RM 执行失败，原则上 TM 都会执行回滚。但在实践过程中，RM 失败的情况也有不同，TM 可按照客户的需要判定是否回滚所有事务。目前，各大云厂商都提供了分布式全局事务，其中阿里云的 GTS 已经实现了分布式全局事务。在应用场景涉及的系统和步骤不是特别多的情况下，GTS 可以方便快速地实现分布式事务。

6.2.4 扩展点机制

业务中台自身提供了很多配置化功能，支持灵活快速地对业务功能进行扩展。除此之外，扩展点机制提供在不修改现有代码的情况下，灵活扩展新功能。扩展点机制源于 Java 的 SPI 机制，当业务中台的某一个业务点遇到新业务逻辑比当前逻辑差别较大时，可以使用扩展点机制来实现。

6.3 数据中台的建设

数据中台的作用是引领业务，构建规范定义的、全域可连接萃取的、智慧的数据处理平台，建设目标是高效满足前台数据分析和应用的需求。数据中台涵盖了数据资产、数据治理、数据模型、垂直数据中心、全域数据中心、萃取数据中心、数据服务等多个层次的体系化建设。

6.3.1 数据中台功能定位

业务系统的复杂性导致数据源形式的多样性，数据中台的数据处理能力既要满足传统的结构化数据处理需求，又要满足日志、音频、视频等半结构化、非结构化的数据处理需求。因此，中台应具有丰富的大数据处理能力，如非结构化数据转换为结构化数据、流数据处理能力、海量数据存储能力等。

数据中台首先应该是一个"业务矿产"，可以汇聚来自不同业务系统，不同数据结构、数据格式的平台；其次，还需要把这些"业务矿产"进行统一化，即统一采集、建模、管理与安全，通过加工与提纯，形成企业的数据资产；最后，加工提纯后的"业务矿产"需要对数据进行服务化，即业务数据化、数据业务化，通过数据业务消费数据，再产生新的矿产。

数据中台需要实现数据的分层与水平解耦，并具有沉淀公共数据的能力。数据中台可分为3层——数据模型、数据服务与数据开发，通过数据建模实现跨域数据整合和知识沉淀，通过数据服务实现对数据的封装和开放，快速、灵活地满足上层应用的要求，通过数据开发工具满足个性化数据和应用的需要。

综合而言，数据中台应该具备以下几项能力。

- **数据整合能力**：企业在平台上从事各种商业、消费等活动时，每时每刻都在产生海量的数据，数据采集作为数据中台体系的第一环，尤为重要。因此，需要有一套标准的数据采集体系方案，致力于全面、高性能、规范地完成海量数据的采集，并将其传输到大数据平台。从数据来源来看，需要支持日志采集、文件采集、业务数据库的增量、全量数据传输等。
- **数据开发计算能力**：数据只有被整合和计算，才能被用于洞察商业规律，挖掘潜在信息，从而实现大数据价值，达到赋能于商业和创造价值的目的。从采集层中获取到的大量原始数据，将进入数据计算与开发中被进一步整合与计算。对数据计算来说，需要提供离线计算与实时计算的能力，提供支撑个性化推荐、智能配补货、销量预测、精准营销等数据应用的算法模型能力，此外，还需要进行数据整合及管理体系。
- **数据服务能力**：将数据模型按照应用要求进行服务封装，就构成了数据服务，它跟业务中台中的服务概念是完全相同的，只是数据封装比一般的功能封装要难一点，因为数据分析受市场因素的影响很大，变化更快，从而导致服务封装的难度变大。

随着企业大数据运营的深入，各类大数据应用层出不穷，对于数据服务的需求非常迫切，大数据如果不进行服务化，就无法规模化。

6.3.2 数据中台建设范围

企业要想建设一套完整的数据中台,具体要包含哪些内容呢?一套成熟的数据中台又应该包含哪几部分内容呢?这两个问题困扰着很多IT部门的人员。我们认为,要建设企业的数据中台需要6个方面的内容。当然,这6个子系统并不完全需要我们从零开始建设,有一些部件在市面上已经有开源的产品或者商业软件。这6个子系统(如图6-4所示)包含大数据平台、智能运维平台、智能研发平台、自助分析平台、智能标签平台以及数据资产平台,前面5部分内容属于工具平台,都是为数据资产服务的。数据资产平台是数据中台的核心部件,它包含按照规范建设的数据分析模型、适用于各种数据赋能业务场景的数据算法模型以及企业通用的数据分析专题。

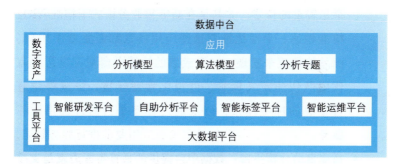

图 6-4　数据中台

数据中台的6个子系统详解如下所示。

- **搭建大数据平台**:俗语云:"工欲善其事,必先利其器",建设数据中台必须先选择一款足够强大的大数据计算平台，用于处理各种格式的数据，同时用来存储企业海量数据。这个平台就像一部高速运转的机器，由各种零部件组成，如：数据采集组件、数据计算组件、数据存储组件。

- **搭建智能运维平台**：大数据计算平台，采用分布式架构，有服务各种场景的组件；同时，部署这些组件需要多台机器的集群，少则几台，多则上千台，必须要有一个配套的运维管理平台对服务组件与集群节点进行管理。

- **搭建智能研发平台**：搭建研发管理平台的目的是为了在进行数据资产建设过程中快速进行研发，并且降低研发难度，同时，可以更加有条理性地管理建设的数据资产，让数据资产能规范化地对外输出，赋能业务。

- **搭建智能标签平台**：标签平台在数据中台体系中占据着举足轻重的位置，尤其是在新零售业务模式下精准营销、精准触达、个性化推荐这些应用场景都需要基于用户、商品的标签来实现。一个成熟的标签平台则可以帮助运营团队快速定义标签、可视化管理标签、快速搭建适合企业的标签体系，以及通过标签平台对外提供标签服务。

- **搭建自助分析平台**：数据中台提供的最基本能力就是支撑企业的决策分析以及智慧运营，除了下文将要讲到的标准分析专题，运营部门还需要利用数据中台提供的数据资产进行探索分析。搭建一套灵活强大的自助分析平台非常有必要。自助分析平台的搭建可以选择自建也可以选择集成市面的一些商业套件。

- **建设企业数据资产**：企业通过业务在线之后沉淀下来的数据并不能称为数据资产，只有将数据通过数据中台体系化建设，按照主题域进行规范存储、建设统一的数据模型，形成标准的专题为决策分析、赋能业务提供能力才可称为数据资产。

6.3.3 搭建大数据平台

大数据平台是建设数据中台的基石，随着大数据技术的日新月异，特别是以 Hadoop 生态圈为代表的开源社区的活跃，在数仓时代数据处理、海量数据存储的痛点都一一得到解决。

搭建大数据平台主要是解决数据采集的组件选型、数据处理的计算引擎选型、各种类型的数据存储组件选型，以及数据作业调度、权限、安全管理组件等问题，保障数据中台中的数据资产可以在平台中有序正常地运转。

同时，通过对数据中台建设的数据资产资源进行评估，估算出搭建大数据平台需要的计算、存储、网络等资源。它需要从数据总体量、数据日增长量、数据存储周期等多方面综合估算。

当前在大数据平台建设过程中选择面很宽，不过仍以 Hadoop 生态圈的技术组件为主，比如数据存储可根据数据类型与用途不同，可选择 HBase、Hive、Parquet 等组件；数据计算引擎可根据需要选择 MapReduce、Spark、Flink 等分布式计算引擎；而数据作业调度组件则可选择 Azkaban、Oozie、Airflow 等各组件；数据权限、安全等也是搭建大数据平台必不可少的环节，开源社区同样提供了 Ranger、Kerberos 等权限管控组件。当然，除了这些开源组件以外，最近几年出现了很多成熟的商业化大数据计算产品，无论是在计算性能、运行稳定、技术支撑等方面都优于开源社区产品，比如阿里巴巴提供的 MaxCompute（原 ODPS），可以轻松支持 PB 甚至 EB 级数据量计算及存储。

6.3.4 搭建运维管理平台

运维管理平台提供了界面化操作集群的能力。它帮助开发、运维人员简单快速地搭建和管理集群，同时也对集群健康状态进行监控，并在异常出现时及时作出告警。

当前云平台服务商及一些第三方 Hadoop 发行版都提供了运维管理平台。如：阿里云的 EMR、Hortonworks 的 HDP、Cloudra 的 CDH。

6.3.5 搭建研发管理平台

数据研发管理平台作为平台工具，从整个数据开发流程上辅助开发人员进行数据中台的建设。其应包含以下能力：数据集成、数据模型、数据开发/算法开发、数据质量、数据服务、数据资产、任务运维等。

数据集成作为数据中台数据采集层，在数据时效性上提供（准）实时、离线采集能力。在数据源格式上应支持结构化、半结构化和非结构化数据的采集能力。其中，应支持主流关系型数据库 CDC 日志、SDK 上报数据、文件流数据的（准）实时数据采集；支持（非）关系型数据库、文件等数据的离线全量、增量数据的采集。

数据模型功能，应支持可视化数据模型设计工作，并提供统一管理企业指标口径、数据模型的能力。方便模型设计人员利用维度建模理论构建统一的标准化的数据模型体系。同时为标签平台、数据服务、数据资产等功能提供基础数据能力。

数据（算法）开发功能包含实时、离线、算法这 3 部分的功能开发。与传统的数据开发的不同之处在于，研发平台通过对不同计算引擎的数据输入、转换、输出操作进行抽象封装，并为相应的操作（算法）内置丰富的插件。使开发人员只通过在界面中配置插件和编写 SQL 的方式，就能完成大部分的数据（算法）开发工作。从而降低数据开发的门槛，提升开发效率。

数据质量管理在数据中台建设中是至关重要的一个环节。它应提供丰富的预警规则，并支持对每个数据模型进行告警规则制定，在数据异常时及时告知相关负责人员。

数据服务作为数据中台和业务的流转桥梁，其对外提供的服务都必须通过统一的数据服务平台。为了加速数据业务化的过程，需要对汇总后的应用层数据模型进行开放，通过对数据的权限控制、查询路由解析、限流降级等措施提供生成统一数据 API 的能力。

数据资产在研发管理平台中，主要是对数据模型和指标等元数据资产从各个维度进行展示，从而很方便地了解到数据中台的建设情况。

任务运维需提供任务工作流 DAG（有向无环图）可视化操作，支持任务多种调度周期设置及运行任务的监控告警能力。

6.3.6　搭建智能标签平台

智能标签平台帮助企业构建标签体系，生成用户、商品等画像，赋能业务对用户、商品等的精细化运营。标签平台解决了企业以往通过手工写脚本的不灵活、难运维的问题，还能够支持对用户行为过程数据设置标签，丰富用户消费过程行为画像数据。除了平台算法生成的标签，也支持主观意识自定义标签，可由销售导购人员对用户进行标签的标识，对多标签属性用户筛选能够支持组合标签的设置。通过标签平台，洞察目标受众群体，制定智能推荐营销策略，发挥数据价值。

标签平台充分整合企业多触点、全渠道数据，支持智能推荐和精准营销等上层数据应用。它具备如下的功能特点：

- **自定义标签**：支持运营人员创建客观标签、组合标签。运营人员根据数据运营分析的结果可创建会员价值分类的标签，销售导购可创建消费者来访次数、消费能力等标签。所有运营人员全渠道触达用户，丰富用户标签数据。
- **标签体系**：支持多级标签定义，能够查看组合标签体系层级及群体人员明细。
- **客户画像**：标签使用客户群体画像生成，支持用户分群选择，也能够对个人画像的属性进行查看。
- **标签使用分析**：系统平台定义的标签使用情况统计分析，查看热门标签以及未被使用的标签，优化标签结构。

- **平台开放性**：平台定义的标签信息能够作为企业数据资产，提供 API 接口，第三方系统可以调用标签中心的接口进行标签的管理和应用创新。

6.3.7 搭建自助分析平台

自助分析平台构建在大数据平台之上，依托于数据平台的数据研发治理能力，通过统一的数据服务，实现对数据分析探索的统一口径和标准管理，为企业业务分析提供准确、高效的数据决策支持。自助分析平台作为可以面向前端的产品，既需要体现数据应用的便捷性以及平台的大数据处理高性能，又需要拥有行业运营分析模型的沉淀，才能和业务更加紧密地结合在一起。同时，对于自助分析平台来说，还需具备可灵活扩展性、稳定性、高可用性等能力。

自助分析平台，定位敏捷灵活、快速开发的工具，具备如下功能优势。

- **多数据源支持**：多种数据源、不同数据类型数据对接支持，轻松解决数据接入对接的多接口开发工作。支持传统关系型数据库（Oracle、SQL、MySQL 等）、Hadoop 开源架构体系（Hive、Spark、PG 等）以及阿里云系列数据库（RDS、ADB 等）。
- **多维分析**：具备前端系统的交互和分析能力——过滤（Filter）、钻取（Drill）、刷取（Brush）、缩放、关联（Associate）、动态计算（Dynamic Calculation）、超链接（Link）等。能够支持探索式的分析，追溯业务问题的原因，例如：

当销售额同环比对比下降，业务分析人员能够根据业务维度下钻到区域—渠道—门店进行销售额的明细对比分析，也能够上钻返回到不同维度（品牌、产品）进行综合因素对比。

- **多图表组件支持**：平台支持数据分析人员常用的图标组件类型（饼状图、柱状图、环状图、二维表、交叉表、复杂式表格等），用户只需要绑定、清洗准备好的数据集就能够快速生成可视化报告。对于特殊的图表组件类型支持集成开源组件进行展示，满足用户的多样化需求。
- **多用户权限**：平台认证授权管理模块作为系统数据查看安全访问控制的重要功能，能够支持对企业员工进行用户、角色、岗位的定义，全面覆盖人员的一岗多职问题。权限管理能够对系统功能模块、数据源、用户操作、数据报告等进行全部功能读、写的设置，实现不同用户不同功能的使用需求。
- **多并发支持**：高性能、高可用性体现，面向业务终端数据查看分析需求，弹性扩展支持。
- **多屏支持**：不同业务场景支持，对大屏、移动App、PC报表的分析需求都能全方位覆盖，同时也能支持小程序等应用查看的需求。

基于以上功能，自助分析平台能够快速有效地帮助企业数据分析师完成业务数据需求。作为企业统一的数据分析查看平台，也提供了数据门户功能，将企业商品、会员、门店、运营、营销、供应链、财务等相关主题数据都统一在数据门户访问，做到用户查看访问的统一监控管理。

6.3.8　建设企业数据资产

前面的 5 部分建设是在为企业建设真正的数据资产打基础。大数据平台提供数据资产的计算引擎、存储方式以及数据安全权限管理机制，运维管理平台为大数据平台正常的运转提供保障；研发管理平台提供两部分内容：1）提供快捷方便的数据处理工具，涵盖数据进入数据中台的整个生命周期，包含了数据采集、数据清洗、数据聚合汇总、数据对外服务，均可以使用可视化配置或者简单的 SQL 脚本；2）提供数据资产的管理工具，涵盖数据指标体系管理、数据模型管理、数据质量管理、数据血缘管理管理等组件。智能标签平台则是为生成实体标签服务的工具平台；自助分析平台则与数据分析模型对接，让数据分析模型快捷地通过友好的界面展示供业务部门使用。

搭建好以上工具平台后，就可以开始建设数据资产了。正如前文所述，数据资产是企业的核心，是企业进行数字化创新的必备生产资料。如果把数据中台比喻成一个航母战斗群，那么数据资产就是航母上的歼击机；如果把数据中台比喻成一瓶红酒，那么数据资产就是酒瓶中的美酒。那么这些数据资产包含什么内容呢？数据中台中的数据资产按照功能可分为两部分内容：数据模型和标准分析专题。数据模型又包含了分析模型和应用算法模型，下面就分别讲解如何建设数据中台的数据资产。

1. 数据模型

一个完整、灵活、稳定的数据模型对于项目的成功起着至关重要的作用。

数据模型是整个系统建设过程的导航图。通过数据模型可以清楚地表达企业内部各种业务主体之间的相关性，使不同部门的业务人员、应用开发人员和系统管理人员获得关于系统的统一完整的视图。

数据模型有利于数据的整合。数据模型是整合各种数据源的重要手段，通过数据模型，可以建立起各个业务系统与数据库之间的映射关系，实现源数据的有效采集。

通过建立数据模型，可以排除数据描述的不一致性，如同名异义、同物异名等，使系统的各参与方能够基于相同的事实进行有效沟通。比如，通过 ID-Mapping 实现不同系统中同一消费者的识别。

由于数据模型对现有的信息以及信息之间的关系从逻辑层进行了全面描述，当未来业务发生变化或系统需求发生变化时，可以很容易地实现系统的扩展。数据结构的变化不会偏离原有的设计思想。

数据模型可以消除数据库中的冗余数据。数据模型的建立可以使开发人员清楚地了解数据之间的关系，以及数据的作用。在数据库中根据需求采集那些用于分析的数据，而不需要那些纯粹用于操作的数据。

数据模型具体分为分析模型与应用算法模型两大类。分析模型是数据中台的重要数据资产。简单来讲，分析模型就是将企业全域的数据按照主题域进行梳理，并按照数据的粗细粒度进行分层存储，供上层数据应用按需索取。

（1）分析模型

企业在搭建数据中台时应如何建设分析模型呢？建议从企业整体业务出发，梳理全量业务进行分层建模，将数据按照功能性、量级分为四层（如图 6-5 所示）：ODS 层（操作性数据）、DWD 层（明细宽表级数据）、DWS 层（公共汇总数据）、ADS 层（专业应用汇总数据）。一般来讲，DWD 和 DWS 两层又合称为中间层，是整个分析模型的核心和灵魂。

	数据来源及建模方式	服务领域	数据ETL过程描述
ADS层	数据来自DWS层，采用维度建模、星型架构，面向应用分析，只提取应用所需维度和指标	前端报表展现，专题分析，KPI报表	从DWS层的数据进行汇总，生成各报表应用的数据
DWS层	数据来自DWD层，采用维度建模、星型架构，面向主题进行汇总，提供基准的汇总模型	数据挖掘，自定义查询，应用集市	从DWD层的数据进行按业务主题聚合汇总，维度丰富等处理
DWD层	数据来自ODS层，是DW事实层，采用维度建模，星型架构	为DWS提供各种统计汇总准备，减少关联维表，尽量避免雪花模型	从ODS进行轻度清洗、转换，汇总聚合生成DW层数据，如字符合并、Email、证件号、日期、手机号转换
ODS层	数据准备区，数据来源是各业务系统的源数据，物理模型和业务系统模型一致	为其他逻辑层提供数据，统一数据视图子系统提供数据实时查询	业务埋点数据、各中心数据装载到数据仓库ODS层，保持与业务数据基本一致

图 6-5　分层建模整体逻辑

① ODS 层（Operational Data Store，操作数据层）

ODS 是"面向主题的、集成的、当前或接近当前的、不断变化的"数据，是分析模型中的一个可选部分。ODS 具备数据分析的部分特征和 OLTP 系统的部分特征。

② DWD 层（Data Warehouse Detail，明细数据层）

数据聚合：将来自不同系统的同类数据源按照某种维度进行

聚合，形成统一的聚合数据。例如，对某用户在某时段在京东、天猫的订单进行聚合，形成宽表。

丰富维度：将事实表与维度表进行充分关联聚合后，丰富事实表的维度，避免数据在后续计算时需要关联大量的维度表，将雪花模型转换为星型模型。例如，订单表中存在商品编码，通过商品编码与商品维表的关联，将商品类别、商品规格、商品单价等属性值写入事实表。雪花模型是指当有一个或多个维表没有直接连接到事实表上，而是通过其他维表连接到事实表上时，其图解就像多个雪花连接在一起，故称雪花模型。星形模式是一种多维的数据关系，它由一个事实表（Fact Table）和一组维表（Dimension Table）组成。

③ DWS 层（Data Warehouse Summary，汇总数据层）

维度退化：加强指标的维度退化，提炼出粗粒度的常用维度、常用指标的汇总模型；数据汇总程度高于 DWD 层，单表数据量明显减少，通常采用星型建模。

形成主题宽表：根据客户、商品、经销商、店铺等实体在某一段时间内的事件轨迹，串联起整体业务，形成全方位的公共基础宽表，通常采用实体建模。例如客户实体，可以通过客户基本属性、客户购物经历、购物偏好、金融风险评级等维度 360° 全方位形成客户宽表。

以上两种手段旨在提升公共指标的复用性，减少重复的加工工作。

④ ADS 层（Application Data Store，应用数据层）

个性化指标加工：无公用性、复杂性（指数型、比值型、排名型指标），通过 DWS 层的公共基础指标衍生出应用型的衍生指标。

基于应用的数据组装：大宽表集市、横表转纵表、趋势指标串等应用型数据。

（2）应用算法模型

谈到算法，很多人就会想到数据挖掘中的算法，比如：决策树、逻辑回归、神经网络等，但这里讲的算法模型是从数据应用场景出发，不重点讲算法如何实现，主要讲述围绕营销、运营、客服等场景如何利用这些算法封装出标准的算法模型，供前端应用场景调用。应用算法模型是数据中台中的高价值资产，真正体现数据中台与传统数据仓库差异的根本点，有了能贴近应用场景的高度抽象的算法模型才能实现数据中台的价值。当然，在建设算法模型的时候切忌为了建模型而建模型，一定要从数据应用场景出发。一般来说，企业围绕营销闭环存在较多的算法模型需求，且解决这些场景的算法模型也比较丰富多样，下面介绍几个最常用的算法模型。

① 交叉销售模型

交叉销售这个概念在传统行业里其实已经非常成熟了，也已被普遍应用。其背后的理论依据是一旦客户购买了某一种商品后，企业会想方设法留住并延长这些客户的留存时间，增加客户购买商品的连带率。考虑到企业的生命周期和客户的利润贡献，一般会有两个运营选择方向：一是延缓客户流失，让客户尽可能长久地留存，常用的方法是利用客户流失预警模型提前锁定可能流失的有价值的用户，然后由客户服务团队采用各种客户关怀措施，尽可能挽留客户，从而降低客户流失率；二是让客户消费更多的商品和服务，从而更大地提升客户的商业价值，挖掘客户利润，一般是通过数据算法模型找出客户进一步的消费需求（潜在需求），从而更好及更主动地引导、满足、迎合客户需求，既可提高企业的 GMV，又为客户提供更友好的购物体验。

交叉销售模型是指通过对用户历史消费数据的分析挖掘，找出有明显关联性质的商品组合，然后用不同的建模方法，去构建消费者购买这些关联商品组合的可能模型，再用其中优秀的模型去预测新客户购买特定商品组合的可能性。这里的商品组合可以是同时购买，也可以有先后顺序，不可一概而论，关键要看具体的业务场景和业务背景。比如线下门店可根据交叉营销模型推荐的商品组合在货架上进行关联的商品摆放；在线上的商城则可以在"猜你喜欢""买了再买"这些专栏上提供相关的商品展示。

不同的交叉销售模型有不同的思路和不同的建模技术，但前提都是通过数据探索找出有明显意义和商业价值的商品组合，可以同时购买，也可以有先后顺序，然后根据找出的这些特性去建设算法模型。

实现交叉营销模型的算法有很多，其具体实现原理不是本书讲解的重点，这里不再叙述。这里主要讲解常用的几类算法：一是按照关联规则算法，也即通常所说的购物篮分析，发现那些有较大可能被一起采购的商品，对它们进行有针对性的促销和捆绑，这就是交叉销售；二是借鉴响应模型的思路，为某几种重要商品分别建立预测模型，对潜在消费者通过这些特定预测模型进行过滤，然后针对最有可能的前 *% 的消费者进行精确的营销触达；三是仍然借鉴预测响应模型的思路，让重要商品两两组合，找出那些最有可能消费的潜在客户；四是通过决策树清晰的树状规则，发现基于具体数据资源的具体规则逐层判断客户会对哪几种潜在的商品感兴趣。

相应的建模技术主要包括关联分析（Association Analysis）、序列分析（Sequence Analysis）以及逻辑回归、决策树等算法。

② 信用风险模型

信用风险包括欺诈预警、交易风控、反刷单等在交易场景下的风险预警，风险预警在企业特别是金融行业有着举足轻重的作用。互联网公司获客最常用的方式是补贴，但补贴最怕"羊毛党"。如何从海量用户中识别出正常用户，是互联网行业普遍遇到的难题。那么信用风险模型具体是如何实现的呢？

以反刷单模型来讲，一般会选择规则归纳算法，通过正、反双向的历史数据进行训练，从用户的注册时间、注册频次、下单频次、行为模式等这些输入因子进行规则分类，按照规则判断出可疑性较强的客户并提供给前端，禁止其注册、购买等手段，保障资源不流失。

③ 商品推荐模型

推荐模型是互联网模式下使用的最广泛的算法模型，淘宝首页上的千人一面、千人十面到千人千面这样的个性化展示均是依赖于商品推荐模型。强大的商品推荐模型可以洞悉客户最关注的商品，最有可能购买的商品。据阿里巴巴内部统计，自淘宝网实现"千人千面"功能以来，从首页带来的流量远高于从搜索页面过来的流量。

电商推荐系统主要通过统计和机器学习技术，并根据用户在各端的行为，主动为用户提供推荐服务，从而提高网站体验。根据不同的商业需求，电商推荐系统需要满足不同的推荐粒度，主要以商品推荐为主，但是还有一些其他粒度推荐。譬如查询推荐、商品类目推荐、商品标签推荐、店铺推荐等。目前，常用的商品推荐模型主要分为规则模型、协同过滤和基于内容的推荐模型。不同的推荐模型有不同的推荐算法，譬如规则模型，常用的算法有 Apriori，而协同过滤中则涉及 kmeans 最近邻居算法、因子模型等。没有放之四海而皆准的算法，在不同的电商产品中，在不同的电商业务场景中，需要的算法也是不一样的。实际上，由于每种算法各有优缺点，因此往往需要混合多种算法，取长补短，从而提高算法的精准性。

④ 智能补货模型

在全渠道一体化的新零售模式大行其道的今天，对于零售企业，除了在营销端需要算法模型支撑基于大数据的智慧营销之外，在供应链端更需要通过算法模型对历史积淀下来的海量销售数据、铺货经验、补货记录、调拨记录进行分析以提供更加精准的铺、补、调货决策。通过供应方式（供应时间，供应数量，供应周期等）的决策达到仓库中需求和供给的平衡，使得仓库中货品的库存既可以最大化满足用户的需求，也能将库存周转时间控制在一定范围之内，保证供应的效率。

智能配补货模型实现的难点是如何精准预测某一段时间区域、门店甚至某一款商品 SKU 的销量，而销量预测的难度又在于除了历史的销量、促销活动、行业动态之外还有很多主观影响因素，如天气变化、国家政策等不可抗力因素。图 6-6 为基于销量预测的智能补货算法模型实现逻辑。

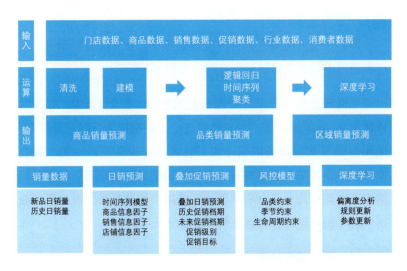

图 6-6 智能补货模型

2. 分析专题

分析专题到底是数据中台的数据资产还是数据应用呢？严格来说，建设分析报表并不属于数据中台的范畴，但在数字营销场景下的分析专题是完全可以标准化的，比如经典的用户留存分析、典型的海盗分析模型都是有固定的分析维度和指标，通过标准的分析对业务运营提供决策支撑。

具体而言，以"人、货、场"为脉络的分析可分别从这三个维度沉淀标准的分析专题，其人货场演进发展大致如下：

- 人：流量、用户；
- 货：商品（除现货外还包括期货、定制商品、虚拟商品等）；
- 场：一切能将人与货匹配，最终实现订单转化的载体或场景，如各类客户端或页面，及其中的搜索、推荐、推送、分类导航、活动专区等。

那么通过人货场论如何为电商业务设计业务分析模型呢？可以先通过电商业务目标进行分解，如图 6-7 所示。

电商的最终目标是尽可能获得销售额，根据 GMV= 用户 × 转化率 × 客单价，进一步分解成核心工作模块为新用户促留存、老用户促复购、提高浏览 – 购买转化率、提高商品动销、提高支付用户及订单量。这些核心工作模块结合"人货场"便可以归纳出基本的电商业务分析模型，包括用户留存分析、海盗模型分析、转化漏斗分析、商品分析、交易分析等。

（1）用户留存分析

在互联网业务中，包括电商，大部分新增用户会在次日流失掉，因而提高用户留存率，是业务健康发展的重要举措之一，尤其在流量获取成本越来越高的当下，提高留存率既能提高活跃用户规模，也能节省不菲的推广预算。关注新用户留存率，除了监控新用户质量来调整获量渠道外，还可以映射出产品对市场用户的黏性，不断复盘留存率变化，为新用户运营提供方向验证。

第 6 章 中台的架构与设计

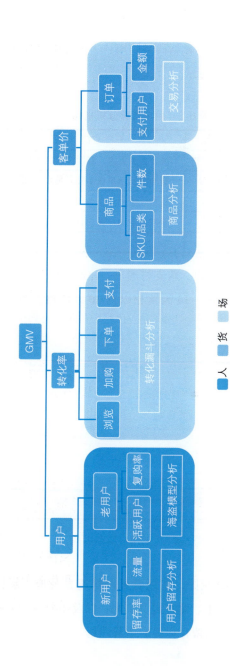

图 6-7 根据终极目标 GMV 分解形成专题模块

用户留存分析主要包括研究的用户、统计周期的留存率，主要包含指标如表 6-2 所示。

表 6-2　用户留存分析指标

序　号	指　标	口　径
1	新访问用户数	统计自然天内，新增注册的用户数
2	次日留存率	新增注册用户在 1 日后再次登录活跃的占比
3	2 日留存率	新增注册用户在 2 日后再次登录活跃的占比
4	3 日留存率	新增注册用户在 3 日后再次登录活跃的占比
5	…	

维度按新访问用户、新支付用户、注册来源渠道划分，常用分析周期为 7 天留存、14 天留存以及 30 天留存。图 6-8 为 7 天用户留存示例。

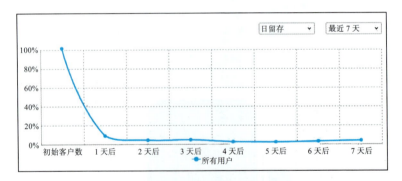

图 6-8　7 天用户留存示例

通过留存率衰减图，使用者可以快速直观地了解目前产品的新用户留存率水平、留存提升空间，以及用户流失的集中时间段，从而进一步制定留存促提的运营计划。

（2）海盗模型分析

海盗模型分析又名 AARRR 模型分析，即 Acquisition、Activation、Retention、Revenue、Referral 的首字母缩写，分别对应电商业务的获取用户（下载注册）、用户活跃、留存、变现、自传播（分享）等 5 个产品生命周期阶段如图 6-9 所示。结合海盗模型设计主题分析，能准确反映产品处于哪个生命周期，了解该周期的运营重点。

图 6-9　AARRR 模型

核心指标如表 6-3 所示。

表 6-3　AARRR 模型的核心指标

序号	指标	口径
1	注册用户	统计周期内，新增注册的用户数
2	活跃用户	统计周期内，登录并有浏览的用户数
3	留存用户	统计周期内，新增注册用户后来重复登录使用的用户数
4	支付用户	统计周期内，注册并下单支付的用户数
5	分享用户	统计周期内，注册并分享的用户数
6	活跃转化率	统计周期内，活跃用户占注册用户的百分比
7	留存转化率	统计周期内，留存用户占注册用户的百分比
8	支付转化率	统计周期内，注册并支付的用户占注册用户的百分比
9	分享转化率	统计周期内，注册并分享的用户占注册用户的百分比

如图 6-10 所示，利用海盗模型，漏斗分析业务某一阶段的产品生命周期，结果显示注册—活跃的转化率非常低，说明产品还比较新，用户对内容或者产品业务感兴趣程度很一般，所以此时的运营重点应放在新用户教育或鼓励中，配合优惠策略，促使注册用户活跃。此时如果在变现上重点发力运营，效果就不会显著。

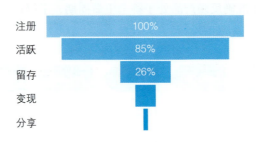

图 6-10　基于 AARRR 模型的业务分解结果

以此类推，如果产品另外时期，或其他产品业务，在别的地方转化异常，重点工作就应放在相关环节上。

（3）转化漏斗分析

在商品成功销售给用户之前，用户会先在平台产生一系列用户行为，由这些行为逐步促使其下单支付。所以，可以通过分析电商用户行为，提炼关键节点数据如访问、加购、下单、支付等，形成转化漏斗分析。运营部门则可通过监控在订单形成过程中关键节点转化效果，判断哪些环节存在优化空间，制定针对性策略，从而提高整体销售转化。

转化漏斗核心指标如表 6-4 所示。

表 6-4 转化漏斗核心指标

序号	指标	口径
1	商品访问用户	统计周期内，有浏览商品的用户数
2	加购用户	统计周期内，有把商品加购物车的用户数
3	下单用户	统计周期内，成功提交订单的用户数
4	支付用户	统计周期内，成功支付订单的用户数
5	加购转化率	统计周期内，加购用户占访问用户百分比
6	下单转化率	统计周期内，下单用户占加购用户/访问用户的百分比
7	支付转化率	统计周期内，支付用户占下单用户的百分比

维度可按品类或活动专场区分，对比分析不同品类或者活动的商品转化效果。

图 6-11 为某商品 A 的浏览 – 支付转化漏斗图，下单 – 支付转化率较低，仅有 58.62%，对比其他商品显然这环节有着十分大的提升空间，并且若成功转化成支付则可直接提高销售额。针对这个案例，运营部门可通过外呼等强提醒措施，促使已下单的用户支付。

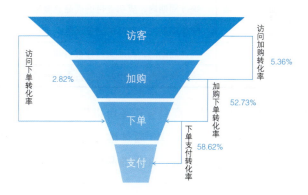

图 6-11 商品 A 的浏览 – 支付转化漏斗

（4）商品分析

电商平台一般海量铺货、品类繁多，各种商品销售情况不一，转化效果不一，且电商平台皆存在商品的流量分配问题，当有高曝光量的资源位置或者专场活动时，应该如何挑选商品，过后又何如验证，这就需要依赖商品分析来完成。在商品维度监控分析商品浏览-销售情况，研究各品类甚至单个商品的曝光转化效果、动销效果，对运营部门优化商品铺货结构、活动选品、提高动销效率有重大意义。

主要维度按品类或单个商品展开，具体指标包括如表 6-5 所示。

表 6-5　商品分析的具体指标

序号	指标	口径
1	在售商品数	统计周期内，处于上架在售状态的商品 ID 数
2	动销商品数	统计周期内，成功支付的商品 ID 数
3	商品支付件数	统计周期内，成功支付的商品件数
4	商品支付金额	统计周期内，成功支付的商品总金额
5	商品 PV	统计周期内，商品的浏览次数
6	商品转化率	统计周期内，商品支付件数占商品 PV 的百分比
7	动销率	统计周期内，动销商品数占在售商品数的百分比

除动销趋势监控之外，商品分析还可以提供品类或者单个商品的销售排行（如图 6-12 所示）。通过排行榜单，运营部门对本方平台的热款、爆款了然于胸，在做商品活动策划时对商品挑选会更为敏锐及高效。

（5）交易分析

电商业务目标的达成均体现在成功交易上，交易分析最能呈现出一个电商平台的市场竞争力，直观展示平台的营收能力、交易活跃度。分析时需重点关注核心业绩（交易额、支付用户、订单量等），另外还需关注退款退单情况，在有异常退款情况的时候及时发现问题。

商品销量排行（TOP10）

排名	商品名称
1	汉字帆布单肩包（图案不同，随机发）0024 #404 HD
2	微商爆款超火卡通睡衣家居服睡衣 517 #400 HD
3	限量福利价糖果色收褶圆领百搭连衣裙 9851 #424 UF
4	2019夏季新款韩版哈伦裤两件套运动套装

类目销量排行（TOP10）

排名	类目名称	销量
1	连衣裙	39
2	T恤	26
3	时尚套装	14
4	牛仔裤	11

图 6-12　商品和类目销售排行

交易分析的核心指标如表 6-6 所示。

表 6-6　交易分析的核心指标

序号	指标	口径
1	GMV（交易额）	统计周期内，所有用户的下单并成功支付金额

(续)

序号	指标	口径
2	支付用户数	统计周期内，成功支付的用户数（去重）
3	支付订单数	统计周期内，成功支付的订单数
4	客单价	统计周期内，支付用户平均每单的金额
5	支付件数	统计周期内，成功支付的商品件数
6	实发件数	统计周期内，实际发货的商品件数
7	实发金额	统计周期内，实际发货的商品金额
8	完成订单数	统计周期内，用户订单状态为"已完成"的订单数
9	完成金额	统计周期内，用户订单状态为"已完成"的交易金额
10	完成人数	统计周期内，用户订单状态为"已完成"的支付用户数
11	完成件数	统计周期内，用户订单状态为"已完成"的商品件数
12	申请退款件数	统计周期内，售后申请退款的商品件数
13	申请退款金额	统计周期内，售后申请退款的商品总金额
14	退款审核通过件数	统计周期内，审核通过售后申请退款的商品件数
15	退款审核通过金额	统计周期内，审核通过售后申请退款的商品总金额
16	成功退款件数	统计周期内，成功退款的商品件数
17	成功退款金额	统计周期内，成功退款的商品总金额

交易分析相比其他专题更讲求时效性，比如在大型活动进行期间，交易数据分析颗粒度需细化到各个时段，如图 6-13 所示，可十分清晰地了解到用户在不同时段上的下单分布情况，这对运营活动一天的节奏把握，以及优惠触达时间选择都会有不错的指导意义。

图 6-13 交易趋势分析

第 7 章 CHAPTER

中台成熟度模型

在技术和产业驱动下,数字化转型已经成为企业的共识。随着企业共享能力以数字化服务的方式建设的不断推进和深化,中台已成为企业进行数字化转型的有效的系统形态和组织方式。那么,在建设中台的热潮中不断探索数字化转型的企业,需要了解自身的建设情况,以及未来需要改进和努力的方向。

- 如何评估这些数字化服务的管理水平?
- 如何评估一个服务是不是好服务?
- 如何评估服务的价值?
- 如何提高建设数字化服务的效率?

- 如何运营共享服务？
- 如何计算建设服务的投入成本和产出收益等？

这些则变成了企业所面临的新挑战。因此我们需要一个评估方法来指导和检验中台建设的成果，并预测未来的发展目标，为企业建设中台提供参考。

7.1 成熟度评估模型

中台的建设不是一蹴而就的，而是随着企业本身信息化建设的持续发展和业务的不断创新最终沉淀下来的。我们从 3 大维度、9 项指标来评估企业中台建设的发展现状和目标，如表 7-1 所示。

表 7-1 中台成熟度评估模型的 3 大维度和 9 项指标

能力指标		目 标
系统建设	1）服务的丰富度	业务能力的丰富度包括消费者 / 客户数字化、全渠道的触点、商品数字化和核心流程数字化
	2）服务的共享性	核心能力由多个前端业务共享。通过共享能力的建设，提升企业为应对前台业务变化的时效性
	3）系统的灵活性	将配置的能力抽象，以便运营时根据需要进行配置。比如，可配置的参数提供默认参数和如何调整参数的指导建议。把过程分解为流程节点，通过调整流程来适应不同场景的要求。在此基础上，不能通过配置解决的前台业务差异性，则通过可扩展的插件机制对中台进行定制化扩展
	4）辅助工具	有合适的工具辅助中台系统的建设，包括 DevOps 工具、开发流水线、部署流水线、敏捷管理等

(续)

能力指标		目标
中台驱动力	5）开发组织	由专门的团队负责中台领域的开发和建设，以便积累相应领域的业务知识，进而按领域特性的方式组织团队
	6）数字化运营	通过运营团队和运营平台，结合中台共享服务的使用情况，进行各类分析，将中台的共享能力随着时间的推移不断演进
	7）生态系统	共享能力不仅对内部业务开放，还可对外部开放，不仅可打通企业的上下游，还可以通过开放的 API 创造新的业务。开放的体系能更好地促进企业业务的发展
过程管理	8）中台战略	明确中台建设的目标、计划、组织和投入，通过迭代进行效果监控
	9）方法论	中台建设的推进有体系化的建设途径，从业务分析、系统抽象、能力沉淀到服务运营等

7.1.1 系统建设维度

在中台战略的整体实施中，占据最大部分的是建设中台系统，因此所建设的中台系统本身的成果直接体现了企业建设中台的成熟度。

1. 服务的丰富度

中台作为企业级共享能力服务平台，我们首先考虑的是其所提供共享服务的能力丰富度。在消费者或企业客户行为数字化的基础上，主动识别每个客户，在端到端的营销、体验、购物、服务等不同环节，通过社交、促销、秒杀、咨询等，提供企业产品和服务的一致性体验。根据不同的场景，创造、融合和优化全渠道的客户触点，包括 Web、移动 App/H5、设备、门店、官方旗舰店等，统一提供管理企业数字资产的能力。

对企业的商品和服务进行数字化，选择合适的商品进行交易，并进行实时的数据分析以优化改进系统。结合数字营销，将客户、门店、商品、价格等流程与后台的财务、仓储物流，甚至人力资源等流程打通，提升企业整体的运营效率。进一步，记录和分析从原材料采购、产品生产和商品售卖的端到端数据，持续优化库存、仓储、物流，提升供应链效率，降低库存和风险。

2. 服务的共享性

中台不仅仅是能力服务集中统一的平台，更重要的是它所提供的共享性（即复用）。如果中台的所有能力都只是为单一前台业务服务的，那么中台就退化为某一业务的后端，即烟囱型系统。建设中台的一个很重要的出发点是其能力可被相似的业务重复利用（如图 7-1 所示），这样在基于现有的业务创造新的业务时就可以利用已有的中台能力。只有通过中台的共享能力，才能促进新业务的建设和创新。

举一个新业务的例子。阿里巴巴从最初的淘宝孵化出天猫、1688、聚划算等，都是从原有业务拓展的新的交易方式、交易对象，但主要涉及的领域还是商品、买家、卖家。因此，中台的共享能力可被多个前台业务所复用。再者，新的业务也可以是扩展新的地域，比如从中国内地发展到中国香港，再到新加坡等。不同地域有不同的商品、不同

图 7-1 中台为多个前台业务提供共享服务

的交易对象、不同的交易规则，但是基础还是交易。只有被复用，中台才有生命力。

3. 系统的灵活性

系统的灵活性是指中台系统可以根据前台业务需要进行个性化的配置或扩展，可体现为三个不同的层次：

- **参数可配置**：前台业务或多或少总有些差异，不仅体现在不同的前台业务，即使同一个业务，也可能由于区域和时间的不同需要有不同的差异化特性。因此中台需要在共享服务中把这些可配置的能力抽象，以便提供运营使用。所提供的配置点越多，系统就越灵活，不过，随之而来的可能是系统越复杂。所以在提供配置的同时，需要提供很好的默认参数和调整参数的指导建议。
- **流程可修改**：企业的核心流程需要组件化并可根据需要进行调整。比如交易流程，不同的业务对于交易的主体流程都是类似的，但具体可能会有所区别。比如有些是先生成订单，再扣减线上库存；有些是先扣减库存，再生成订单。具体的差异是通过调整配置而灵活可适配的。
- **插件可定制**：不是所有前台业务的差异性都可以通过配置参数和修改流程解决的。因此，中台系统还需要预留合适的扩展点和插件机制，从而为前台业务通过可定制插件提供更个性化的业务逻辑。

4. 辅助工具

中台建设是一个长期且反复迭代的过程，特别是由于技术实现的复杂性，引入了微服务、前后端分离、搜索、大数据处理平台以及 AI 智能化的算法。用人工的方式来管理、开发、部署重复性的工作，不仅容易犯错，而且还会造成人员资源的压力。尤其在业务需要，特性功能需要快速迭代时，上线周期会从原先的一个月上线一次，逐步缩短到两个星期一次、一个星期一次、一天一次，甚至一天多次。因此，必须将中台建设本身的最佳实践沉淀为工具。工具内容可包括敏捷项目管理、开发工作的日常管理、部署流水线管理、测试管理和自动化测试、运维和监控的管理等。

7.1.2 中台驱动力维度

要建设中台系统，需要有各种驱动力，包括中台组织本身的建设和管理，在建设中台过程中的推广、使用和迭代，以及扩展中台使用方，不仅为企业自身的前台业务服务，还可以提供给第三方服务，为企业创造新的业务模式。

1. 中台组织

首先，中台不仅仅是一个系统的名称，也是企业的一种组织方式，因此中台系统的建设需要由专门的组织来负责。

其次，由于中台系统一般划分为多个领域，各个领域的业务知识也是很广泛的，并且会随着业务的发展越来越深入，因此每个领域的专业知识也会随着系统的迭代而逐渐加强。

再者，每个领域本身的系统建设可以是相对独立的，才不会受限于其他领域的团队能力。因此负责每个领域的开发组织必须是自完备的，即一个领域团队一般配置多功能型的人员，比如业务架构师、前端工程师、后端工程师、数据库工程师、测试工程师等。如图 7-2 所示，这是一个可独立作战的团队。

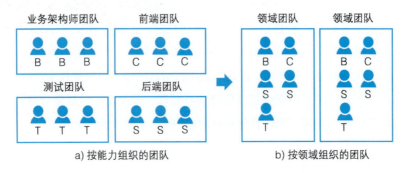

图 7-2　团队的组织形式

建立能对外部的变化自适应，且数据驱动的中台团队，培养自主的学习能力，并根据需要获取相应的技能和知识也是团队建设的一个重要组成部分。

中台作为一个团队，必然会涉及考核问题。中台团队是支撑前台业务的，但不直接对前台业务负责，因此不能按业务的模型进行利润考核。同时，也不能只按 IT 系统的方式考核，因为按 IT 方式考核，则离业务太远，无法有效整合企业的 IT 资源和创造业务价值。其次，中台共享服务的建设需要一定的时间和沉淀才能体现出价值，所以考核的时间跨度也需要考虑，太短则会让团队急功近利。综合考虑，可将中台对前台业务的覆盖程度和响应能力作为中台团队的考核指标，以评估中台团队所建设的中台系统对前台业务创新和扩展所需资源的节省程度。

另外，中台团队与前台团队之间是博弈的关系。为缓和这种关系，促进大家更好地相互理解，可以建立轮岗机制，以便前台与中台人员换位思考，更好地为业务服务。比如前台人员基于对第一手业务的了解，能否维护、改进和优化中台？中台能否更深入了解前台业务，从而形成更好的抽象解决方案？

2. 数字化运营

数字化运营从前端触点、后台能力使用等方面采集和整合系统业务和能力使用的数据，以及外部数据，通过数据分析、挖掘、预测、机器学习、标签等工具对数据进行各种处理和分析，从而更进一步推动业务本身的优化和共享服务能力的使用。数字化运营不仅需要建立运营推广团队，还需要专门建设和运营针对开发者的系统。这是因为中台系统的服务对象中很大一部分是前台业务开发者。为让前台业务开发者更好、更方便且更充分发挥中台的价值，必须让开发者更了解和熟悉如何使用中台提供的共享能力去实现前台业务所需要的功能。中台运营平台分为面向中台能力调用者的运营前台和面向管理员的运营后台，如图7-3所示。面向开发者的运营前台一般包含：开发及使用文档、API的申请开放、一些二方包的下载使用，以及促进开发者使用的激励排行等。运营管理后台则需要提供API管理、服务配置、监控预警功能，以及API调用分析（如服务接入量、服务的调用频率等）。服务接入量是衡量服务价值的重要考核指标。

通过服务的数字化分析，不断改进服务和提供新的服务，下线不合适的服务，从而推进中台能力的演进和迭代。不进行演化的中台，就会退化成一个系统，这不是一个有效的中台模式。中台必须随着业务的发展不断优化，并为业务的创新提供基础支撑和孵化土壤。

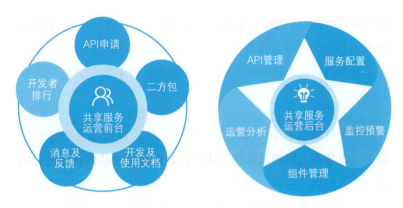

图 7-3　共享服务的运营系统

3. 生态系统

中台作为一种企业系统的建设方式，通过 API 提供共享服务。共享能力不仅为企业内部的系统建设服务，还可供企业的上下游，甚至第三方使用。API 已经不局限于能力的提供和数据的共享，通过开放的 API 可以帮助企业探索潜在的业务模式和新的收益实现策略。因此 API 不仅仅是技术工具，还是企业战略价值的源泉。由此诞生的 API 经济就是一种新的业务模式。

通过 API 开放和共享，企业构建了一个基于中台的生态系统。对内构建创新生态系统，对外建设生态关系以支持业务模式的创新和运营的改善，从而形成利益共享，对内对外一起提升企业业务的发展，并通过对整体生态体系的洞察和反馈，持续进行业务创新。

7.1.3　过程管理维度

企业实施中台，从想法到落地，需要一个过程。因此，高层次需要有中台战略思想的指导，战术层次需要有合适的方法论。

1. 中台战略

企业建设中台不仅是系统建设范式的转变，从多个烟囱型系统的建设转向基于中台共享能力的多前台系统建设，还是组织模式的一大变革。因此，必须明确中台对业务模式的创新和商业运营模式的驱动，明确中台建设的目标、投入、计划、组织和绩效等，通过商业模式和中台系统同步演进、迭代的方式进行效果监控，从而保证中台建设的成果和产出（如图7-4所示）。

2. 方法论

中台系统和共享能力的建设是一个系统工程，因此需要有相应的方法论进行指导。比如中台系统提供服务所使用的协议和规范、服务的粗细粒度等；比如中台系统的建设步骤、中台系统与现有系统的关系；比如现有系统如何迁移到中台之上，不仅是系统功能，还需要包括历史数据如何进行割接。再比如团队的整体协调方法，以及企业选择自建团队还是选择合适的供应商等。详细的中台建设方法论可参见第5章。

7.2 成熟度能力评估

依据中台成熟度评估模型的三大维度、九项指标，针对企业的每一项能力指标这里给出1~5分的评价。分值标准如表7-2所示。

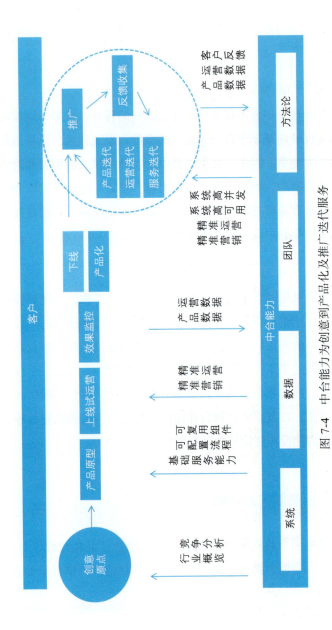

图7-4 中台能力为创意到产品化及推广迭代服务

表 7-2 成熟度能力分值

能力指标		目　标
1 分	导入阶段	了解中台的组织模式和系统架构，及其建设对企业的益处；开始着手准备企业内部的组织变革和系统建设的引入和突破点；对内部人员开展相应的业务和技术培训和普及
2 分	起步阶段	选定某些中台建设的发力点，选择合适的技术方案，开始从小到大地逐步建设中台系统和组建中台团队
3 分	实践阶段	建设的成果初步为业务服务，比如业务中台提供给多个前台应用系统使用；研发中台应用于企业整体的 IT 建设
4 分	优化阶段	根据系统的使用数据，结合数据分析，洞察中台建设的成果和改进的方向，并实施改进建议，提升整体中台应用的效果
5 分	智慧阶段	中台系统为前台业务持续赋能，前台业务迭代和创新，中台团队形成强有力的领域知识，整体进入自我良性优化循环阶段

从分值目标可以看出，五个分值即五个不同的阶段之间是逐步递进的（如图 7-5 所示）。但这不是说要完全按导入阶段、起步阶段、实践阶段、优化阶段和智慧阶段逐步建设。比如可能在起步阶段，就开始建设优化阶段所涉及的数据分析和运营等方法。具体的建设可根据不同企业本身的现状、想要达到的业务目标、想要通过中台快速解决的具体问题而采取不同的建设路径。

对于一家已认识和导入中台战略和理念的典型企业来说，其中台的成熟度一般在 2 分至 3 分左右（如图 7-6 所示）。服务的丰富度在逐渐增加，服务的共享性也在逐步推进，而初期建设的系统更多关注的是业务功能，而不是灵活性和扩展性。辅助工具也在迭代发展。开发组织则相对组建得有体系一些。数字化运营的理念、团队和系统建设也需要一定的周期。在中台系统还在建设过程中时,整体的生态体系建设则相对落后,不过对于中台的认识则领先其他指标。由于有供应商的经验,方法论也建设得相对好一些。

图 7-5　成熟度能力分值的递进提升关系

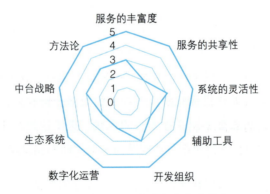

图 7-6　典型企业建设中台的成熟度

第 8 章 CHAPTER

中台助力的数字营销

为了帮助零售品牌更高效地运营,实现新零售转型,云徙科技借助中台为品牌方构建更敏捷、多元的数字营销体系,围绕人、货、场的零售场景重构,实现终端消费者在全触点场景下的可识别、可触达、可洞察、可服务,助力全域消费者运营。

8.1 消费者全触点覆盖

所谓全触点营销就是指为消费者运营提供更有时效、更为全面、更加精准、更具价值的社会化、商业化营销方案。

全触点覆盖发展到今天，其实已经在潜移默化地影响着我们的生活，同时又触手可及、贴近每个人的衣食住行。

伴随着城市的快速发展，类似于"商业街""步行街""购物中心"等原来几近成为城市名片的各大商圈都在去中心化，从单一大商圈逐渐演变成众多细分主题商圈，再进一步渗透以社区为主的邻里店等。天猫、京东、苏宁已然成为消费者心中的线上版购物中心。"商圈"从时间维度、地理纬度变得越来越碎片化。

面对小红书、抖音、拼多多的多维触点营销，我们能深刻感受到，互联网、数字化营销的浪潮对传统营销触点变革的天然冲击，正改变着众多传统企业的营销方式。

在今天的数字化营销场景中，去中心化的商圈，犹如 IT 系统去中心化的诉求一样强烈，甚至更有前瞻性和决断力。

例如，日化行业巨头、传统营销的标杆和领导者——宝洁，正在迫不及待、如火如荼地进行营销变革和转型。同时，有越来越多的企业将营销的重心覆盖到更多元的线上，实现对消费者的全触点覆盖。当下，这场"全天候""饱和式"的全触点营销战役已经打响。

这场数字化营销战役，正从过去比拼营销资金和人力的投入向比拼营销内容、营销创意、营销技术转变。这种转变正是依托数字中台在大数据、云计算、人工智能方面的能力，实现企业面向消费者、提升全触点营销能力的关键。

8.2 全域消费者运营

传统零售企业在市场端的营销手段,无外乎以下几种:

- 树品牌,打广告。央视轮播,户外轮播,公关活动接连不断,抢占焦点,博得消费者的认知。
- 开门店,开更多的门店,以加盟、联营等模式陆续开店,一年开上二三百家门店,两三年就能成气候,博得消费者的信赖。
- 打渠道牌,多级分销,小投入、大裂变,迅速站稳市场,博得消费者的黏性。
- 打技术牌,在细分领域占有产品力优势或特定客户群,博得消费者的排他性。

时至今日,这类营销方式的效果已大不如前。问题到底出在了哪里?在消费升级的今天,消费场景和渠道格局都发生了质的变化,消费者的意志不再以单一品牌、单一品类为转移。

今天的消费者,在"全天候"的互联网环境中,对信息的接触习惯、对品牌的认知和认可标准、购买和决策的路径都彻底变了。

来到一切业务数据化、一切数据业务化的今天,品牌企业已充分意识到"善假于物"的重要性和必要性,借助互联网全触点覆盖,将品牌渗透到全域消费者运营中,变得迫在眉睫。

面对全触点覆盖的千人千面的消费者,如何做有价值有情感的沟通,并不断进行数字化营销的迭代?这是数字中台需要面对的重要课题，将为企业带来可持续的增长。

为此，数字中台作为数字营销的有效手段，其赋能数字营销的使命转变为：让营销变得更简单，让业务增长成为自然。

这主要体现在以下几点。

第一，**数字中台支持全渠道运营中种类繁多的营销场景**。

数字中台可支持所有实际情况下的营销场景，比如消费者活动事件触发的实时在线营销、品牌方主动发起的消费者人群定向营销、消费者阶段性定时定向营销、消费者周期性定时定向营销、消费者特殊日期（如消费者关怀时间）触发的营销等。品牌运营人员可根据运营需求，选择合适的场景模板，快速开展全域消费者营销活动，通过营销引擎进行自动化执行，如图8-1所示。

第二，**数字中台拥有丰富的全域消费者运营组件**。

基于多业务场景的营销流程触发、面向消费者的执行动作、判断条件和流程控制等多个大类、多个组件的有效匹配，实现企业对行业内常见营销场景的全覆盖，无须再依赖烦琐的技术开发，从而提升全域运营效率。

第三，**数字中台可以像搭乐高玩具一样设计全域运营流程**。

只需将组件有机结合，就可以快速完成自动化营销流程设计。同时，营销人员可以手工添加组件、自行调整流程，从而快速完成自动化营销流程的搭建。

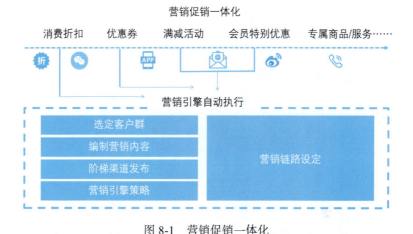

图 8-1 营销促销一体化

第四，**利用数字中台的全域营销实时监控，让数字化营销效果尽在掌握**。

数字中台强大的全域营销引擎，可以实时监控运行中的自动流程，实时分析营销活动的效果，并及时修改和调整流程策略。可以对每一个进入营销流程中的消费者进行详细的人群画像分析、漏斗分析以及明细下钻分析，通过数字中台更全面地评估自动流程执行的效果，详见图8-2。

第五，**数字中台的全域营销 A/B 测试，让数字化营销策略收效更佳**。

通过数字中台的全域营销 A/B 测试，让对照组的能力完美集成在营销自动化流程中。通过自定义消费者流量进行流程策略验证，得出效果和表现更好的营销策略，并面向全域消费者执行。

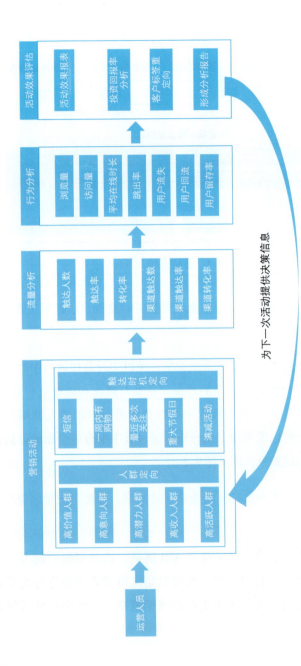

图 8-2 营销活动分析

8.3 全渠道交易

全渠道交易是指为满足用户即时性、碎片化的购物需求,企业需要构建线上线下融合的交易场景,高效响应用户需求,实现用户极致的购物体验。

8.3.1 渠道的发展变化

渠道从单渠道、多渠道发展到现在数字化营销的全渠道时代,涉及企业全渠道触点、营销、交易、服务等各环节,各渠道在发展过程中对企业运营也提出了不同的需求,如图 8-3 所示。

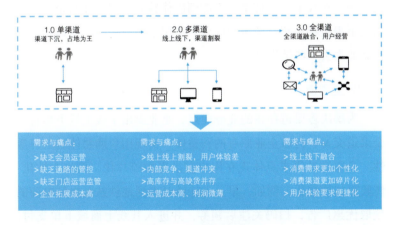

图 8-3 渠道发展历程

1. 单渠道

在没有电子商务的时代,企业只能通过传统的线下渠道来触达用户,通过多级经销到终端店或 KA(Key Account)卖场来实现产品的交易。在这个时代,渠道的特点是企业不知道用户是谁,企业品牌、营销、交易、售后服务割裂,企业无法知道品牌推广、市场营销的数据效果,导致企业拓展有一定的盲目性。

2. 多渠道

进入电子商务时代后,企业的销售通路有了更多选择,这个时代线上渠道有天猫、京东类的第三方2C交易平台,有1688、找钢网类的第三方2B交易平台,有企业自建的官方商城、小程序应用来触达用户,同时原有线下渠道同步进行。但这种多渠道并行模式存在的痛点是各渠道独立拓展、相互竞争,存在线上线下体验不一致的情况,比如用户在线上获得的积分不能在线下兑换,用户在线上下了订单,不能到店体验并自提。此时企业的线上线下渠道存在相互竞争的问题,不仅给用户带来不良体验,也让企业失去一些销售机会。

3. 全渠道

为解决多渠道存在的业务痛点,企业提出了线上线下融合的全渠道交易,打破企业原有的利益体,实现用户购物体验的一致性。全渠道的需求点体现在用户需求更加碎片化、更加个性化,体验更加便捷化。例如,早上坐地铁时看到地铁站某生鲜电商的领取优惠广告,扫码关注后领券,并进入其线上商城下单支付,1小时后就可收到货。这类场景在生活中很常见,用户在随时随地获取到商品优惠时,能有便捷的订单下达入口,即时完成购物,同时企业也能快速、高效地响应用户订单,并以极致的物流体验完成订单的整个交易闭环。

因此，企业开展全渠道业务，涉及思想、组织、政策、运营、绩效的方方面面，需要列入企业头号工程来实施。企业需要从上到下，转变思想和认识，深度结合行业特性，通过新技术和灵活的场景设置来构建符合企业自身特点的全渠道交易体系。

8.3.2　全渠道交易 2 大模式

全渠道交易分 2B 业务和 2C 业务两种模式，它们面向的用户群体不一样。

2B 业务是企业对企业的交易，带有很重的企业属性，具体体现在交易达成方式、交付方式、支付方式、平台监管方式、增值服务方式等方面的差异性（见图 8-4）。

交易达成方式	交付方式	支付方式	监管方式	增值服务方式
一般购买	现货/期货库存	全额付款	轻度监管	仓储服务
现货购买	一次/多次发货	多端付款	中度监管	运输服务
目录购买	查勘/安装服务	订金/到货/验收款	重度监管	清关服务
集采团购	质保/维保服务	维保款/质保金	违规管理	融资/垫资服务
……	……	……	……	……

图 8-4　2B 业务模式

2C 业务是企业面向个人用户的交易，个人用户在消费时往往更感性、更随机、更个性化，追求消费过程的体验感。

1. 2B 业务渠道

2B 业务渠道分为线下渠道和线上渠道，而线下渠道分为经销渠道、KA 渠道、企业大客户渠道，线上渠道分为 1688、零售通、新通路、找钢网、找煤网、找塑料网、企业自建的 B2B 在线订货渠道等。

2. 2C 业务渠道

2C 业务渠道分为线下渠道、电商渠道、创新渠道，如图 8-5 所示。

线下渠道按经营主体可分为直营门店、加盟门店，按门店位置可分为商场专柜、社区店、奥莱店、工厂折扣店、街边专卖店。

电商渠道按平台可分为天猫、淘宝、京东、苏宁、唯品会、亚马逊、拼多多、有赞、微盟，及自建官方商城微商城、小程序、App 等。

创新渠道分为社交电商和内容电商。社交电商如拼多多、抖音、今日头条、环球、微信、微博等，内容电商如小红书、礼物说等。

8.3.3 全渠道交易的多个场景

全渠道交易场景是满足用户即时性、随机性的消费体验。比如盒马鲜生会不定期推出优惠券活动，我们可以通过支付宝、App 等线上领取，再到门店消费或在 App 中下单配送到家；我们也可以到门店体验后，看到满意商品时在线扫码，由门店帮助配送到家；当天气炎热不想出门时，我们可以通过 App 下单，30 分钟内门店配送到家。

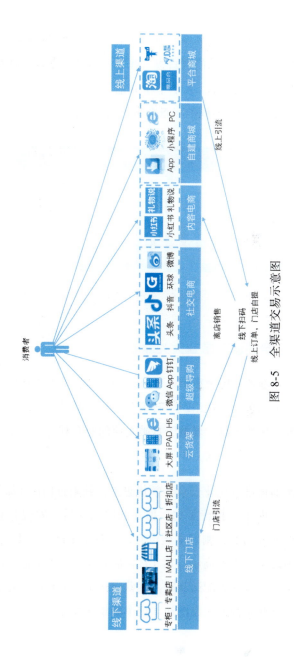

图 8-5 全渠道交易示意图

主要的全渠道交易场景有：线下购物、线上购物、线上订单门店配送、线上订单门店自提、线下扫码总仓发货、线下扫码门店发货、云货架下单、A 店下单 B 店发货、线上领券门店消费等（如图 8-6 所示）。不同的场景会带给用户不同的体验。

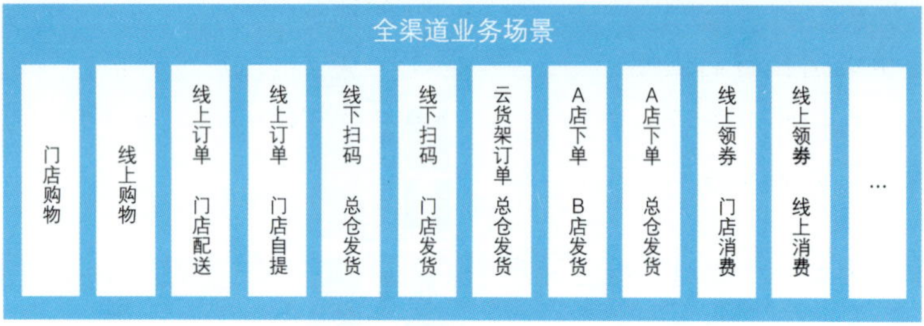

全渠道业务场景									
门店购物	线上购物	线上订单门店配送	线上订单门店自提	线下扫码总仓发货	线下扫码门店发货	云货架订单总仓发货	A 店下单 B 店发货	A 店下单总仓发货	线上领券门店消费	线上领券线上消费	…

图 8-6　全渠道交易场景

8.3.4　全渠道交易 5 大关键能力

企业准备开展全渠道业务时，需要具备全渠道运营和技术实现的能力，企业要从组织、政策、运营、绩效上，培养适合全渠道业务发展的土壤，要敢于打破企业的原有利益体，实现用户在各渠道体验一致，线上线下无缝融合。

比如你进入企业公众号领优惠券，到附近门店（加盟店）消费时，导购小王接待了你，你在几次试穿后，发现有看中的款式，但想要的颜色刚好本店没有，这时小王即时搜索全网库存，发现最近 1 公里的商场门店（直营店）有货，于是提示你可以扫码下单，由直营店配送到家。直营店接单后，导购小花在下班前打包，并联系快递完成配送。这个场景涉及加盟店、直营店、商场、导购小王和小花,其中加盟店导购小王引导你下单,直营店接单后,导购小花负责打包发货,因货款在线已支付,所以需要征得商场同意。

要实现以上业务场景,技术上需要实现线上的扫码落地页、加盟店、直营店都采用统一口径的商品信息。加盟店可以实时查看全渠道在各店内的库存,确保用户下单后,直营店有货可发。用户在扫码下单后,直营店能快速响应并履约,同时要能兼顾到各参与方的利益。

因此,**全渠道交易的 5 大关键能力体现为统一的商品信息能力、全域的消费者运营能力、高效的订单处理能力、全局可视的库存管理能力、统一结算管理能力**(如图 8-7 所示)。

图 8-7　全渠道交易关键能力框架图

1. 统一的商品信息能力

统一的商品信息能力是全渠道交易的基础,对于前端渠道,商品中心给用户、商家、运营、导购、客服提供商品展示、营销活动、订单支付等数据支撑;对于后端供应链,商品中心为仓储、采购、供应商、物流提供基础数据支撑(如图8-8所示)。

图8-8 统一商品主数据

现有企业很多都是全平台布局的,如天猫、京东、苏宁、唯品会、网易考拉等,而各平台商品数据的格式各有各的规则,基本每个平台的商品信息参数都多达几十个,再加上商品图片和详情页,如果企业商品SKU多,各平台又完全靠人工维护的话,工作量可想而知,且人工操作难免产生错误,一旦出错,将直接影响用户体验。因此若由统一的商品中心提供商品基础信息、图片、详情、内容,对接主流平台,实现商品内容的一键多平台发布,商品运营人员就可以实现在各平台进行内容审核及上架,即可完成繁重的重复性工作。

对于企业运营后端,在接收到从不同渠道过来的订单信息后,首先统一商品身份信息,通过订单中心一系列的订单策略、路由规则,派单给合适的仓或门店完成履约,同时把渠道订单数据对接到企业后台ERP,实现后续账务的处理。比如现有品牌企业往往会入驻天猫、京东、苏宁等线上平台，而在各平台中又有各自上架的商品 ID 及信息，在平台订单同步到企业订单中心时，往往要进行数据映射，转成企业统一的商品编码，这样订单中心才能进行后续作业的处理。

在之前的多渠道或跨渠道运营时，有些企业为避免打乱原有价格体系，会采取线上线下差异化的商品，如推出电商专供款；有些企业在运营线上线下的渠道时，有各自独立的运营团队、独立的库存、独立的考核体系，如将尾货、热卖款或主推款只放在线上销售，不影响线下商品布局。比如笔者曾调研过的某服饰品牌，其线上线下商品的上市波段不一样，新品上市时，往往直营门店先铺货，待门店销售一定时间后，线上才跟进上市，或者线下渠道卖不掉的商品彻底转为线上渠道销售。如用户在逛门店时看到喜欢的商品但没有即时购买，离店后想在天猫或企业商城上买却找不到，这种模式给用户带来的体验是割裂的，毫无疑问会让企业丧失很好的销售机会。

小结：统一的商品信息能力是全渠道交易的基础，商品中心为前端提供商品展示、营销活动、订单支付的数据支撑，也为后端的仓储、采购、供应商、物流提供基础数据支撑。

2. 全域的消费者运营能力

全域的消费者运营能力在 8.2 节已有描述，本节不另作补充。

3. 高效的订单处理能力

订单处理是全渠道交易过程中最重要的一环，是企业销售执行分拣、打包、发货业务的源头。如果是按单生产型的企业，前端订单还涉及企业计划、采购、生产等作业流程，本节仅介绍销售执行层的业务处理逻辑（如图8-9所示）。

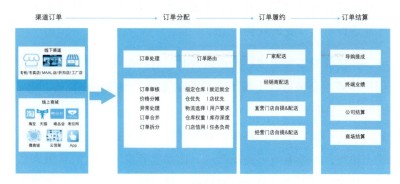

图8-9　全渠道订单处理

前端订单是指各渠道用户的订单，包括线上线下各渠道入口的订单。前端订单在同步到订单中心后，历经一系列的处理，并根据订单路由规则派单给合适的仓库完成订单的履约。在订单处理环节，要特别注意异常类订单，比如关键信息不全的订单、黑名单用户订单、有特别备注的订单等。在订单处理环节，对于有参与促销活动商品的订单，如需要按单品分摊费用，则要按一定规则进行活动费用分摊处理，比如企业有满减满赠的活动，则该活动期间每单优惠给用户的费用是需要分摊到订单中每件商品的。订单处理过程中还有些需要拆单或合单的情况等。

完成订单处理后，需要根据企业情况设置合适的路由策略，以实现全渠道订单统一运营，快速高效地响应前端。全渠道的订单路由模式分为派单、抢单两种模式。派单是系统根据规则设置,自动按订单路由规则分单到发货仓。规则主要根据用户体验、就近就全、物流、门店运营、仓库权重、店仓优先等维度来设置。

(1)用户体验

以用户为中心是现在各品牌商都在努力的方向,尽量站在用户角度考虑用户的体验感,如用户在购买产品后,希望得到的体验是物流要快、配送的包裹要完整、产品质量要好、服务要体贴。

物流要快,是希望能以最短的时间将产品送达用户,这时候系统在派单过程中需要充分考虑发货点与用户之间的距离,距离越近,用户收到产品的速度越快。同时结合产品的特性、用户权益、快递公司服务的差异性,选择合适的快递公司配送。

包裹要完整,是指用户有可能在同一平台下单时,购买多个产品或下了多个订单,如果分几个包裹发,用户体验会很差,此时可以结合产品特性,将同一用户的订单中能合并的包裹进行合并处理,提升用户体验。当然,若不能合并,比如有些生鲜农产品会因商品特性,则不能合并在一包裹中,否则容易引起不必要的损耗;又如鞋子,基本是以一双鞋子一个包裹配送给客户。

(2)就近就全

就近就全是根据企业仓库物理位置的设置,与用户收货地址进行匹配，优先从附近的仓库发货，这时候需要充分考虑各仓库的库存情况，用户订单的多 SKU 情况，甚至可结合门店历史交易情况，预判门店未来近期的销售情况，给出合理的发货点选择。如用户订单有 5 个 SKU，但就近门店或仓库缺其中某几个，这时候是从就近门店先发有的这几个产品包裹，还是另找能一次性满足用户订单的仓库，就需要设置一定的规则。

（3）物流

物流的配送模式很多种，如 30 分钟达、半日达、隔天达、冷链物流等。物流的选择需要结合商品特性、用户需求、O2O 模式等。比如生鲜品因容易腐败而对保鲜要求较高，这就对物流运输的时效性提出了严格要求，在运输、仓储过程要求全程冷链，这时物流方式只能选择冷链物流，或直接选择支持 30 分钟送达的门店。比如用户上午 11:00 回家，准备做个糖醋排骨的时候发现醋没了，但天气炎热，不想出门，于是用户选择配送到家，"饿了么"小伙 30 分钟内送到，完全不影响做菜。

（4）门店运营

门店运营是订单派单的一个很重要的参考。如果是以商场的门店作为配送点，因门店的收银是商场统收，则需要充分考虑商场的态度、商场的运营时间、门店的面积、门店的导购人数、门店的打包发货效率、门店的商品深度、门店等级等因素。笔者曾走访深圳老街某商场，该商场为杜绝门店线上运营，禁止门店开展电商业务，也不允许有商品的二维码，以防用户扫码下单、支付,造成商场漏单。不过大部分商场还是持开放态度,毕竟线上线下融合是未来趋势,与其禁止不如合作。门店的面积和导购人数也是影响全渠道运营的重要参考,如果遇到商场做活动,人流量大,而门店导购人数有限,这时候让导购空出时间来接单、打包、发货,则会影响门店正常运营,同时一堆包裹在门店堆着,也影响线下用户的购物体验。企业门店往往会分等级 A、B、C 来管理,A 类店在流量、装修、资源投入上会更有优势,C 类店相对差一些,如果企业需要重点扶持 B 类往 A 类方向靠,C 类往 B 类方向靠,则可以在订单派单时有所倾斜,并提供更多的资源投入,以提高门店的销售业绩。

(5)店仓优先

店仓优先是指订单派单是优先考虑门店还是仓库,有些商品从时效上考虑适合优先从门店配送,而企业为了自身利益可能会优先给直营店派单,其次才是加盟店,从而在门店选择上有所侧重。

抢单是前端订单进入订单池后,有发货能力的仓或门店自动在平台上抢单,完成订单的发货。类似滴滴打车,司机端接到打车信息,自动抢单。抢单的规则设置往往会按区域划分,至于仓库或门店库存数量则不加干预,由抢单发货点人为判断。本章不对抢单作详细描述。

小结:订单中心是全渠道交易过程中最重要的一环,为高效响应前端用户的订单,企业需要结合各渠道订单信息、企业库存状况,通过一系列订单策略来完成订单的高效处理,为订单的履

约、结算提供清晰、可执行的信息流。完整的订单处理过程为渠道→同步→处理→规则→派单→履约→结算。

4. 全局可视的库存能力

企业全局可视库存是全渠道交易的保障。在当前企业数字化营销趋势下，大部分企业在营销侧都在开展全渠道交易，而开展全渠道的基础是企业线上线下库存互通，构建企业全局可视的库存体系，实现库存高效、透明化运营管理，实现后端快速、高效响应前端订单（如图 8-10 所示）。

企业在之前多渠道运营模式下，往往在构建仓储时都会有总仓、区域仓、电商仓、门店仓之分。电商仓负责线上订单，区域仓负责区域门店的配补货，门店仓负责本店订单处理。电商仓、区域仓、门店仓是并行作业，互不相通。但企业往往会遇到一边在线上大促销期间爆仓，而一边门店大量库存积压的情况，由于各业务渠道的库存信息不通、订单信息不通，两者难以互相调拨，最后形成企业高积压、高缺货现场，给企业带来损失，也给用户带来不好的消费体验。

在数字化营销时代下，线下门店的库存作为全渠道交易的订单履约库存，实现了线上下单门店发货、线上下单门店自提、A 店下单 B 店发货等场景，同时通过线下扫码购、广告引流、离店营销等场景设置，为门店提供了更多的销售机会。这些场景运营的前提是企业线上线下库存互通，进而达到有效提升商品的售罄率，提升门店库存的周转率，在给用户带来良好消费体验的同时，也给企业带来业绩的提升。

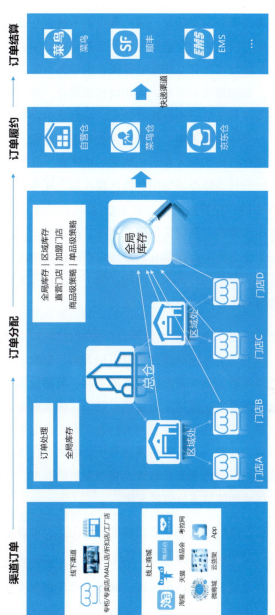

图 8-10 全局库存图

为应对渠道营销的多样化、用户需求的不确定性，减少超卖情况，企业库存管理可以分前端库存、后端库存，两者互相影响但又不等同。前后端库存互相影响体现在前端库存随着市场销售变化而变化，如前端用户下单，则扣减前端库存，经订单中心处理后，形成发货单交给后端仓库并锁库，待发货出仓后则扣减后端实体库存。而伴随着采购、生产、调拨及退货流程，形成后端库存的在途库存，待实际入仓后，增加后端库存，并同步影响前端可售库存。前后端库存不等同具体体现在前端库存是与企业运营的策略有关的，比如后端库存有 1000 件可以用于销售，但前端库存出于运营策略，在国庆期间策划每日秒杀活动，每天只提供 100 件用于平台抢购；比如在后端还没有库存的情况下，企业通过预售活动先收集用户需求，由用户先下单支付一定比例的货款，而预售活动库存可以设置为无限大。

前端库存根据销售的特性又可以设置可售库存、锁定库存、活动库存、预售库存。前端库存可以根据天猫、京东、微信小程序等渠道特点及各渠道在商品运营深度不同，灵活设置前端库存权重，如天猫流量大，而京东流量相对较小，那么就可以将同一款商品在天猫上的库存比例设置得大一些。有些行业平台相对其他通用平台更为专注，企业可将在这类平台的库存比例设置得大一些。企业可以根据自家商品特性及渠道发展的深度，灵活设置渠道库存，尽可能使渠道价值最大化。

可售库存是指可供前端正常销售的商品库存，可以根据各前端特点按比例分别设置各前端的可售库存。

锁定库存是指下单即占用库存，确保下单用户有库存可供配送，确保用户体验。

活动库存是指为策划某场活动，从可售库存中拿出一部分库存供活动使用，如每日秒杀活动，拿出 100 件商品进行在线抢，抢完即活动停止。

预售库存是指先下单后采购或生产，特别是生鲜类的季节性产品，商家往往会在产品上市前一个月策划提前下单活动，商家根据下单总量，再安排采购或生产。

后端库存根据产品的特性可以设置账面库存、可用库存、锁定库存、在途库存、不良品库存、货权归属。 后端库存包括企业的总仓、区域仓、门店仓、电商仓的库存，各仓库存需要实时更新全渠道的库存中心，企业运营能全局掌握各仓储库存的实际状况。

账面库存是指仓库实际存放的商品库存数据。

可用库存是指仓库中可供使用的库存，如有些商品是被订单占用，即将出库则不能计为可用库存。

在途库存是指已采购、已生产、已调拨的商品，这部分商品在运输途中，暂未入库。

锁定库存是指被订单占用的库存。

不良品库存是指有损耗或检验不合格的商品，这部分是不能被销售的部分。

当企业线上线下全渠道运营时，线下门店会随时销售，门店库存实时存在变动，而线上用户随机性消费，带来了库存运营的压力，特别是在门店库存深度有限的情况下，企业全局库存实时共享至关重要。例如服装类商品，门店面积有限，而商品 SKU

多，不可能有过多的库存，某些偏大或小号款式，往往只有两三件库存，可能在某天线下销售清空，也可能一两周无人问津。如果线上订单突然给到门店，将导致门店缺货压力。对于某些热销商品，门店库存紧俏，同时门店也有业绩压力，则可能不愿意共享库存。但某些商品在某区域或某门店滞销，而在其他区域门店销售正常的情况下，滞销门店会很希望能全局共享，以加速商品的周转。

所以门店库存首先需要实时更新库存中心，但是否全局共享给所有前端渠道，可以灵活设置，给参与门店自主选择的权利。如门店可按库存比例参与全局共享，可按商品权重参与全局共享，也可由企业总部按区域选择全部门店参与或部分门店参与。

小结：企业全局可视库存是全渠道交易的保障，库存结构逻辑分前端库存和后端库存，前后库存相互影响但不等同，前端库存侧重于运营层，会有不同库存运营策略，后端库存侧重于库存的管理。

5. 统一结算能力

企业开展全渠道业务，最大阻力来自原有利益体。传统品牌企业往往先有线下业务，后有电商业务，而且线下业务是企业经营的重心所在，其销售占比往往超过70%，原有利益体有大到经营主体不同，小到部门、区域、门店、导购的业绩提成不同，企业政策设置不当会阻碍全渠道业务的开展。比如线上订单门店发货场景，需要门店导购愿意分拣打包，也需要商场愿意配合，涉及线上线下业务单元的业绩核算、线下商场的扣点核算。比如A加盟店销售、B加盟店发货的场景，需要A店主动引导，B店积极履约，这就涉及A、B两店的业绩核算以及两店导购的提成核算。比如用户到门店体验，但没有在店交易，离店后导购针对用户积极营销,最终实现线上交易,由总仓履约发货,这时需要门店和总仓协同配合,涉及门店及导购的业绩核算。因此构建全渠道的结算中心是全渠道业务顺利开展的关键所在。

全渠道业务的结算需要灵活考虑不同经营主体、不同考核主体、不同个人的相互利益关系,制定好合理、可执行的经营政策。从结算对象上可分同一经营主体内的直营门店间内部结算、企业线上线下的结算、不同经营主体的往来结算、与商场的结算。

同一经营主体内直营门店结算和线上线下结算,涉及两门店、两导购、两部门的业绩划分、提成划分,企业设置好合理规则后,各参与方按规则执行,按规则核算清晰,确保各方有利可图。

不同经营主体的往来结算相对复杂,是实施难度最大的部分,企业在推进过程中,可以先直营后加盟。大多数品牌企业是以采销方式跟经销商合作,而经销商之间原本是没有业务往来的,现在如果全渠道开展,经销商也纳入的话,则需要多方议定好业务往来的规则。品牌企业制定好合理政策,技术上实现各参与方商品统一、订单统一、库存全局可视、结算清晰,让各参与方有利可图。

与商场结算是指如果线下门店开在商场,则由商场收银;如果企业采用线上订单门店发货的方式,则收银就是由企业线上商城完成,而货又从门店发放,这样商场就成了企业的仓库,打破了商场的经营规则。为了让商场能参与到企业的新零售场景中,需要与商场协商,给商场一定比例的扣点,这就涉及与商场的订单结算。

小结:企业开展全渠道交易,需要灵活考虑不同经营主体、不同考核主体、不同个人的相互利益关系,制定好合理、可执

行的经营政策，清晰各参与方的核算规则。结算模式可分为同一经营主体内的直营门店间内部结算、企业线上线下业务单元的结算、不同经营主体的往来结算、与商场或物流或仓储的结算。

全渠道交易只有通过企业数字中台来构建，才能打通企业从品牌、营销、交易、售后服务全过程，才能实现线上线下融合的全渠道交易场景。

8.4 全链路服务

在过去五年，消费成为中国经济增长的第一驱动力，传统消费提档升级、新兴消费快速兴起。巨大的消费经济背后，整个客户服务行业正面临着巨大的挑战，消费者对体验、效率的不懈追求倒逼着企业客户服务做出一轮又一轮的变革。企业客户服务正从依赖电话、IM 工具、邮箱、客服服务软件等工具的人工客服阶段，逐步迈向全链路、全场景的智能客服阶段。

所谓全链路服务，即在广度上覆盖客户与企业互动的整个用户生命周期，包含营销互动、售前咨询、售中体验、售后服务、持续经营等全服务场景；深度上包含但不限于客服电话、邮件、网页 IM、IM App、社交平台等全用户触点；形式上由人工为主的标准服务转向人机协同的智能服务体系。

8.4.1 企业客户服务的困境与痛点

1. 全域触点分散，统一服务难

消费互联网的发展，催生了海量互联网应用，同时也为企业连接消费者创造了大量的触点，是机会但同时也是巨大的挑战。客户触点从起初相对单一的 400 电话、电子邮件发展到现在的官网、微信公众号、微博、抖音、微信小程序、淘宝、京东、苏宁、1 号店、唯品会、拼多多等。如此多的客户触点如何应用统一的服务体系覆盖，如何保障及时有效的客户反馈成为企业客户服务面临的新难题。

2. 成本居高不下，客户满意度不佳

随着消费升级的推动进程，中国社会的消费观念已从看中商品实用价值转向看中服务质量。中国社会整体偏移动化，用户无时无刻不沉浸于移动终端，自然更倾向于用手机、平板电脑、可穿戴设备等随时随地联系客服，现在对客服的请求量相比以前呈指数级增加。

大部分企业目前仍然以人工客服为主，坐席的增加几乎与服务需求的增加成正比关系。在咨询的高峰期，尤其是每年的"双11""618"，企业往往需要招聘大量兼职去填补客服空缺，甚至是"全员上阵当客服"。而随着人口红利不再显著劳动力成本和工具成本倒挂，许多人已不再愿意从事这种简单枯燥的客服工作，导致成本虽然不断攀升，但整体服务效率却并没有得到改善，而多系统、多界面的查询和操作，高占比的重复工作令客服人员很难感受到工作的价值，从而容易缺乏成就感。

同时，大量的兼职人员并未接受过全面系统的客服培训，专业知识匮乏，对企业的认知和认同也不够深刻，很难达到专业客服的服务质量，解决客户问题的效率也偏低，客户满意度较差。

3. 知识沉淀难、分析难、决策难

人员的过高流动性使客服团队的建设成为企业面临的又一难题，高负荷的咨询应答工作和参差不齐的客服质量，导致整个客服系统的工作效率低下，前人的总结经验和专业知识缺乏共享沉淀，新人有心学习，资料输入又严重不足，且一些关键的数据统计如服务质检、绩效衡量等仍存在短板，这些都是当下影响客户服务质量提升的核心所在。企业需构建自有的专业知识类库，将过往经验、专业问题解答等沉淀到一个可自学习、不断完善的学习类库中，让知识在企业中生生不息地传承，让数据有源可溯、决策有据可依。

传统结构化的知识库维护难，维护成本高，知识体系繁杂。烟囱式客户服务系统间的信息也无法共享，难以做到全域客户服务数据融合，客户服务全局概貌难掌握，客户体验也难以统一。

接下来，我们将一一阐述中台是如何解决这些难题的。

8.4.2 全渠道全场景接入

全渠道（Omni-Channel）即企业为了满足消费者任何时候、任何地点、任意方式的购买需求，采取实体渠道、电子商务渠道和移动电子商务渠道整合的方式实现营销销售，为顾客提供无差别的购买体验。而在线客服的全渠道是指：企业为了满足消费者在任何场景咨询客服的需求时，为用户提供多沟通媒介、多途径的接入方式，包括 Web 网页、App、手机网页、微信、微博和类似邮件、呼叫中心等多种自定义渠道等（如图 8-11 所示），所有咨询入口都支持实时连接客服的功能。

第 8 章　中台助力的数字营销

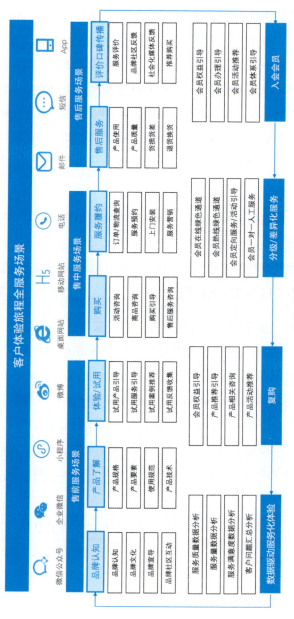

图 8-11　全渠道全场景接入

移动互联时代，绝大多数客户已经迁移至移动端，2018年天猫、淘宝"双11"全天销售额中移动端占比达83.5%，而前100亿元销售额中移动端占比更是高达93%。全渠道更多的是各类移动设备的接入。云徙基于中台的智能客服当前支持的接入方式包含：移动App内置客服、社交媒体客服、PC网页客服、H5客服、传统呼叫中心等，如图8-12所示。

在场景方面，支撑全旅程的客户服务场景。从最初的品牌认知到对产品的了解、体验与试用、购买、订单/服务的履约、售后服务、交易后的口碑传播，覆盖整个产品销售周期。在消费者运营层面，从会员的入会到后续的分级/差异化服务、复购的促进，再到整个数据驱动的客户体验优化，同样能够无缝支撑。

那何为全场景呢？除了涵盖企业各服务场景（如售前、现场、电销、企业服务、现场服务、售后服务、智能自动、客户关怀等），更需要满足用户任意场景的服务需求。企业客服群体的工作时间和地点相对固定，但企业面向的客户就不一定是固定的了。比如销售和商务人士，出差时间多、次数频繁，活动地点广泛，不确定性极高，可能在上班对在笔记本上浏览商城网站，下班后则在飞机或地铁上用手机微信公众号接入企业的客服系统，隔天去另一地出差，在高铁上用平板接着沟通，到达出差目的地则用酒店的电脑再次接入。这样他在不同时间、不同地点、使用不同设备、不同浏览器以及各种不同的渠道入口，都能很轻易地连接客服享受服务，不受时间、地域、渠道等因素的限制。

第 8 章 中台助力的数字营销

图 8-12 云徙全场景客服产品形态

此外，全渠道全场景的接入不单单是要能接入，更重要的是跨渠道、跨场景的消费者统一识别与服务。任何一个触点服务客户时，均能够了解到客户在与整个企业接触中的体验跟踪与记录，给消费者营造整体、连续的体验。

8.4.3 人机协同效率最大化

据《中国互联网络发展状况统计报告》[一]统计显示，截至2018年6月，我国网民规模为8.02亿，其中手机网民规模为7.88亿，再加上互联网触点丰富，过半的中国人只需要动动手指就能与企业产生互动，企业虽然也希望能与消费者更多地互动，更多地了解消费者，但这体量庞大的咨询与互动量无疑是个相当沉重的负担。仅淘宝单个平台，每天发生的咨询量就超过1亿次，"双11"等活动期间，咨询量更是会出现高达10~20倍的增长。

要应对如此大量的咨询，企业正经受着技术和人力两个层面的并发挑战。首先客服平台在技术层面要能够支撑住高并发的咨询请求，咨询回复对成交的影响至关重要，如果系统在稳定、健壮性上没有保障，则相当于切断了企业与消费者之间的桥梁，其损失无疑是巨大的。其次，消费者咨询后，能否有足够的客服人员及时响应并给予消费者满意的回答，同样至关重要，客服对消费者来说是一个窗口，也是一个企业形象的角色缩影，如果不能及时答复消费者，会有很大概率影响消费者的购买决策，甚至企业在消费者心中的形象也会受到影响。

一 网址：www.cac.gov.cn/wxb_pdf/CNNIC42.pdf。

1. 中台分布式架构支撑海量咨询分流

客户服务平台面对高并发时的首要难题，就是如何通过分流系统将大量的咨询分配给成百上千名客服人员处，因为每一个咨询都需要经过分流系统，所以分流系统的性能至关重要。以某宝电商平台为例，每天迎接的消费者数量达千万级，每天接收的咨询量可达上亿次，相应地，在商家端也会存在数百万次与消费者之间的互动。面对如此庞大的数据量冲击，客服平台工具的智能化和数据化是必然的发展方向，首先要解决的难题就是咨询请求到客服人员间的请求分配和分流系统框架的性能问题。

云徙智能客服平台，采用基于中台的分布式架构设计，分流任务可以按照咨询来源、客服人员分组、商品品类、消费者所在区域、咨询问题难度等一系列业务标识水平扩展，精准分流，快速高效地响应客户服务请求。云徙智能客服平台业务架构和分流系统设计如图 8-13 所示。

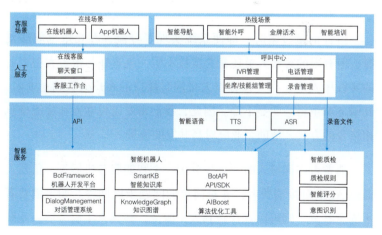

图 8-13　云徙智能客服平台业务架构

云徙智能客户服务平台服务于营销场景，帮助企业更快地与用户建立联系，收集流量，并将流量进行精准分流（如图8-14所示），提供专业的服务和更优质高效的客户体验，留住每一个流量，进而将流量转化为意向用户。

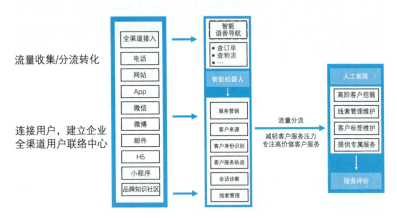

图 8-14　云徙智能客服流量收集分流示意图

2. 人机结合

当咨询量过多时，即便系统实现了分流，吞吐量也能够支撑，但有限的客服人员还是会应接不暇。笔者在与很多大型企业的实践中发现，当一位客服人员同时接待的客户人数超过 5 名，其服务质量将会明显下降。因此，我们需要以机器人和分流排队相结合的方式，帮助企业应对高并发的流量。

消费者咨询接入时，首先分配一个智能服务机器人，机器人通过 AI 来对接消费者，并对简单的问题予以回答。如果消费者不满意答复，则可以选择转到人工服务，转到人工服务后，系统根据分流和分组的逻辑将其纳入排队，再由调度系统进行消费者的出队和客服的分派，分派到对应客服后，系统自动创建一个会话由人工客服跟进后续的接待。

同时，为了便于客服主管对客服作业情况有清晰的了解，需要对整个链路设置完整的数据埋点，有多少人在被机器人服务、有多少人正在排队等待、有多少人在被人工客服接待、每一个人工接待的时长、平均响应速度等。客服主管可以非常直观地了解到整体的服务状态。

3. AI机器人的天花板

不难看出，人机结合的效率瓶颈最终还是会落到AI机器人的处理能力上，当前整个业界中文语义识别的准确率相对来说都还是比较低的，单个指令的识别已经基本可用，但面对客服领域复杂的业务咨询，AI机器人发挥的作用则很有限。往往在两三个问题之后消费者就要求转向人工客服。为了让AI机器人能够支撑得更久，机器学习必不可少，但机器学习需要大量的数据训练。如果企业没有足够的数据积累，AI机器人的冷启动之路将会相当漫长。

4. 人机融合

人机融合是解决AI机器人冷启动的绝佳解决方案，这里我们引入了一个"应答满意度"的指标，每一个咨询应答都对应一个应答满意度，当消费者因该回答选择转人工客服时，该应答的满意度则会下降。

此外，当消费者转接至人工客服时，AI机器人并没有停止工作，依然会对消费者的提问进行互动反馈，应答满意度达到

95% 以上的将自动回复，应答满意度 70% 以上的由人工客服判断是否合理后再发送。同时，人工客服回复的内容将直接作为训练数据"投喂"给 AI 机器人。

在人工客服坐席相对空闲的状态下，客服人员可以选择性地干预 AI 机器人的智能应答。当客服人员发现某一句应答不恰当时可以取消该应答并进行人工回复。人工回复的内容同样作为训练数据"投喂"给 AI 机器人。这种模式的好处在于，依然是 AI 机器人在服务消费者，当客服人员有更高优先级的任务时可以直接退出。

云徙智能客户服务平台对话工厂采用可视化多轮会话设计，运用业务系统动态知识配置函数，可对相似问法、意图进行识别，并能进行会话流设计、会话管理、业务系统对接等。知识库预置 36 个行业初始化知识包，支持知识智能发掘，基于本体知识库 + 机器人文章阅读 +AI 算法，让知识库的知识形成回流，回流的知识作为数据原料训练机器人，让机器人越来越聪明、灵活、智能，业务处理能力越来越强。

人机融合的方式在冷启动时虽然不能立竿见影地减少客服人力的投入，但是已经能最大限度地提高客户服务效率与质量，是大多数企业初上智能客服平台的最佳之选。

8.4.4 全局数据打通

基于中台的智能客服平台，继承了中台数据共享的优势，可助力企业将流量、营销、用户、交易、商品、渠道、物流、评价等主题域的数据进行全局打通。以某游戏手柄智能客服平台为例

(见图 8-15),借助标签平台和 AI 智能服务组件 ID-Mapping 技术,识别用户多平台、多终端、多账号、登录与否等情况,将用户的账号、设备等信息通过 One-ID 关联以确定是否是同一个用户,从而打通了客户全局数据,使用户画像、精准营销、客户服务等分析更加准确。

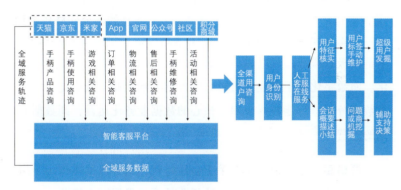

图 8-15　云徙某客户游戏手柄案例

以电商平台为例,当一个消费者咨询接入时,客服人员能迅速了解到消费者的基本信息、历史订单数据、商品浏览数据、历史咨询记录数据、其他平台互动数据甚至是诸如交流习惯、服务偏好的标签数据等。客服人员能够从容有备的进行高效互动。假设某位消费者并不喜欢甚至是反感"亲~"这类称呼,如果有类似的标签提醒,则能够很好地避免"一视同仁"的行话所带来的沟通障碍。在提升服务满意度的同时,也提升了服务效率。

除了赋能客服人员,数据打通带来的更大价值是让企业能够敏锐地获得消费者对企业、品牌、产品、服务的反馈,以便及时了解市场反馈。商场如战场,客户服务是企业与消费者零距离接触的阵地，市场瞬息万变，企业必须具备极强的应变能力，这样才能及时做出正确的决策，而决策的基础正在于能否获取大量准确的信息。

8.5 数据驱动的运营

当企业完成了全域消费者的全触点覆盖、全渠道无缝交易、全链路极致服务，可以说是完成了数字化的第一步——业务数据化。而数字化对于企业发展更大的推动力则在业务数据化后，以大数据分析、智能数据应用为核心的数据业务化运营，即数据驱动的运营。

严格意义上来说，早在手工会计时代，财务数据就被用于指导企业经营决策了。但之后会计行业从手工发展到电算化，再从电算化发展到信息化，如此漫长的时间里，大量企业数据驱动运营的水平一直停留在"运营决策酌情参考数据"的层次，只是数据的展现形式从 Excel 升级到在线报表，再到直观且酷炫的数据大屏。甚至有不少企业因为业务报表在数据全面性、准确性、实时性上的局限，很多决策尤其是业务前线的决策，更多的还是依赖经验与"拍脑袋"。

直到消费互联网的兴起，众多互联网公司依托其强大的技术基础与其业务天生在线的优势，将数据驱动运营演绎得淋漓尽致。继而出现了很多以"增长黑客"为代表、以数据驱动运营为核心的运营实践及运营方法论。

而现在，伴随着新一轮产业互联网的兴起，互联网公司成熟的数据运营思路及玩法将陆续在传统企业中落地，在这一轮数据应用的红利期，谁能找到更多的应用场景、最大化发挥企业数据资产的价值，谁就将为企业带来巨大的竞争优势。

8.5.1 企业全员都需要数据思维

过去，企业能够获取的数据类型和数据量都相对有限，企业不得不依赖经验作决策，伴随着企业一路走来的业务人员也被动养成了经验决策的习惯。但数字化前所未有地降低了企业获得业务数据的难度，而企业要实现数据驱动的运营，首先需要全员抛开既往的经验思维，要具备数据思维与数据意识。单纯的数据展现很难发挥数据的价值，数据必须与业务场景结合，而最熟悉企业业务场景的不是IT部门或企业领导，而是每一个真正接触业务的业务人员。

理论上每一个决策都可以有数据支撑，但"用什么样的数据，从何处采集，建立什么样的模型做分析，如何应用"这一系列的问题需要业务人员与技术人员通力配合、碰撞、共创，才能以最快的速度找到执行路径，继而迭代优化，最终找到真正的"数赢点"。

业务人员利用好数据的同时，也大大减少了自身"机械式"决策的作业占比，越来越多的作业环节可以交由系统根据数据自行决策。节省下来的时间可以更多地思考业务如何创新以带来更大的商业价值。

8.5.2 数据驱动运营的两个阶段

1. 数据驱动业务决策

不论是数据辅助业务人员决策还是系统根据数据自动决策，其前提都是决策点已经明确。数据所起的作用是让决策有据可依，而不是完全依赖经验或者直觉，进而达到相对"准确"，这是一个从 70 分到 85 分（甚至更高）的过程。

举个就近配送的例子。某品牌连锁店收到一笔线上订单，需要距离订单收货地址最近的门店进行配送。在实现这个场景时，"就近"本身已经是一次对"门店到收货地址的距离"数据的应用。系统实现这个逻辑之后，分配门店这项决策已经可以打 85 分，如何达到 95 分呢？其实"就近配送"的初衷其实是"尽快配送"，假设有 A、B 两个门店，A 店确实比 B 店的距离更近，但当 A 店被分配的订单足够多，已经超出 A 店配送员所能承受的上限，导致后分配的订单需要排队等待；而 B 店因为距离原因，被分配到的订单较少，配送员能够更快地配送 A 店排队中的订单。则此时应考虑并比较的是 A、B 两店的即时配送时长，并应用"尽快配送"的规则，最终达到消费者的最佳体验。

由此可见，即便是在数据驱动业务决策阶段，即便只是一个相对简单的应用场景，其数据价值的空间都是值得探索和深挖的。

2. 数据驱动运营创新

数据驱动业务决策所带来的价值已经相当可观，但是天花板基本可预见。如何让业务获得更宽广的增长空间，这需要企业运用数据思维对现有业务做一次彻底的重新审视。企业需要找出其业务运转中的关键节点数据指标，理清节点指标间的相互关系，然后根据各项指标对于企业增长的影响力进行优化效益排序，再按照优化效益由高到低寻找能够对相应数据指标产生积极影响的手段或策略做执行，从而实现企业业务的快速增长。

这套理论实践最典型的便是互联网产品领域的"增长黑客"，其核心的用户增长模型"AARRR"中，"获取（Acquisition）""激活（Activation）""留存（Retention）""变现（Revenue）""传播（Referral）"分别为 5 个关键节点数据指标，对每个指标的分析解读如下所述。

首先，任何产品都需要用户，所以，首要目的无疑是获取用户，手段有很多，诸如搜索引擎优化、贴片广告、线下二维码互动、应用市场、内容传播等，总之，用户多多益善。

其次，用户好不容易吸引过来了，如果只是看了一眼便走了那毫无意义，所以需要引导用户使用和体验我们的产品，这便完成了用户的激活。

再次，光激活还不够，我们更期望用户能够长期使用我们的产品，所以就需要想方设法提升用户的黏性。只有用户认可了产品的价值，并且持续促使有需求的用户使用我们的产品，用户才会被最终留存下来。

然后，用户有了，也留存下来了，是时候挖掘用户价值了。否则，这就是一个慈善事业了。还是要寻找变现路径，否则，用户数量只会成为企业负担而不会创造价值。变现的路径如提供专业、高级的付费服务，或通过广告盈利等。最终，虽然并不是每个用户都有直接付费的意愿，但依然有一点很重要的价值可以挖掘，那就是用户口碑传播，因为传播会带来更多新用户。所以，如果能让现有用户进行传播，其行为对增长也是相当有帮助的。

有了这样一套理论，当我们做一款大众互联网产品时，除了产品本身核心功能的设计之外，我们还需要考虑更多运营的功能，阿里的"双11"就是一个典型例子。不论是淘宝还是天猫，交易都是它们的核心功能。为了刺激消费者更多地到平台上进行消费，阿里则创造了一个节日出来，并且每年一次，持续至今。而阿里获得的是淘宝用户不断增加，交易额也不断创出新高，继而导致平台收入不断增长。

企业业务其实也是一样的逻辑，同样用品牌连锁门店举例。门店的收入主要受店铺人流量、交易转化率、交易客单价这3项指标影响。如果进一步分析，可能相当多的门店会是以熟客为主，那么熟客的复购率也会成为一项关键指标。再细分析，熟客因为其品牌认同，他们的口碑传播会有比较可观的带新客能力，所以熟客的传播也会是比较重要的指标。最后，既然熟客对增长的影响相当关键，那么，新客到熟客的转化率也很值得研究和提高。找到了这些数据指标，那么接下来就是寻找能够显著提升各项指标的数字化手段了。

8.5.3 流程驱动和数据驱动并无冲突

说了这么多数据驱动运营，看起来很高端，那流程驱动是否就是低端或者过时了呢？并不是，不论是哪一种驱动，其实都是特定业务时期的必然选择，有两层因素：过去数据驱动没能广泛应用的最大原因在于时机还不成熟，首先绝大多数业务为线下运作，缺少准确、高效的数据采集；其次，宏观上国内经济的发展经历了一个从弱到强的高速发展，微观上很多企业也才逐渐甚至还没完全走完工业化和信息化。流程驱动的确在很长一段时间里是适用的。

即便到了数字化如此繁荣的今天，如果新起了一个创新业务，其初期可能还是流程驱动验证模式为主，只有当业务逐步走上正轨趋于稳定后，才是数据驱动大显身手的最佳时期。

数据驱动运营是一条漫长的路，千里之行，始于足下。如果你的企业还没把数据驱动运营放在一个重要位置，那就赶快行动吧。

8.6 营销的核心是运营用户数字资产

免费可再分配的用户资产是企业最大的资产。传统企业应利用数字中台和采取行之有效的会员运营方法进行泛会员运营，盘活用户数字资产，实现用户资产增值。

8.6.1 用户数字资产支撑企业创新

拥有自主、免费、可再分配的用户流量（私域流量），是企业快速创新、试错和可持续运营的基本前提。私域流量可以很好地帮助企业将用户数据沉淀为资产，特点如下所示。

- **活跃**。用户在一定周期内是活跃的、与企业有互动的,没有互动的用户无法形成流量。
- **持久**。用户和企业在一定周期内持续交互,企业才能对其更精准地画像,进一步精准运营。
- **可免费再分配**。企业可以免费将用户导流到想要的地方,比如从线上商城导到线下门店。

企业必须拥有大量的用户资产(私域流量),才能进行快速试错。腾讯公司开发《王者荣耀》游戏时,第一次就导入了200万用户(当时的流量价值相当于1亿元人民币)试错。而同期同步开发的游戏接近50款,如果导入用户多次试错都用外部流量,试错成本将高达20~50亿元,而腾讯使用自己的流量可以多次试错,这也是没有大量自有流量的游戏公司望尘莫及的。

多玩集团打造虎牙直播时,集全集团的力量,把之前的YY音乐、多玩游戏等的用户导流给虎牙,短短4个月就获得1000万的在线用户,很快成为行业前三,目前成了游戏直播第一品牌;而熊猫直播因为没有自己的私域流量,花了近20亿元进行导流,仍然没有太多起色,最终于2019年3月宣布关闭服务器。

拼多多的快速崛起,其早期用户来源于微信,这和拼多多的战略投资方腾讯拥有庞大的自有流量密切相关。

企业的创新,实质上是"创新+用户"。每一个创新都需要最终用户参与测试与试验。而创新的成功率非常低,50个创新点子,很可能会仅成功1个。所以企业如果没有自己的自有用户流量,会导致试错成本太高,限制企业的发展。

私域流量支撑企业快速创新和试错，一旦探索成功，就能进行快速扩张，这是私域流量带来的绝对优势。

8.6.2 传统企业用户资产无法有效利用

传统企业的用户资产无法利用，主要原因有以下 3 点。

1. 没有有效的会员管理体系，有力使不出

很多传统企业有大量用户，但都分散在不同系统中。由于不同系统建设目的不同，且是不同时期建设，各系统间数据独立维护，数据间既没有相关性，也没有延续性，很多系统里的数据陈旧。企业都无法清晰地知道哪个系统里的用户数据是完整、真实、有效的。甚至还有不少企业通过经销商体系或者用户卡来收集最终用户信息，这些信息大多是纸质的，上面只记录了一个电话号码，可能还是错的。这些用户信息完全无法提供洞察，使用起来相当困难。

2. 没有自己的会员运营体系，无法形成有效数据资产

很多企业没有建立自己的会员运营系统和体系，仅靠在第三方电商平台上购买流量进行商品销售。订单成交后，用户回不来，无法形成有效的数据资产。这样的结果就是永远都是单次交易，每次都要重新付费买流量才能进行品牌曝光并推出产品。很多大企业每年在第三方平台上花的流量费用达到几千万甚至上亿。而这个流量费用每次都得花，这次花大笔费用，带来大量流量，但下次竞争对手同样处理，便会导致流量被导到竞争对手那里去了。

3. 会员特征无法洞察，无法精准运营

企业做营销、抢用户，其实就是抢用户的注意力。每个人每天在手机端花费的 3 小时里，每天平均拿起手机的次数是 100 次以上，也就意味着每次用户的注意力被切割成了 1/100，每次平均不到 2 分钟，用户注意力时间是完全碎片化的。企业如果不能对用户精准画像、有效洞察消费者，就不可能有效抓住用户注意力。泛泛地去做营销效果会非常差，长久以后就会失去所有用户。

这三点都指向一个根本性的原因：传统企业的用户资产没有数字化。企业只有通过搭建自己的数字平台，全面管理会员数据，并通过有效的运营手段盘活会员形成数字资产，才能最终实现用户资产增值。

8.6.3 会员运营 9 步法，助力企业用户资产增值

企业要实现长期用户经营，需要了解用户的特性和画像，制订用户的忠诚度计划、积分和权益体系，设计用户和产品的全生命周期运营方案，策划具体的活动内容和营销策略，实现用户精准触达、精准运营。

云徙科技会员运营 9 步法，围绕消费者开展可持续经营战略，帮助企业实现泛会员运营，实现用户数据资产化，如图 8-16 所示。

1. 建池子

过去有交易才是会员，现在接触即会员。建立企业自己的用户流量池，实现会员管理、潜客管理，池子大小决定了企业数据价值。随着营销的不断个性化、精准化，越来越多的企业发现建

立自己用户池有以下重要性。

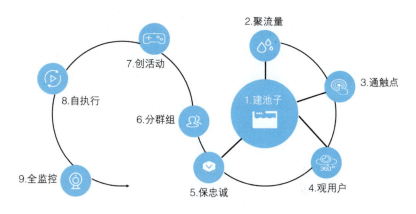

图 8-16　会员运营 9 步法

第一，很多电商企业没有自己的用户池，用户流量都建立在天猫、京东、美团等第三方平台上。每做一次营销活动都需要从第三方平台购买流量，随着第三方流量价格越来越高，营销成本也成倍增长。

第二，由于用户都积累在第三方平台，平台出于对用户数据隐私保护，企业想要获取用户特征、需求、喜好等数据也越来越困难，结果变成了虽然企业天天都在服务用户，却很不了解用户。

第三，平台提供的用户数据一般较抽象，很难提供基于行业的个性化数据，企业也就无法对不同用户提出个性化服务。企业建立自己的用户池之后，可以对用户池中的用户做精准分析、精准营销、精准服务。建立用户池，是企业精细化运营的前提。

2. 聚流量

用户池建立之后，就需要向用户池中"蓄水"，采用多渠道蓄水方式将不同来源的水引入流量池，实现快速多渠道汇聚流量。针对企业运营来说，就是把线上线下不同渠道所有用户数据导入流量池进行统一管理。无论是天猫、京东、美团、饿了么等第三方渠道订单会员，还是企业自有App、小程序、门店POS的所有流量，以及下辖经销商的流量数据，甚至异业联盟的会员数据，都导入到企业的流量池里来，形成企业的用户数据池。企业流量池类似企业所拥有的矿产资源，挖掘渠道越多、越深入，企业矿产就会越丰富，产生价值也会越大。

3. 观用户

用户进入流量池以后，如果直接进行营销或服务，则是传统的粗放式运营，带来的直接后果就是服务不精准。我们需要大量地持续训练和跟踪，对用户行为进行深度洞察，给用户打上不同的标签，形成用户画像，构建会员全景视图，让企业了解自己的用户，以便采取对应的策略运营用户。

比如说，通过对用户流量池中用户行为的跟踪，我们发现某类用户长期购买纸尿裤、奶粉等用品，我们就可以判断是他们是"有孩子"的用户，根据奶粉的不同阶段判断孩子年龄大小，根据奶粉价格判断消费能力，最终形成一个类似"有3～5个月大的孩子、有高消费能力的妈妈"这样的用户画像。

对用户跟踪时间越长，对用户洞察越细致，形成用户画像越精准。但需要提醒的是，对用户洞察，是为了了解用户的真实需求，以便于更好地服务用户，俘获用户的"芳心"，这一切要以不窃取用户的隐私为前提。

4. 保忠诚

进入流量池的用户如果长期沉寂，必然忠诚度不高。我们要与用户建立长期的互动关系，保持用户活跃的同时，还要使其在我们的平台上不断成长，伴随平台成长的用户才有长期的依赖关系，我们称其为用户忠诚度管理。那么如何保持用户的忠诚度呢？

我们可以在充分了解自己的用户特性后，通过建立用户忠诚度体系，如会员等级、积分、权益等方式来保证用户流量的持久性，最终满足客户需求和期望，建立客户信任，形成用户黏性，提高用户忠诚度。

如果把客户忠诚度比喻成客户对企业的产品或服务的依恋或爱慕的感情，那会员等级、积分、权益就是维护感情的手段，能够最终帮助企业与客户之间产生"爱"的火花——消费行为。

5. 通触点

通触点是指疏通企业与用户接触点的渠道。企业打通与用户连接的渠道后，对进入用户池中的用户培养、建立忠诚度的同时，还需要对渠道进行实时监控和维护，这和我们水渠的监控、保养和维护道理是相通的。只有保持水渠长期畅通，才能保证干净的水稳定流入到池子中。同时，需要监控水渠中水的质量（这里指用户质量）有没有下降、有没有被污染（比如被用户给差评）。

如果渠道流量变小、质量下降，则需要寻找流量变小和质量下降的源头进行修正。如果有些渠道用户已经枯竭，就需要开拓其他更好的渠道。如果某渠道用户质量越来越差，则需要分析原因，进行针对性改正。例如广告是很多企业建立用户连接的渠道，那每一条广告就是用户的一个触点，我们要对每一个触点进行实时监控，如果发现该触点带来的流量越来越低，就要考虑更换其他广告位置（疏通渠道）或其他供应商的广告（更换渠道）。

用户资产最重要的是企业对流量的跨渠道再分配权，企业必须建立起与用户间的沟通渠道，监控所有与用户有触点的渠道。对这些渠道要有基本的监控和管理，把渠道打通，企业才有流量再分配的基本前提。

6. 分群组

会员运营的第三步中，我们提出需要对进入流量池中的用户进行用户跟踪和用户洞察，之后进行用户画像，描述出用户基本特征。对拥有相同特征的用户，可以进行分组。分组的目的主要是细分会员，有些企业会员成百上千万，每个会员的需求/特点各不相同，通过将不同特点的用户进行分组，实现千人千面的营销触达。也可通过 RFM 模型将用户根据各种特性进行自动分组，结合标签体系（自动机器学习标签和手动标签相结合），根据需要自动化实现人群圈选。

7. 创活动

对用户触点管理最好的方法就是活动，活动有很强的用户参与感。载体也非常丰富，活动可以承载商品、内容、服务，还可以承载品牌特性等。针对不同组群的用户创建针对性的营销活动，通过营销引擎、链路和营销主题的设定，活动模板的选取等，快捷地创建营销活动。

配合消费者的消费热情，企业营销活动方式越来越多，流程也越来越复杂：从一年几次的活动到每月一次甚至几次活动，从单一店内营销到跨店铺营销，从线上营销到线上线下联动，从总部营销到结合经销商联合营销。活动越来越讲究时效性、游戏化、可体验、高颜值、个性化，同时要产生情感共鸣。这就要求企业拥有专业运营团队和运营能力的同时，选择合适的营销工具来节省运营时间，提高效率。

8. 自执行

千人千面的营销，甚至一人一面的营销，每个小组活动甚至活动内的每个策略都不一样。其中，千人千面的营销中，多人组成一个群体，例如都是20岁的女生。一人一面的营销中，完全精准到个人，维度更多。自执行是指营销活动基于大数据，用于执行、管理和自动完成营销任务和流程，实现营销自动化，改变人工重复机械性的操作市场营销流程，赋予市场营销人员更强的工作能力，使其能够直接对市场营销活动的有效性加以计划、执行、监视和分析。通过自动化执行营销策略，提升活动投放的效率。

目前在广告营销领域，已经实现大部分流程自动化，而在活动营销领域，国内只有云徙等少数企业可以实现营销活动自动化。营销自动化平台选择也很关键，主要考虑成本、功能覆盖、售后服务和技术支持、学习难度、数据迁移复杂度等因素。

9. 全监控

所有策划和投放的活动，全链路、分时段监控，了解营销活动整个链路的执行情况，实时分析用户和营销活动的效果，动态反馈出哪些渠道该关、哪些渠道要加大投入，哪些内容好，哪些内容不太好，从而及时调整活动策略，保证活动效果。

一次成功的营销活动，不仅要看它带来的成交转化，还要将有效渠道挖掘、用户需求活动、营销创意反馈、用户体验以及效果监测这 5 方面同时提炼出来，这样才是一次完美的营销活动，这些都需要活动全流程监控。对于营销活动的监控也有很多数据方案，选择一套对活动效果行之有效的活动监测方案，可以对活动实施实时监控、调整优化以及对目标达成情况的掌握，同时可以深入总结活动经验、了解有效的营销渠道、分析目标群体的潜在需求，为下次活动发掘机会。

通过以上 9 步法，搭建会员运营体系，形成全域用户流量池，通过活动运营及监控分析，形成会员的全渠道触达。通过会员聚合、用户裂变来增加用户数量。通过精准营销、优选内容来提高用户复购率，增加用户年均利润。通过会员权益、会员积分等运营来降低用户流失率。将会员档案—会员圈选—营销数据形成循环，相互优化，实现"数据+业务"双驱动，帮助企业实现泛会员运营。实现用户数据资产化，将消费者价值最大化，最终实现企业用户资产的增值。

8.7 平台＋运营，支撑企业营销变革

战争的两大核心要素是"武器和战略"，敌我双方要想在战争中获胜，需要有"精良的武器装备"和"科学的作战策略"。企业的数字化转型和营销变革是一场无硝烟的战争，企业要想在

这场战争中获胜，需要具备两大核心能力——"先进的平台级架构"和"基于企业级架构多元化运营策略"，即企业的平台能力和运营能力。

- **平台能力**。企业在数字化转型过程中，需要有一个基于自身业务发展需要的数字化平台，在品牌、市场、渠道、交易、服务全过程中实现对消费者的精准触达和连接。平台能力是企业数字化转型和营销变革的基石，一个拥有"超级航空母舰"的企业作战能力远远强于"步枪级别"的企业。
- **运营能力**。企业有了先进的尖锐武器——"数字化平台"，还需要有很强的作战运营能力，这样才能够适应灵活多变的市场。需要有根据市场和消费者的最新反馈调整经营策略，进行精细化运营的能力。运营能力是企业营销变革的助推器。

8.7.1 平台能力是企业营销变革的基石

企业所拥有的平台能力是企业的"核心武器"。企业实现精准营销，需要有强有力的系列化武器装备。要实现精准打击，除了重型机械以外，还需要有轻量化的尖锐武器，而基于中台技术的平台就具备这样的能力。"中台+微服务"架构，不仅有先进的重型武器"中台"作为主力炮火群，配以一个个定制化尖锐武器"微服务"，针对不同的地形、环境发挥不同的作用。随着大数据、云计算、人工智能等技术的不断深入，企业平台能力越来越强，传统企业通过技术化手段，发展成为科技公司，通过科技力量赋能业务创新，形成传统企业的快速转型升级。优衣库是在这波转型浪潮中较为成功的企业。

在优衣库创始人柳井正眼里，优衣库不是一个时尚公司，而是一个科技公司。

优衣库在中国有超过670家门店，全球销售服装超过10亿件。它不但以高性价比的方式赢得了中国消费者的喜爱，更是不断地进行产品技术创新和消费者体验的创新。

摇粒绒的面料、发热内衣、超薄羽绒服的推出，很快受到消费者的追捧，销售量都突破1亿件，正是产品技术的不断创新，让优衣库在服装行业内持续处在创新的领先地位。

2017年优衣库启动"有明计划"，从设计、生产、制造、销售到员工全面向数字化转型。在营销层面早在2014年优衣库开始通过微信、微博上开始自媒体运营，通过社交平台开展各种营销活动，通过KOL运营、粉丝自传播等方式，目前优衣库数字平台积累的粉丝数量超过1亿人。

优衣库更是充分利用门店体验创新来增强消费者互动体验。掌上旗舰店的开通，具备了"社交+电商"属性，"线上下单，全国任意门店取货"的线上线下融合模式，虚拟穿衣系统数字体验馆的打造，极大提升了消费者的购物体验。

8.7.2　运营能力是企业营销变革的助推器

企业有了先进技术架构的平台作为核心武器，还需要配以操作武器的运营能力。企业运营能力包括产品运营能力、市场运营能力、用户运营能力、活动运营能力和数据运营能力。

企业运营能力对企业营销的重要作用主要表现在以下几个方面。

- 通过用户运营可以定位到企业的精准客户，建立客户与公司之间的情感关系纽带，便于在企业营销时更好地理解市场和用户，可以为企业提供精准营销服务。
- 通过在内容运营中宣传企业产品卖点、展示企业品牌形象、提供企业的前沿资讯，可以为企业营销传递品牌价值。
- 通过对活动运营中的实时数据进行监控、预警、分析，可以为企业营销提供战略支撑。

所以，运营对于企业数字化营销而言，是企业营销改革的助推器，能全面助推品牌重塑形象，掌握多场景、多渠道营销能力，从而实现产品销量持续增长。

企业在数字化转型过程中，一支优秀的运营团队需要懂行业、懂销售、懂内容、懂用户、懂策略、懂业务，只有有了全局思维，才能结合产品的特色和优势，针对性地制定有效的营销策略。而一些国外先进企业，虽然有先进技术，但进入中国市场后，由于缺乏具备本土化运营能力的团队，很难像在国外市场中一样继续创造辉煌。这里以亚马逊中国为例。

亚马逊从 2004 年收购卓越网进入中国后，2008 年巅峰时期在中国电商市场份额高达 15.4%。而后随着国内电商的迅猛发展，国内消费者的网购习惯逐渐成型的同时，亚马逊的市场份额却急剧下降，到 2018 年上半年，亚马逊在国内电商市场的份额仅为 0.64%（同期天猫占比 55%，京东占比 25.2%）。

作为国际零售巨头的亚马逊，其数据中台和技术中台不可谓不先进，其大数据算法和物流仓储曾一度领先中国企业5年以上。那么亚马逊为什么会在中国电商市场遭受滑铁卢呢？笔者认为有以下3个原因。

第一，亚马逊到了中国后，没有本土化，无论是网站界面还是付款方式，都不太符合中国人的购物习惯，网站本身的购物体验没有得到大多数中国买家的认可。

第二，缺乏对中国消费者的心理把控，中国人追求物美价廉，物超所值。各种活动会影响消费者的购买心理。在国内电商通过打造购物节，各种促销、秒杀，掀起了全民网购的狂潮时，亚马逊仍是冷眼旁观，坐失与消费者互动的良机。

第三，中国新中产阶层的崛起，主力消费群体已然改变。相比国内其他电商品牌，亚马逊这些年对消费者需求的转向和定位，以及对新的主力消费群体的触达方式已经与新环境下消费者的存在方式严重脱钩。

亚马逊有强大的平台，但因为没有审时度势的运营，不能根据消费者需求的转向精准定位，没有及时调整经营策略，不得不遗憾地退出中国电商市场。而优衣库在线下实体店遭受电商冲击一片哀鸿遍野时，借助数字化技术支撑，敏锐地洞察中国消费者需求，并持续精准运营，促使企业营收不断增长。

今天的中国是移动互联网最发达的国家，中国市场是最具挑战性的市场。企业只有不断地进行市场创新，借助数字化平台，盘活用户资产，通过有效的运营手段在消费者存在的移动终端等场景中不断地触达消费者心理，才有可能持续成功。

第 9 章 CHAPTER

数字营销的技术架构与路径

数字营销是一种通过数据和 IT 技术来实现营销目标的营销方式,是营销、技术和数据结合的共生体。技术架构的选择是数字营销成功的先决条件。中台架构能够帮助企业连接内外部数据,提供敏捷开发能力,赋予企业更精细化的运营能力,延伸构建各种新的业务场景,而这些正是数字营销对于 IT 技术和数据的本质要求。

9.1 基于中台架构,构建立体数字营销云

营销本身是个高度碎片化的领域,程序化广告投放、客户关系持续运营、策略制订、精准营销等不同细分环节的技术已经逐

渐被熟知和应用。但其实营销所利用的技术是一个系统性概念，其本质是精益的用户运营和数据驱动增长：

第一，要确保客户在线上线下的体验能够无缝衔接；

第二，要实现线上线下无缝交易；

第三，要实现数据驱动的运营。

现在有很多的软件或多或少能够解决企业的一两个问题，但越来越多的企业需要以程序化的方式，通过API来协调和增强这些应用的功能。同时，越来越多的行业领军者还要在这些应用上创建自己的定制化软件，这些定制化软件似乎代表了他们作为行业引领者所发出的声音："我是这个行业的探索者，我在制定这个行业新的营销规则。"

这是对传统营销技术的颠覆，至少在一定程度上，是对一家企业依赖单一供应商为其提供营销领域所需的所有功能的颠覆。

我们将那些已经实现数字营销的企业必备的条件总结如下：

- 通过数字化的方式灵活连接所有部门，将企业内部的能力全部数字化；
- 产品、小程序、App、门店等都成为触达消费者的触点，通过这些触点可以实现精准营销；
- 数字营销一定是由产品、营销和运营组成的；
- 快速响应市场机会和威胁；
- 能够和其他公司建立动态伙伴关系，整合他们的能力。

很难想象会有一套大规模、封闭式的系统能够满足上面的所有条件。即使可以被创建出来，其内部复杂性一定很惊人。在今天技术创新不断加速的环境中，快速试错、拥抱变化和适应的能力对于生存至关重要。

云徙数字营销云是为了面向快速变化的市场、提升客户响应力而打造的企业数字营销平台，旨在帮助企业持续进行用户的精益运营，通过数据来驱动增长。基于此，数字营销云的首选架构是互联网中台架构，通过互联网中台架构可以帮助客户搭建无缝的客户体验，实现线上线下的无缝交易，通过数据来驱动增长。

9.2 数字营销云技术架构和设计理念

数字营销云要支持不同的营销技术、支撑多种业务场景，因此其技术架构是有一定的扩展性和前瞻性的。

9.2.1 数字营销云应用介绍

为了实现无缝的客户体验、线上线下无缝交易、通过数据实现增长，数字营销云包含了多个应用。

1. 全域会员 i-CDP

在互联网人口红利逐渐消失的情况下，依靠大型电商平台导流的成本越来越高。企业希望能够摆脱这种束缚，拥有自己的流量，这就是自流量兴起的原因。以数字中台为基础的 i-CDP（Customer Data Platform），目的就是帮助企业构建自流量池。一方面，i-CDP 的会员管理模块打通企业现有主流的渠道触点消费者信息，并对来自各个触点的数据进行清洗及去重，沉淀到统一的会员池，为企业建立自流量提供工具基础。另外一方面，在数据中台的支撑下，i-CDP 根据会员数据的丰富程度匹配各个维度的标签，进行特征归类分组及分析，为企业提供深入的会员洞察，提升数据价值。

2. 智能营销 i-Marketing

i-Marketing 着眼于帮助企业改善线上线下各会员体系难以打通、营销手段单一和营销效果难监控的问题，实现营销的有效闭环（如图 9-1 所示）。

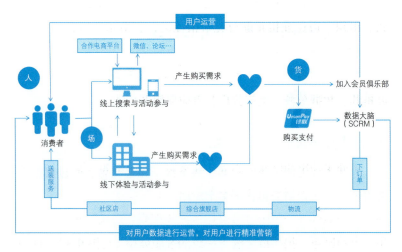

图 9-1　消费者营销闭环

企业将从各线上线下渠道获得的会员数据统一整合到全域会员中心，以此建立会员运营的基础。i-Marketing 在此基础上，一方面提供会员等级、积分、成长、权益等一套灵活的会员忠诚度管理体系，促进自流量的持久活跃，增强会员服务黏性；另一方面，通过平台各种各样的营销活动以及自动化营销引擎，对会员做深度运营，以带来更高的转化，促进业务增长，同时在此过程中不断吸收新用户，形成良性循环。

3. 全渠道销售 i-Commerce

i-Commerce 着眼于帮助企业解决各种交易问题，如线上线下、多商户、履约、内容、POS 等的管理，支持 B2B、B2C、BBC、O2O、数字门店等模式（如图 9-2 所示）。

i-Commerce 致力于成为企业的"交易连接器"，连接商品与人、组织。通过连接重新分配价值流动，打造基于联营、入驻、自营的组合模式的在线交易、订单履约一体化互联网平台产品，为客户提供在线下单、在线优惠商品、秒杀促销、在线支付、商品推荐、数据分析、交互式广告等应用服务功能。

4. 智能服务 i-Service

不同于传统的呼叫中心或在线客服，智能服务 i-Service 的目的是解决由于消费者触点离散化带来的统一服务难、数据孤岛的问题。i-Service 一个平台可以连接热线客服、在线客服、智能客服、自助服务，提供线上线下一致的客服体验（见图 9-3）。借助智能语音交互、自然语言处理、大数据、机器学习等前沿技术，i-Service 帮助企业由人工客户服务向数字化、智能化客户服务转型，为企业构筑消费者全触点创新服务和体验。

基于上述功能及特点，i-Service 不仅适用于售后服务的场景，也可以用作服务营销。在售前阶段，i-Service 能帮助企业更快速地与客户建立联系，收集流量，将流量精准分流，通过提供专业

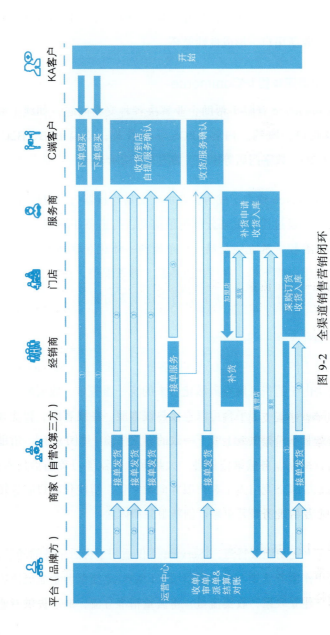

图9-2 全渠道销售营销闭环

图 9-3 智能服务 i-Service 接入多个消费者触达渠道

服务留住每一个流量,并将其转化为意向客户。如此一来,原本作为成本中心的客服部门就可以帮助企业增加销售及利润,甚至转化为利润中心。

9.2.2 数字营销云的架构设计

数字营销云支持公有云、私有云部署,结合了云计算、企业互联网架构的分层架构思想,基于微服务设计,以中台服务共享为核心,驱动业务的敏捷发展。如图 9-4 所示,营销云的整体系统分 4 层,从下往上依次为:基础 IaaS 层、平台服务层、共享服务中心层和业务应用层。

第一层:基础 IaaS 层。该层提供了计算、网络、安全、存储等功能,满足了对计算、存储、网络、安全、运维、监控、服务保障体系各个层面的需求。

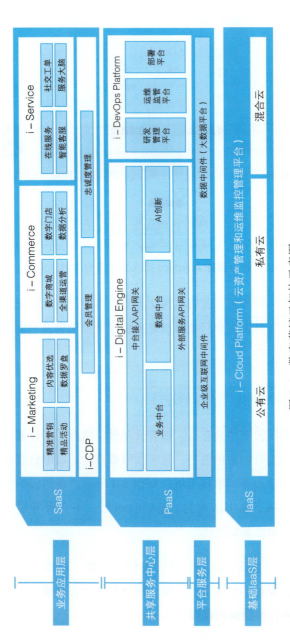

图 9-4 数字营销云架构示意图

第二层：平台服务层。该层提供了大数据中间件，以及分布式、高并发、高可用、自动化运维的互联网中间件，使得上层的应用天然具备支持弹性伸缩、7×24 小时高可用、平滑无感知升级的能力。同时引入云原生架构，帮助企业在公有云、私有云和混合云等新型动态环境中，构建和运行可弹性扩展的应用。云原生的代表技术包括容器、微服务、不可变基础设施和声明式 API 等。这些技术能够构建容错性好、易于管理和便于观察的松耦合系统。结合可靠的自动化手段，云原生技术可以使开发者轻松应对系统的频繁变更。

第三层：共享服务中心层。这一层是中台架构的核心，是业务基石，用于沉淀业务系统的共享业务能力。中台接入 API 网关为应用提供服务接口。外部服务 API 网关为第三方系统提供接口、监管和运营。i-DevOps Platform 是基于云原生技术开发的业务中台研发、运维和部署平台，以支持中台和上层应用的快速开发。

第四层：业务应用层。业务应用层基于共享服务中心层的能力，提供快速响应业务的能力，用"薄前端"的业务构建方式提供了 i-Commerce、i-Marketing、i-Service、i-CDP。

营销云的整体设计中，最核心的是共享服务中心层的设计。

9.2.3 数字营销云设计理念

数字营销云的核心设计理念是以业务域为核心，提炼各业务线的共性需求，通过数字中台的能力共享支撑营销云，赋予营销云应对市场变化的能力。

数字业务中台的建设是一个不断迭代的过程，它是随着企业本身信息化建设持续进展和业务不断创新最终沉淀而来的。

在数字中台设计过程当中有 3 个最基本的核心要求和 2 个能力保障（见图 9-5），具体如下。

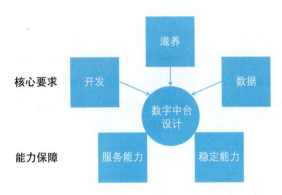

图 9-5　数字中台设计的核心要求和能力保障

1. 3 个核心要求

- 开放：所有中台能力实现对内对外开放，能够极大促进企业业务能力的发展。
- 滋养：传统企业需要业务创新，只有新的业务不断冒出来，才能让业务中台做得更好。
- 数据：通过对数据的应用，让业务滋养中台，中台反哺业务。

2. 2 个能力保障

- 服务能力：中台的能力以服务的方式对外提供，必须确保服务是核心服务。但在定义中台的时候会遇到个性化需求，个性化需求可通过插件的方式实现，从而使中台提供二次开发的能力。
- 稳定能力：系统必须具备稳定性以支撑大量互联网用户的高并发需求。

9.3 数字营销云的 3 种部署架构

数字营销云支持 3 种部署架构,分别简单介绍如下。

9.3.1 统一开放式

统一开放式部署是在将中台及应用能力对外开放的同时,统一管控中台、应用能力,有利于前台应用及与前端交互业务的快速构建。

无论应用还是中心,都是注册同一个微服务注册中心,且均通过 API 网关统一对外开放能力。应用和中心之间的交互使用支持 HSF/RESTful/Dubbo 等微服务协议。前端浏览器或手机 App 或通过 Nginx 或直接经过网关与后端服务交互(见图 9-6)。

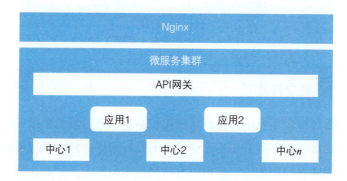

图 9-6 统一开放式部署

9.3.2 中心开放式

中心开放式只将通用的中台能力对外开放,有利于企业的更多创新应用按各自的需求和技术体系快速搭建,而无须与中台采用相同技术路线。中台的多个微服务中心通过 API 网关对外提供中心能力,而应用则需经过 API 网关和中心交互,使用 RESTful 协议。网关与中心及中心之间使用 HSF/RESTful/Dubbo 等微服务协议(见图 9-7)。

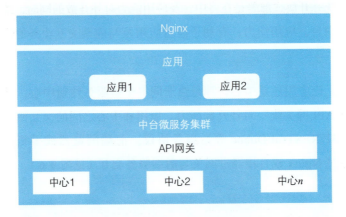

图 9-7 中心开放式部署

9.3.3 独立开放式

需要对应用及中台进行精细化控制时,通过隔离微服务空间的方式对不同空间采用不同颗粒度的管控策略。外部系统可以直接使用业务应用能力,也可以直接使用中台能力,从而让接入更加灵活,满足多变的业务场景需求。在独立开放式部署下,业务应用和中台分别有独立的网关和注册中心,业务应用和业务中台通过网关交互(见图 9-8)。

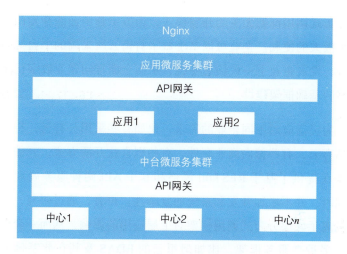

图 9-8 独立开放式部署

9.4 实现数字营销云的关键技术特性

在当前企业基础设施环境包含公有云、私有云和混合云等动态多变的环境下,采用云原生的技术,将为数字营销云提供弹性可扩展的能力,并具有容错性、可观察性和可管理性。

9.4.1 微服务

按领域将不同业务逻辑进行拆分,将原来传统大一统的单体业务系统按功能分解到相对松散的多个微服务中,降低系统的耦合性,并提供更加灵活的变更支持,从而响应时刻变化的业务需求。

云徙通过对消费品、地产、汽车等多个行业的业务积累进行沉淀,抽象出企业业务最常见的十多个业务中心,并采用与微服务分布式调用框架无关的开发模式,为数字营销云的开发和运行带来极大的便利。企业可以基于数字营销云所采用的中台架构为底座,发展企业下一代信息系统,从而全面推动企业数字化转型所需的基础框架建设。

为灵活应对不同企业的需求,比如有些采用公有云,有些采用私有云,有些偏向商业套件,有些则喜欢开源方式,云徙的微服务在提供了基于 RESTful 风格和基于 API 两种服务展现方式的同时,并不增加开发和系统的复杂性。再者,通过研究,我们也隔离了底层分布式调用框架对上层应用的影响,从而一套代码适配多种微服务框架,比如阿里云的 EDAS 及其在此基础上的微服务调用框架 HSF/Spring Cloud/Dubbo,以及直接使用 Spring Cloud 或 Dubbo 而不使用云服务厂商所提供的微服务治理能力等(见图 9-9)。因此企业可根据自己的需要,根据不同环境采用更合适的方式以灵活应对。

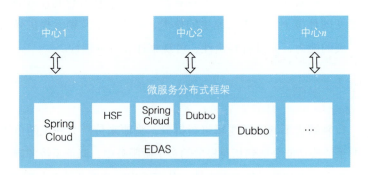

图 9-9 多微服务分布式框架支撑

另外,在 5.3.3 节,将中台的中心划分为业务实体层、业务协作层和业务活动层三层分层模型，规范了不同层次间服务的依赖原则，更好地对微服务理论进行了扩展，大大降低了系统的复杂度。

微服务给我们带来开发和部署的灵活性的同时，作为分布式系统，它也增加了服务调用的开销、数据不一致性、服务治理、问题排查和运维等的复杂性。这些复杂性可部分通过 9.4.6 节的 DevOps 理念及其相应的工具系统降低。

9.4.2 容器化

容器技术的发展推动了传统单体系统进行微服务化改造的进程。容器技术基于操作系统内核的 Namespace 和 CGroup 特性实现了服务进程组的资源隔离和配额管理，进一步提升了系统的虚拟化，减少了应用系统不同部署环境的差异，保证了应用生命周期的环境一致性和标准化，简化了持续集成、自动化测试以及持续发布的过程。常见的容器引擎有 Docker、CoreOS 的 rkt 等。在将应用系统容器化后，开发运维将面对一大堆容器，为了对容器进行编排和管理，进行合理得资源分配等，就需要一个"分布式的操作系统"，目前的事实标准是 Kubernetes（K8S）。K8S 具有完善的集群管理能力，包括透明的服务注册和服务发现机制、内建的负载均衡、水平自动扩缩容、服务滚动升级、故障发现和自我修复、可扩展的资源自动调度机制、多粒度的资源配额管理能力等。

9.4.3 灵活性

由于企业业务的多变性，数字营销云在开发、部署、运营等多个阶段均需提供丰富的灵活性，以保证企业业务的开展。

开发设计时，需要隔离业务逻辑中可变动的部署，为后续的迭代和扩展以及新应用的接入提供预留接口。此阶段有两个不同层次的保证机制：

- 业务流程的灵活性：通过编排多个微服务能力之间的先后顺序，形成业务处理的脉络，在保证灵活性的同时，提高已有能力的复用度，减少重复开发。
- 流程节点的灵活性：对流程节点进行一定程度的抽象，在确保每个节点的输入输出稳定的前提下，通过 SPI 切换机制，切换不同的节点内处理逻辑，以最小的变动满足业务需求。

为此，我们不仅引入和改造了 BPM 框架，还提供了轻量的流程引擎和状态引擎，以组合拳的方式实现业务流的编排。再者，通过总结在多个项目中积累和沉淀的业务经验，在流程节点上细化出业务扩展点，从而通过可自由扩展的业务扩展点快速组装出复杂的业务逻辑。

部署阶段，由于企业 IT 发展阶段、供应商变更等内外部原因，数字营销云必然遇到在动态环境，如公共云、私有云和混合云，中构建和运行的场景。如果没有做好部署灵活的设计预留，而是将整个系统绑定在某一项技术或组件上，在遇到不可控因素时，系统的部署变更成本和丧失的机会成本将是不可估量的。因此，在数字营销云的构建之初，就为组件依赖和系统部署建设了适配对接层，通过适配对接层屏蔽底层组件或环境对业务系统带来的变动，保证核心业务逻辑的稳定性，从而使得系统从容应对复杂环境。比如 9.4.1 节介绍的对微服务分布式框架的封装，又如 3.4.2 节介绍的对不同环境下技术中台的抽象性封装。这样既便于技术的升级，又便于按需搭建开发、测试、预发和生产等环境。

在竞争日益激烈的市场中，商机可能稍纵即逝。即使将功能日益丰富的系统发布周期做到极致，如果单纯依赖需求、研发、发布的流程，还是明显满足不了产品运营需求的。所以在系统设计之初，就尽可能考虑每个业务节点将会遇到的场景，将不同情况对应的场景通过参数、开关等形式进行配置，实现运行时的切换，以最快的响应速度抓住商机，产生价值，带来利润。

9.4.4 高并发

在数字营销领域中，随着各种业务的发展，尤其是交易领域，对业务的高并发技术要求也随之提升，如常见的秒杀、抢购等，瞬间的业务流量对业务系统的冲击是非常大的。因此在数字营销的技术特性中，高并发是必须考虑的重要技术特性。

1. 空间换时间

（1）多级缓存

为了满足高并发需求，首先要解决数据读取压力的问题。众所周知，数据库的瓶颈往往是支撑系统高并发的一个重要制约因素。所以我们通过缓存的方式，使得更多的请求直接命中缓存，减少对数据库的直接访问，从而提高业务读取数据的高并发响应能力。在分布式缓存的基础上，我们设计了多级缓存机制，包括浏览器本地缓存、CDN 静态页面、客户端本地缓存等，进一步减少分布式缓存的网络传输损耗,提高缓存的响应能力及命中能力;此外,还针对缓存的过期机制做了合理的处理,避免缓存穿透、缓存雪崩的场景,进而提升数字营销系统的高并发能力。同时,通过读取数据库变更日志异步刷新缓存,更及时地保证了缓存数据的时效性。

(2)读写分离

数据库使用一主多从,主库提供数据库写服务,而从库则作为读服务器,主从之间使用 binlog 等同步机制,可以大幅缓解数字营销业务读多写少场景下的性能压力。不过需要考虑潜在的主从数据在有限时间范围内的一致性问题。

读写分离不仅可以采用像上面这样的数据同构的分离机制,也可以采用非同构的读写分离。比如写入 MySQL 数据库,读取则采用 Elasticsearch 服务,可以更好地根据读场景构建相应的数据结构。

(3)异构索引

在下一小节提到的分库分表的情况下,为提升未按拆分键进行查询的场景的性能,还可以构建异构索引表。先通过查询异构索引表得到目标记录的主键,然后再根据记录主键查询,从而避免全库全表扫描。

2. 分而治之

在 IaaS 基础设施提供扩容的基础上,共享服务中心层如何更好地适应弹性扩容的能力,并确保扩容后系统支撑能力也能呈良性上升，是一个很大的挑战。这需要对业务领域进行合理划分、无状态的设计、系统配置的参数化和实时性等多方面协调一致。

分而治之有两种拆分方式。其一为横向拆分，即将系统进行分层，比如前后端分离等，从而支持页面静态化，以缓存到 CDN 服务器。其二为纵向拆分，比如将系统根据微服务化的原则进行拆分，并对数据库进行分库分表，既可减轻单服务器的压力，又便于按需进行弹性扩缩容。常见的分库分表中间件有阿里云的 DRDS、开源的 MyCat 和 Apache ShardingSphere 等。

3. 异步化

除了提升读取数据的速度，还必须考虑业务写入，而对业务请求的异步化处理，也是提升业务系统并发响应的一大利器。通过基于消息队列的异步化，进行流量的削峰填谷，同时在业务系统中通过非阻塞式的异步化处理技术，进一步提升业务系统的业务响应能力。

4. 高性能数据库

在传统的 MySQL 基础上，还可以采用计算与存储分离架构的数据库，比如 AWS 的 Aurora、阿里云的 PolarDB 等。计算与存储分离的架构更好地提升了数据库扩容的能力，也再次体现了分而治之原理的应用。

9.4.5 大数据处理

数据营销云既要业务数据化，还要数据业务化。数据分析处理由于本身的处理方式和技术手段有别于业务的增删改查,因此发展出了专门的大数据处理技术。

使用 Fluentd、阿里云的 Log Service 等采集日志文件,开源的 Canal、阿里云的 DTS 等同步数据库数据,完成数据的采集任务。数据存储方式可使用 HBase、Hive 和 Parquet 等。数据计算引擎则采用 MapReduce、Spark 和 Spark Streaming 或 Flink,以及阿里云的 MaxCompute、E-MapReduce 等。任务调度器有 LinkedIn Azkaban、Apache Oozie、Airflow 等。在上述基础上,数据营销云还引入 Apache Kylin、Presto 等分析引擎,实现数据多维即席分析。

9.4.6　DevOps

DevOps 是基于云原生技术构建数字营销云的一个重要组成部分。贯彻 DevOps 理念流程,可以高效交付,提升系统的投入使用速度和服务恢复速度,同时改善公司的组织文化,增加系统不同相关人员的参与感和认同感。

我们基于 DevOps 理念构建了 i-DevOps Platform,作为统一的研发服务平台,打通不同角色的系统建设者之间的任务协同,并将重复的事情尽可能用自动化脚本或者软件实现。由于没有一个单一的工具可以完成 DevOps 相关的所有工作,因此从开源或闭源生态系统中,尤其是从开源生态系统中,选择一组合适的工具集,将它们连通粘合起来就成了打造研发服务平台的主要工作。i-DevOps Platform 集成了知识管理、敏捷管理、应用管理、开发流水线、部署流水线、测试管理等。具体工具举例如下:采用 Harbor 作为容器镜像仓库，Helm 作为 K8S 应用的包管理工具，使用 ChartMuseum 存储管理 Helm Chart，Nexus 作为 Java Maven 资源库，采用 Prometheus 采集监控的度量，采用 GitLab Runner 作为系统构建的执行器，采用 GitOps 的原则将任何可被描述的内容（包括应用系统的配置、对环境的要求等）都存储在 Git 库中。

第 10 章 CHAPTER

A 公司：快速响应数字营销的中台

    我们正处于一个互联网技术和各行业加快融合、孕育变革的时代，以大数据、云计算、物联网和移动网络为主要标志的新一代信息技术发展迅速，日益成为推动社会、经济、政治和文化等各个领域发展的强大动力，企业数字化平台建设将成为先进企业发展的一个重要目标。用工业经济的传统思维去判断过去企业的产品和服务线的市场，将是有限的，一片红海，百舸争帆；用知识经济的互联网思维去构想未来企业的海量"超级用户"和优质个性化服务的市场，将是无边界的，一片蓝海。

    在 2018 年年终总结大会上，看到增长 20% 的惊人业绩，A 公司中国区负责人 Z 总如释重负，想起一年多前的艰难决策，仍然心有余悸。回到 2017 年年中，A 公司中国区的业绩已经第三年不见起色，甚至有负增长倾向。Z 总不得不反思，到底什么地方出了问题？事实上，过去几年，公司已经在营销上做了很多新尝试，来满足消费者多样化的需求。然而，与业务并肩战斗的 IT 部门无法及时响应业务部门的需求，长远来看，不能有效支持企业的数字营销战略。此时，Z 总已经听到几个 IT 供应商提起过中台的模糊概念，虽然业界还没有成熟的中台实践，但是中台理念已经被炒得沸沸扬扬。那么，中台真的能快速响应变化多端的数字营销吗？

10.1 案例背景

1972 年，A 公司成立于英国，是全球最大的日化消费品公司之一，以中高端的护肤品和保健品为主营业务，已在美国纽约证券交易所挂牌上市。作为行业中的领导者，该公司在全球 80 多个国家和地区开展业务。

中国是 A 公司非常重要的市场，占全球业务的 30% 以上。1990 年起，公司计划将业务拓展至中国。2002 年，A 公司在中国建设了生产工厂，同期建立了中国第一家实体店。雄厚的基础和先发优势使 A 公司超越了大部分竞争对手。2006 年前后，中国的电子商务如雨后春笋般涌现。2011 年，A 公司在中国的业绩增长达到顶峰，这也是中国电商群雄逐鹿的时候。然而，2012 年以后，A 公司业务增长开始滞缓，2014 年～2016 年，业绩出现了下滑倾向，甚至出现了负增长。

无独有偶，从整个消费品行业来看，2017年，中国本土品牌实现了7.7%的增长，而外资品牌仅增长0.4%。本土电商企业在多年的摸爬滚打中，营销战略已经从产品中心向消费者中心转变，从传统营销全面升级为技术驱动的数字营销，不仅是新产品推出的速度更快，新的营销玩法更是层出不穷。与本土企业相比，外资企业具有对中国消费者了解不足的先天劣势，而数字营销发展的速度也相对缓慢。

从商品端到消费者端的营销业务是日化企业的核心经营思路，也是变化最快的业务环节，尤其是在消费者体量最大、需求类型最复杂、需求变化最快的中国市场。为了拉动销售业绩增长，A公司在营销环节上做了很多尝试。从营销触点上说，A公司从传统的电商网站扩展到社交平台，例如微信朋友圈、小程序、微博、抖音、今日头条等。从促销活动上说，陆续推出双11抢购、团购、抽奖、满减等新方式。从营销渠道上说，逐步整合线上线下渠道，比如线上下单、线下取货。围绕公司的核心业务，不断推出新颖的差异化竞争手段，如测肤后再购买、产品使用后减肥成功即可参加抽奖。相比之下，IT系统却跟不上业务的发展，更别说是支持营销业务向数字营销转型了。

10.2　IT困境

1. IT系统无法支持新业务

A公司已有的信息系统以面向内部管控为主，而非以消费者需求为主，例如：财务管理系统、产品管理系统、客户管理系统、仓库物流管理系统、人力资源管理系统等，因此，A 公司原有的 IT 系统无法响应快速变化的消费者需求。所谓"内紧外松"，内部管控求稳，而面向的消费者需求变化多样，与之相匹配的营销业务也变化多端。为了应对快速变化的需求，业务部门持续不断地对 IT 部门提出新的需求。IT 部门不得不从零开始建设面向消费者的业务应用，直接触达消费者，并与之进行交互和交易。到 2017 年，仅仅和用户、消费者相关的就有 10 多个网站和移动端应用。

虽然每个前台都涉及用户注册、登录、交易等环节，但由于没有共用的后台或中台支持前台业务，每一个前台都要从头开始独立开发，工作量非常大，IT 部门在重复工作的同时疲于应对。由于不能及时满足业务部门的需求，新的前台上线慢，开发周期长，新需求如果找供应商开发，还需要走招投标流程，短则 3 个月，长则大半年，系统无法按需上线。

尤其是营销领域比较关键的系统——促销系统，IT 部门很难在规定时间内保质保量地提供支持。作为日化领先企业，A 公司依靠促销活动来达成大部分的业绩，但复杂的价格组合导致业务部门频繁更换需求。A 公司有上百种价格组合，不光是价格，还有不同的产品组合，而且是面向不同等级的会员，更麻烦的是产品价格涉及企业的成本核算。复杂的活动价格设计使得每次活动或多或少都有差距。过去，每次筹办线上活动，都需要找第三方来设计，设计出来的每个活动的参数都是固定的，一旦价格组合有了较大变动，就需要再设计一个活动，而新的活动上线需要筹备两三个月。

不仅新服务开发慢,无法快速响应变化多端的业务需求,长远看来,每次都要重建,徒增成本。

2. 数据烟囱

这些 IT 部门夜以继日交付的业务应用系统,本意是满足各个场景的业务需求。然而,在缺乏中台支持的情况下,项目制的建设方式以及公司内各部门的组织壁垒,使得每个系统都是单独建设的,形成了一个个的数据烟囱,反而成为制约公司未来发展的重要因素。

数据烟囱会使得用户体验糟糕。首先,当用户的操作涉及多个系统时,用户需要在不同系统上登录多次,而且每个系统都要单独去了解和熟悉。"新用户想要变成一个普通会员,买一个高端产品,参加一个大型的健康活动,则至少要在 5 个应用来回切换 13 次才能完成。"其次,虽然不同系统的用户是同一个人,但不同系统的用户登录账号和密码不一样,有的用手机号,有的用会员号,有的用邮箱,有的用 QQ。"这糟糕的用户体验,时常让客户发晕,到底自己的密码是什么?"因此,从触达环节抬高了用户进入门槛,增大了客户流失的风险。A 公司的一位市场部门的高管甚至表示:"这个糟糕的系统把我们的用户都赶走了。"

数据分散在各系统中,限制了数据分析。一个产品从研发、生产,到制造,再到消费者手中,这其中每个环节都会产生大量的对象、时间、场所、种类、数量等数据,尤其是消费者数量、消费者特征及行为偏好、区域市场销量等。但是,各个系统数据存放在各自的数据库中,导致企业不知道精准的会员画像,无法洞察与服务消费者。

打通烟囱的代价是非常高的。A 和 B 要打通，B 和 C 要打通，C 和 D 还要打通，这样就变成了一张网。每加一个节点，理论上就是 N-1 条线。万一某个系统改了，全局都要重置，系统架构很难维护。

3. 系统不能支持高并发

现有 IT 系统除了不能快速响应、支持长期发展外，在过去的线上活动中，还暴露出性能瓶颈的严重问题。秒杀是日化企业常用的方法，每年秒杀、拼团等促销活动，为 A 公司带来 20% 的销售收入。因为产品质量好，大部分秒杀价只有正常价的一半，基本上是抢到就是赚到，所以消费者都想买，理论上，很快就会抢完。实际上，几乎每次只能在线下去完成，效率低下，效果差。

A 公司采用传统的数据库架构，不能支持高并发，活动人数只要超过 600 人，在线一开抢，系统就卡顿，甚至宕机，几乎没有成功过。在系统的限制下，在如今不促不销的年代，更多的活动只能在线下做。但是线下活动存在很明显的局限。首先是空间限制，活动现场的空间毕竟是有限的，难以容下成千上万人。其次是时间限制，邀约人是很大的一个问题。客户总会有这样那样的原因来不了现场，而且客户的时间是宝贵的，如果到达现场要花费半天时间，客户很可能就不来了。

10.3 确定中台方案

10.3.1 供应商选择

面对 IT 困境，A 公司的管理层决定寻求外部供应商的帮助。高管团队反复论证了很长时间，初步决定在两家 IT 供应商中选择。一家是美国的亚马逊云，另一家是中国的阿里云。考虑到国外供应商缺少完整的解决方案，而且很多依赖于不能使用的国外服务，在中国很难发挥出优势，A 公司最终选择了国内的供应商阿里云及生态合作伙伴云徙科技。

云徙科技的核心团队，一部分来自传统软件公司，对企业的业务比较熟悉，在过去的 IT 咨询经历中，已经觉察到客户的新痛点。传统的信息系统面向企业内部管控，是有效的。在瞬息万变的市场环境下，以消费者为中心的竞争越发激烈，而已有的信息系统不能响应快速变化的业务需求，中台技术是大势所趋。另外一部分核心团队来自 BAT、华为这类互联网技术型公司，技术型公司拥有领先的互联网技术。云徙科技是阿里云生态伙伴中业务和技术融合最好的一个团队。

确定了供应商后，供应商首先给 A 公司介绍了中台的概念，以及中台的成功实践。面向用户的中台方案有如下 3 个核心概念：

- **服务重用**：基于微服务的技术，让一个服务能够支撑多个端的功能，避免重复建设系统。
- **数据分库分表**：将数据根据领域拆分，并使用分库分表中间件，支撑高并发和弹性扩展。
- **一个 ID**：把任何一个数据，不管是用户、商品，还是订单，在全生命周期里用一个 ID 串联起来。

虽然从概念上，中台是市面上破解公司 IT 困境的利器，但在 2017 年中台毕竟才刚刚被部分企业所使用，存在一些不确定性和投资风险。通过了解阿里巴巴集团自己的中台演变过程以及部分领先企业的中台实践，A 公司的管理团队意识到成功的概率大于失败，于是毅然决定选择阿里云和云徙科技。

10.3.2 组建团队

2017 年 8 月，A 公司决定，双方各自抽派人员，正式成立中台团队。

云徙科技项目团队包括业务团队、技术团队和管理团队。

业务架构师 1 号位带领业务团队，负责帮助 A 公司提供业务解决方案，设计产品功能和系统原型。

技术架构师 1 号位带领技术团队，包括技术架构设计人员、开发人员、测试人员，负责技术选型、技术方案、技术架构设计、领域模型建立、详细设计并开发实现。

项目管理 1 号位带领项目管理团队，负责与客户交互，统筹项目整体的进度安排、每个迭代版本的项目范围、项目计划、资源调配等。

A 公司项目团队，主要从业务团队、IT 团队抽调精兵强将，组建中台项目团队，负责业务需求梳理、项目边界界定、产品评审、UAT 测试、平台运营以及技术评审、项目验收等工作。此外，还负责部分前端业务应用开发工作。

从长远来看，供应商和 A 公司在中台项目上的定位是明确的。供应商的定位是做底层的可重用的服务，A 公司在前台调用拼装即可。企业的定位，更多的是做业务应用创新，基于供应商提供的中台做应用开发，或者外包给供应商开发。

10.3.3 方案设计

项目启动后，双方项目组联合创新，采用共创的方式，A公司对自己的企业、所在的行业熟悉，供应商对各行业的中台技术及领先的技术趋势非常了解。联合项目组团队，发挥各自的优势，共同完成设计方案，如图10-1所示。

1. IaaS层

底层使用了混合云解决方案，部分敏感数据存放在私有云资源，面向用户的数据存放在公有云资源，通过云资产管理和运营监控管理平台进行云资源统一管理与服务。这个解决方案不仅改善了系统性能和安全问题，同时，也节省了A公司的IT资源成本。

2. PaaS层

业务中台是基础和核心。中台与前台的边界如何划分？业务中台里面各个共享服务中心的边界如何划分？每个共享服务中心有多少个服务？服务的颗粒度大小如何？业务模型是怎样的？数据模型又是怎样的？有多少个服务接口？分别对哪些业务应用提供服务？就这些问题，双方团队开了许多个共创会。基于业务中台的交易数据、用户的行为数据，以及第二方和第三方的数据，数据中台通过算法模型，服务各种业务应用和经营决策。AI创新基于数据中台，通过机器自学习，持续优化算法，反哺业务。

第10章 A公司：快速响应数字营销的中台

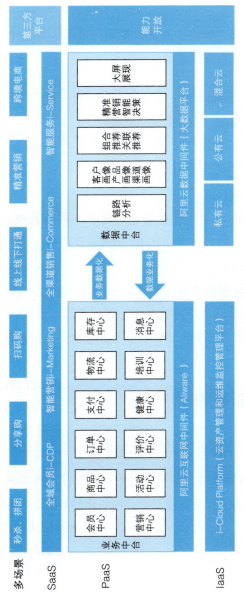

图 10-1 A公司数字营销中台建设方案

3. SaaS 层

服务好 C 端，带动小 B 端，推动大 B 端。业务中台、数据中台、AI 创新中台支撑前端业务应用。

- i-CDP 泛会员服务：扩大了会员的服务范围，精细化会员服务，线上、线下全域会员服务。
- i-Marketing 营销智能：通过平台各种各样的营销活动，以及自动化营销引擎，深度运营，带来更高的转化，促进业务增长。
- i-Commerce 全渠道销售：帮助企业解决各种交易问题，线上线下融合，支持 B2B、B2C、B2B2C、O2O、数字门店等模式。
- i-Service 智能客服：实现全触点、全场景、全服务周期的应用场景，打通在线客服、热线客服、机器人客服，提供业务资讯、业务查询、业务办理和业务投诉服务。

10.4 中台价值初现

10.4.1 秒杀试水，中台性能优越

2017 年 10 月 8 日，拉开项目实战帷幕，A 公司做出了一个重要决定：11 月 8 日发布新品，并在新建的系统上开展市场营销活动——秒杀。

原有的秒杀系统是在基于国际排名靠前的 ERP 系统上开发的，传统的技术架构，因为扩展性低，不支持高并发；服务耦合

在一起，不可拆分。

中台以微服务的方式，不仅能够实现服务重用，还把大服务拆分成小服务，与之对应的，把大数据库也拆分成小数据库。每个小服务可以各自扩展，然后，通过系统逻辑变成一个系统。如果交易环节是瓶颈，往上增加交易中心的服务器或数据库即可，因为瓶颈不是整体的系统，只有交易这个环节是瓶颈。因此，分布式的数据库能够支持高并发的秒杀活动。

在两周的时间内，项目组加班赶工，在中台上构建了秒杀系统，通过反复测试，采用阿里云的全链路压测技术，云徙项目团队挑战着一个又一个目标——150TPS、200TPS、400TPS、600TPS、800TPS、1000TPS，持续优化系统性能。在2017年11月7日当晚，最后一次压测结果，令人兴奋，性能突破了1200TPS。即1分钟内实现72000单从用户登录、选购商品到支付的订单交易。此外，还实现了1:1、1:4、1:10等多个场景，远远超出客户的预期。在设备资源一定的情况下，通过调整代码，改变程序和资源重新组合，不分上班还是下班、白天还是黑夜，周末还是非周末，在尽情享受着编码给他们带来的快乐，以及给工作带来的改变，为客户提升设备的使用效率，用最少的成本实现效益最大化。这是对"今天最高的表现，是明天最低的要求"最好的诠释。

2017年11月8日一大早，双方项目团队的50多人，都提前到了作战指挥室，早上9点准时启动秒杀抢购。大家手心都捏了一把汗，在这么短的时间内，上线系统，而且承载着重要使命，此次尝试一旦失败，将会严重影响全年业绩，Z总将面临降职降级的可能性。

好在活动上线非常成功，大家看到监控大屏跳动的第一个用户时，响起了雷鸣般的掌声，第一张订单从登录、交易到支付仅用了 6 秒钟。看着大屏上不断变化的订单数字，大家非常兴奋。开抢 5 分钟时，在线人数突破 3 万人，8 分钟时，突破 4 万人。前两小时的销售额占 A 公司中国全年销售的 10%！整个过程中秒杀系统运行正常，没有出现任何问题。看着运营大屏上的图从浅灰色逐渐变成红色，大家悬着的心总算放下了。大家欢欣鼓舞，甚至有人激动得落泪。基于分布式互联网数据库，不仅支持了几万人的高并发抢购，而且每秒订单创建能力提升 400%，每秒订单付款处理能力提升 360%，定制产品完整下单流程所用时间降低 50%！

在没有改造之前，想象一下，总体超过百万级别会员，假设只有几千人到某门店，参加某个大力度的抢购活动，会是什么场景，大家举着钱对你喊："卖给我！卖给我！"当多名工作人员在现场销售，一手收钱，另一手递货时，会不会发生超卖的情况？答案是肯定的。

A 公司第一次使用全链路压测技术，模拟用户的真实秒杀场景，同时，还采用了限流技术的应用，预防用户超过系统的性能极限，预防恶意访问，导致系统崩溃。互联网场景下，库存的复杂逻辑比传统企业销售复杂得多。业务架构师细致地分析了库存的处理逻辑，与 9 大要素相关，包括订单要素、商品要素、店铺要素、活动要素、物流要素、退货要素、安全要素、用户要素、积分要素等。什么场景下锁库存，什么场景下扣库存，什么场景下可以发货，什么场景下可以开发票，库存数量一个都不能差。

第二天，项目开总结会的时候，Z 总下了一个重要决定，用中台技术替换 ERP，营销领域的供应链也采用分布式的互联网数据库，重构 ERP 系统。

10.4.2　业务中台，快速响应业务

秒杀任务圆满完成后，A 公司的各级领导以及英国总部打消了对中台技术的疑虑，开始全面推进项目建设，加快业务需求调研，分析业务流程、业务规则、业务表单、系统操作惯例等，进行架构的总体设计。分产品线并行开发，2018 年 3 月，数字商城第一个大版本上线，实现完整的交易闭环。随后，采用敏捷开发的开发方式，根据业务优先级进行快速迭代，每两周发布一个迭代版本。A 公司的 IT 系统进入良性开发模式。由于 A 公司所处的行业属于大快消行业，促销活动是业务部门运营业务最常用的方法，每个季度有季度的大型活动，每个月有月度活动，大的经销商和门店每周都有活动，系统上线后，展示了 IT 技术赋能业务的强大魔力。

回到企业的 IT 困境，过去系统建设被业务部门推着往前走，头痛医头脚痛医脚，缺少统一规划，统一管理，形成了一个个烟囱。业务逻辑耦合在一起，业务数据存在于各自系统的数据库里，导致用户体验差，服务上线慢，数据分析困难。中台方案破解了这一团乱麻的 IT 问题，实现了服务重用、服务共享。

1. IT 快速响应

由于业务中台沉淀了可重用的服务，从长期发展来看，可以通过调用拼装实现快速的服务创新。"当中台的池子越来越丰

富时，第一个大的场景可能需要了 1 个月，第二个场景可能需要 10 天，第三个场景可能需要 5 天，小场景可能只需要 2 小时就能搞定，这就是中台的价值。"基于服务可重用的中台，不用每次重复从基础数据配置、参数配置、人员组织架构设置等开始搭建。像用户登录、注册这种通用的能力不需要再重新开发，只需要专注于自己的业务创新与优化，保证前端应用的快速实现，来响应多变的市场。在极端的情况下，前台薄成一个页面，因为所有的业务逻辑都已经沉淀到了中台，开发的时候只要做前台的页面设计，调用中台的 API 即可。

基于中台，A 公司营销活动上线周期缩短了 82%。此外，业务中台的活动中心提供了文字图片、音频、视频等活动素材，前台能自由选择素材并进行规则配置。中台里的价格模型根据折扣的顺序把价格分为四层，每层提供了十多种选择，组合成灵活的价格模型，十几分钟就能配置活动所需的价格组合。每次活动的数据都能实时回流到系统，大大提高了活动效果评估的速度，为下次活动上线预留了更充分的时间。

快速创新服务对 A 公司来说提供极了大的帮助，由于能快速上线活动，大大提高了活动的频率。

2. 避免烟囱产生

所有前端调用的是同一个中心，共享所有的用户信息、商品信息、交易信息、库存信息等等，因此从源头上避免数据烟囱的产生，有助于实现一个 ID。

中台上线后，打通了不同前台应用的数据，会员在一个系统上登录即可。由于多个业务应用已经在中台上互联互通，因此该系统已经连接了其他系统的信息，会员不需要跳转多个系统，单点登录大大提升了用户体验，会员不需要在不同系统之间切换，消磨会员的耐心。

打通烟囱不仅提升了用户体验，更重要的是，为数据分析提供了基础。传统的数仓仅仅是提供主数据管理的工作，生成业务报表，形成业务BI，是事后分析的工具。有些企业为了避免项目推进难度，不想调整业务，从数据中台入手做中台项目，通过数据采集、清洗，实现了在线的业务报表，在一定意义上，改善了企业的决策效率。但是，这样做不能实现服务共享、从源头打通数据、避免数据孤立不融通，不能快速支撑业务创新。缺少业务中台的建设，不利于体现数据中台的价值。A公司采纳了阿里巴巴集团的中台建设步骤，先建业务中台再建数据中台。

10.4.3 数据中台，快速反哺业务

业务中台上线后，基本解决了A公司已有的IT问题。但对于数字营销来说，中台的价值不止于快速响应业务部门自己提出的需求。更进一步地，需要通过数据业务化来快速反哺营销业务。

回到营销的本质，核心仍然是触达、转化、客单价这3个要素。数字营销也不外乎如此，只不过是采用技术的手段来提高每个要素的达成率。特别是，由于大数据分析的技术能实现实时分析、链路跟踪和实时反馈，优化要素的过程非常快，降低了试错成本。Z总在向英国总部申请新一轮数字营销立项时，做了一次

测算:"假设拿 3000 家加盟店做试点,每个店里面有 4 个店员,每个店员的朋友圈有 1000 个朋友。每位店员每一年分享 100 次,假设浏览率只有 10%,转化率只有 0.5%,人均年购买金额为 1000 元。这能帮助公司实现销售额是多少呢?6 亿!"而基于中台的开发成本是多少呢?21 万!这些每个环节具体的、可行的数据强有力地说服了总部,总部愿意持续投入中台建设。

2018 年 6 月,开始了新一轮数据中台的建设。业务中台由于已经沉淀了部分交易数据、行为数据、清洗的工作,提供了数据中台发挥价值的基础。让 A 公司惊喜的是,数据中台通过实时的大数据分析,反哺营销业务的 3 个本质要素,重塑了公司的数字营销体系。

1. 扩大分享

为扩大用户,A 公司以社交销售为理念,拥有数以万计的会员。业务中台设计中,增加了朋友圈转发的功能。这些会员可以在朋友圈转发产品信息、活动信息、注册页面等,他们多次的转发增加了产品曝光率,有利于吸引新用户前来注册、购买。但这对扩大分享来说还不够,数字营销讲究精细化的管理,究竟有没有起到扩大分享的作用呢?对此,数据中台通过数据采集、清洗、分析计算识别关键意见领袖(KOL),精准帮助分享效果最好、带客能力最强、对公司最具价值的会员,更高效地扩大分享的能力,扩大传播面,加快传播速度。

基于数据中台,新用户注册或是购买了分享的产品时,系统会记录推荐者的信息,通过加总计算,能识别老会员拉新的业绩,业绩较高的会员就是关键意见领袖。公司将与这群人建立强关系，并邀请他们成为会员培训课程的讲师。其中，分享节点不止一个，系统还将计算新会员的再拉新业绩，反推回去，把它作为老会员培训新会员效果的指标之一。数据中台不仅能识别出与公司共命运的这群高级会员，由于根据系统得到的数据是非常准确的，包括分享次数、带客数量、带客价格，直接解决了佣金管理的困难。

2. 促进转化

中台上线后，A 公司的销售转化率提升了 29%。目前，基于中台，公司采取了以下 3 种手段提高活动转化率。

- **建立用户画像**。数据中台的用户中心记录了用户所有的信息。通过用户的购买记录能知晓用户的消费水平和消费偏好，企业可建立一个规则，打上相应的标签。当用户再次购买时，系统或导购员就能识别用户，进行精准推荐，例如对高消费水平用户推荐高价格产品，对价格敏感型用户推荐优惠产品。
- **训练会员的营销能力**。数据中台储存了大量的营销课程，并把课程和相关的会员捆绑起来，向会员推荐课程，会员听完课程后需要进行营销的模拟训练，系统把课程和模拟内容进行匹配，计算匹配度，根据匹配度对会员的培训效果进行打分。此外，系统将计算课程的听众数，听众数较多的就是明星讲师，对于无人问津的那些课程，就可能取消该课程，并且取消授课老师的资格。严格的培训体系，旨在提高会员的营销能力，进一步提高转化率。

- **辅助销售决策。** 中台会记录每一个会员的初始皮肤状况、所用产品、使用后的效果。当新用户过来时，用户只需上传皮肤的照片，系统就能自动识别用户情况，根据历史情况得出相匹配的产品和配套方案，实时智能推荐。这种推荐一方面能辅助会员的购买决策，尤其是对产品不熟悉的新会员，参考价值很大；另一方面，帮助A公司的运营人员，迅速掌握用户的使用情况，调整推荐模型方案，这可以提高消费者体验，促进用户购买。

3. 提高客单价

在提高客单价上，数据中台在符合消费者需求的同时初见成效，通过精准推荐，叠加更多的产品和服务，让客户更满意、更舒心，客户使用产品和服务达到预期效果，也会增加单次的购买量。

中台的产品组合算法，通过捆绑式推荐来提高客单价。A公司设计了手触式的终端设备来帮助用户检测皮肤属性，例如是油性还是干性。检测结果会同步上传到网上的系统，后台通过算法来组合产品，得出定制化的产品配方，并生成专属配方的二维码，用户使用二维码可直接购买。目前推出2000多种产品组合配方，对于消费者来说，不仅能较为精准地符合护肤需要，系统性的产品方案还能提高护肤效果。对于企业来说，捆绑式的销售提高了每一次的客单价。

中台的关联算法，通过全节点推荐来提高客单价。具体而言，当用户将商品加入购物车时，推荐关联产品；当客户准备支付时，提醒用户满减、满赠活动；当用户点击支付按钮，但购买金额不足以支撑免费送货时，提醒用户达到多少金额免运费；当用户确定支付时，提醒用户加入 VIP 会员折扣更多，服务更多，享有更多会员权益。

4. 闭环链路

在消费者和企业交互的过程中，中台将进行全流程跟踪。从消费者浏览商品、注册、登录、加入购物车、支付、评价到分享，整个过程尽在掌握。

链路跟踪带来了用户运营理念。企业目前实行泛会员管理，产品购买者是会员，产品浏览者也是会员，系统注册者还是会员，加入会员体系的更加是会员。从游客到普通顾客、优惠顾客、VIP 会员、VVIP 会员，搭建自己的 RFM 模型，针对不同的用户群体，采用不同的营销策略，实现用户全生活周期管理，加深与用户的联系，持续运营用户。打破传统用户全生命周期管理的思维，全生命周期管理，没有终点。针对用户不满意时企业怎样挽留，也搭建了一整套的运营策略。

此外，中台将监测活动效果以闭环优化。通过 A/B 测试技术和灰度发布技术，根据企业设计的规则，判断哪种活动好，哪种不好。由于能很快得知活动效果，企业能用更低成本、更高的并行度进行试错，从而不断优化资源的投放效率追求极致运营效率。

10.4.4 构建三种能力

1. 消费者触达能力

基于阿里巴巴大中台设计理念和中台技术，我们为该 A 企业构建了实时在线、随需而变的数字营销平台。数字化线上、线下各业务场景,当消费者接触到业务场景后,数据实时沉淀到业务系统,并同步到数据中台(如图 10-2 所示)。运营人员通过中台的数据分析、智能模型,判断如何更好地服务客户。

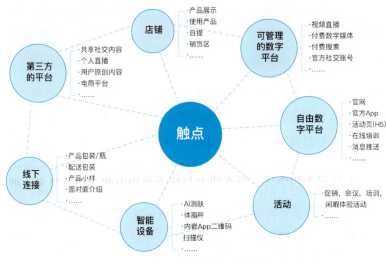

图 10-2　消费者触点示例

任何一个实体物品,加上二维码后,就能进入在线系统,进而跟踪它的数据。A 公司有一款针对高端客户的健康产品,用了它之后,结合使用一款 App 和腕表、测量仪器,在 App 上记录每餐摄入的蔬菜和肉类,以及饮水量等。同时,通过腕表记录每天走了多少路,做了多少运动,依据仪器测量健康状况。通过组织健康比赛活动,短时间内聚集了几十万用户报名参加。不仅销售了产品,还通过后台的数据,指导客户应该吃什么,应该做多少运动有助于健康,真的帮助顾客实现了保持健康的诉求。

数据的本质不在于大，而在于双向在线。A公司有一项AI测肤的技术，当用户打开手机扫一下自己的皮肤，输入手机号码，按一下确认键，就成为该企业的注册用户。随后，一个在线的智能测肤旅程就开始了，通过网页提示的问题如实回答，每回答一道题，系统将记录并根据数字中台的算法模型，给你推荐针对性的产品与服务。通过用户的使用评价与分享，纠正算法模型。通过持续学习与完善，模型算法越来越准确。该企业构建了数字中台后，大大缩短了企业创新的时间，在全触点的创新上举一反三，大胆尝试。

2. 全渠道交易能力

A公司大胆尝试，原来线上与线下分别由两个团队负责，通过调整激励机制和营销政策，实现统一管理。在主流电商渠道天猫、京东、唯品会、1号店、苏宁易购、拼多多上销售，在自有数字化平台的官方商城、App、微信、小程序上也有销售。除了线上渠道，A公司还有10 000多家线下门店分布在全国各地。

A公司基于中台搭建的数字营销平台后，实现100%订单在线交易，而且还实现了线下活动线上化，例如门店抽奖线上化、培训线上化、经销商签署合同线上化和商品陈列线上化等。实现全渠道交易能力（如图10-3所示），最重要的是实现了全渠道库存共享与实时在线，用户线上下单，就近门店发货，及时给用户供应，提高用户满意度，方便用户与门店接触，线上向线下引流。同时，线下的测肤体验、健康监测体验、电视购物、VR体验，可以增加用户对A公司的了解，提升用户黏性，培养用户忠诚度，从而增加复购率。

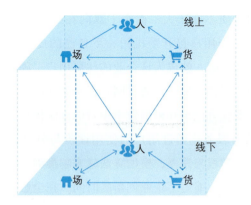

图 10-3　全渠道交易场景

3. 基于数据运营能力

在传统企业中称为销售，在数字化企业中则称为运营。A 公司基于中台构建数字化平台，所有的业务应用基于中台共享服务开发。此外，还组建了运营团队，运营团队由技术人员和业务人员共同组成，该团队也叫增长团队。本质上，它是一种精准、低成本、高效率的营销方式。怎样把一个陌生人变成忠实用户和超级用户？

多种运营动作，通过 A/B 测试技术和灰度发布技术，不断优化资源的投放效率追求极致运营效率，不同的页面交叉推荐：当用户加入购物车时，推荐关联产品，实现组合销售；当客户准备支付时，提醒用户满减、满赠活动；当用户点击支付按钮，购买金额不足以支撑免费送货时，提醒用户达到多少金额时免运费；当用户确定支付时，提醒用户加入 VIP 会员折扣更多，服务更多，享有更多会员权益；当用户完成支付后，提醒用户好评赚积分，晒图片送礼品，分享销售有好处。

所有的运营动作调整都基于数据反馈，追踪每个链路的转化率、跳失率。改善每个环节的转化率，降低每个环节的跳失率。快速迭代，实现业务增长。

10.5 未来规划

双中台通过业务数据化、数据业务化，助力 A 公司中国区业务增长 20%，2018 年扭转了多年来业绩不见起色的局面，并使中国区成为全球业绩增长速度最快的市场，这对 A 公司来说是个很大的利好消息。

中台这个"新生儿"，对数字营销来说还大有可为，对于企业其他业务来说，更是潜力无限。A 公司在中国确立了更长远的中台计划，同时，已开始将中国区的经验复制到东南亚地区，预计于 2020 年将其推向更广泛的市场。

第 11 章 | CHAPTER

B 公司：中台为数字营销赋能

2019年1月21日，B公司IT架构部总监A总坐在办公室内使用手机通过Z微信小程序查看前一天更新的楼盘效果图和信息图。当他正准备登录到后台查看该楼盘当日的点击量和浏览量时，收到了下属发来的题为《Z 2018年成绩单》的微信推送消息。Z是A总加入B公司后为推进B公司营销数字化全面转型打造的拳头产品，是与消费者建立连接的重要端口。这张成绩单也是他加入B公司后所取得成果的一次小结。据成绩单显示，Z小程序全年新增用户达67万人，日均浏览量达4.8万人次，楼盘总浏览量达到432万人次，成为B公司的重要营销渠道。此外，业务中台的搭建和前端应用的配合使得B公司这样一家传统的地产公司,能够玩转互联网环境下多种"炫酷"的营销方式,为营销业务注入新的活力,优化了消费者的体验。在每个营销热点时段,B 公司的 IT 架构均能够在全国范围内快速、准确地响应营销业务的需求。

A 总回想起 2018 年 4 月刚刚加入 B 公司 IT 部门时的情景。那时他戏称内部的整体 IT 状况处于"原始社会",仅有一些支持性的系统,整体 IT 建设处于"青黄不接"的窘境:旧的 IT 建设带来的不利后果已经显现,适应时代发展的新的 IT 能力还未建立。当时 IT 部门只有 16 人,大部分承担系统运维以及 IT 基础架构的运维工作,在提供业务解决方案以及 IT 战略等更高层面的 IT 能力建设方面基本上是一片空白。在消费者特征和行为数据管理方面,数字化记录缺失或记录不精准、渠道来源不清晰,无法满足互联网情境下营销对精准投放的要求。此外,各个楼盘的信息系统是相互独立的,没有打通,全国范围的营销活动很难设计和执行。这些问题导致了企业与最终消费者之间没有建立准确联系,整个营销链路信息不完整,连消费者的诉求都无法及时响应,更不用提用数据和信息技术为业务赋能了。

经过 8 个多月的努力,B 公司的营销全链路已基本实现数字化,营销渠道均可进行数字化追踪,IT 架构已可以帮助业务部门迅速响应市场需求,实现为营销业务赋能的目标。实施过程虽不是一帆风顺,但在以"盯准业务"为目标的 IT 规划指导下,一切都在有条不紊地推进。如 A 总所说:"如果说转型有道法术器,那么我们道的层面确定了,剩下的就是法术器的有效利用了。"

11.1 案例背景

B 公司成立于 2004 年,经过十余年的稳健发展,已经成为国内知名的"房地产+产业"复合型企业,形成了以房地产开发及服务为主,同时涉及物业管理、智慧家居、商业物业、文旅、装配式产业等多元业务体系。

其发展大致可划分为以下 3 个阶段。

- 2004~2009 年为初创和沉淀阶段,其业务聚焦于房地产开发,范围集中于珠三角。
- 2010~2017 年为进阶阶段,B 公司走出珠三角,先后布局西南、长江中游、长三角、华北,推出智慧健康社区战略,拓展商业、文旅领域。
- 2018 年至今为跨越阶段,形成了以房地产开发及服务为主,智能产业化、建筑工业化"一主两翼"纵向一体化发展的复合型战略架构。土地储备丰厚,在全国近 50 个城市均有布局。

2018 年对于 B 公司来说是意义非凡的一年。2018 年 10 月,B 公司正式在香港联交所主板挂牌交易。2018 年实现合约销售 790 亿元人民币,同比增加 70%,经营利润同比上升 84%。

基于 2018 年所取得的优异成绩,B 公司将 2019 年计划销售目标定为 1000 亿元。由于 B 公司主要布局在非一线、超一线城市,其楼盘客单价相对较低,因此 1000 亿元规模的管理半径已和布局在一线、超一线城市的房地产商 3000 亿元的管理半径相当。

11.2 B公司数字化营销的动机和背景

1. 行业背景

近年来随着国家政策变化,房地产行业发展趋势发生了明显变化。

第一,行业的利润获取方式发生重大转变,整个行业呈现去地产化趋势,利润来源由原来的"开发"转变为"开发+运营"。其主要原因是2017年以后国家对房地产行业发展方向制定的基调是"房住不炒",建立"多主体供给、多渠道保障、租购并举的住房制度"。因此整个行业趋势要求房地产商通过发展地产相关的其他业态来获得利润,走向存量市场,如二手房租赁、物业、家装等。对于存量市场运营来说,客户资产至关重要,如何将各个业态中存留的客户资产数据整合成一份客户数据进行联合营销,准确挖掘客户在全业态的需求是如今地产商的重要关注点之一。

第二,土地成本增高,新房销售若想有竞争力,需要为客户提供附加价值。B公司曾主要沿用"高周转+低成本"战略体现其竞争力。这种低成本策略曾经可以吸引到价格敏感的客户,然而如今随着土地价格增高,客单价也在增高,价格优势不再明显,"抢客"压力陡增。A总对此进行了进一步说明:"以前我们和B公司划江而治,他们卖4000元/坪,我们卖2000元/坪,有明显的成本优势,我们再建得快一点,客户自然就买我们的了。但现在的房价是他们卖24000元/坪,我们卖22000元/坪,对客户来说价格差别已经不大了,要让客户继续选择我们,我们就必须在其他方面给他提供价值。"因此 B 公司的产品急需增强其他方面的软实力来"抢客",包括产品特色、客服、物业等所有能提升产品品牌溢价的价值点。

这一系列的变化都需要房地产行业对消费者的行为和反馈有精准和及时的把握,并给予快速反应。只有数字化程度高的玩家才能够适应地产行业当今的变化。

2. 内部背景

地产行业的外部环境发生了翻天覆地的变化,业务部门率先感知到这些变化并试图探索应对变化的突破口。业务部门意识到,要在当今的数字时代制定应对策略,必须与 IT 部门通力合作,但现实是当时业务部门提出的需求 IT 部门难以按时交付。究其原因,主要有两个:第一,B 公司近年来业务量剧增,管理半径扩大,IT 规模与业务规模不匹配;B 公司当时的信息化程度经评估只能支撑百亿级的销售规模,无法支撑千亿级的销售目标。第二,其 IT 架构与互联网时代发展脱节。原有 IT 部门的主要职能以支持和运维为主,对数据的管理较为粗放,而互联网时代业务变化速度快,且业务变化多数需以海量数据为支撑,甚至希望数据能够驱动业务。若想参与互联网时代的竞争,需构建能准确感知外部环境并迅速回应业务需求的 IT 架构。

3. 营销业务数据化改造动机

为顺应行业趋势,B 公司于 2018 年 4 月制定并推行新环境下的 IT 信息规划。该规划的主要目标为从业务发展角度出发,建立以规划业务解决方案为导向的 IT 战略,实现用 IT 为业务赋能。

地产行业的业务繁多且复杂,若全部同时进行数字化改造难度较大。营销领域离C端最近,收效最快,在信息化的加持下效果最为显著,需求也最为迫切,因此B公司首先选择了营销业务作为突破口,启动了数字化营销价值链的打造。此价值链称为LTC线(Leads to Cash),即从商机到回款全链路的数字化。

11.3 B公司数字化营销价值链落地实践

对于营销业务(LTC线)而言,其主要业务流程包括3个关键环节:获客、带客、"杀"客。而营销数字化转型的最终目标是提高各个环节的成功率并降低其成本。经过数字化转型,B公司的营销效果获得了显著提升:获客量显著增长,带客和"杀"客的成功率显著提升,且成本大幅降低。

为达到以上成效,B公司首先对内部IT架构进行了改造,引进云徙科技搭建数字中台,打造基于业务的数据服务共享能力。目前已成功完成客户和产品中心搭建。在此基础上,结合先进的互联网应用技术对房地产营销业务流程进行数字化改造,开发了一系列面向消费者和置业顾问的前端应用,其中最为核心的应用为面向消费者的Z小程序(用于新房直销及个人分销),以及面向置业顾问的"慧"系列App。本节将首先介绍以上几个核心中台中心及核心应用的主要功能,然后详述这种IT架构如何赋能房地产营销的3个主要环节,以及整体营销决策过程的数字化改造。

11.3.1　营销数字化改造工具

在目标确定后，B 公司在选择实现目标的方法论上没有过多犹豫。在大数据时代能够满足 IT 快速响应业务的 IT 架构不多，经过市场验证并取得良好效果的方法论更少。目前同时满足以上两个要求、可借鉴的 IT 架构为阿里巴巴集团采用的"大中台，小前台"型 IT 架构。在此架构下，企业构建扎实的业务中台和数据中台，将原本不同系统中相同功能的可重复利用的数据服务聚合起来，统一标准、统一规范、统一接口，以微服务的形式沉淀在中台上，将中台做"厚"。因此中台亦被称作"数据服务（Data API）工厂"。前端若有使用数据的需求，仅需通过调用中台呈现的 API 直接使用服务，而无须重复开发，因此称为"小前台"。该架构下前端应用可以打通消费者营销全链路的所有触点，形成的数据沉淀在基于业务场景划分的相应的中台共享中心，从而使企业可以基于这些共享服务中心快速开发与迭代营销的前端应用，及时准确地满足用户需求的快速变更。

1. 中台搭建

中台产生的主要目的是帮助企业解决数据开发速度滞后于应用开发速度，导致业务无法适应市场变化的困境，这也是 B 公司所面临的困境。同样一个数据需求，不同项目需要重复开发。中台将这些可共用的需求按业务领域沉淀到一个体系内，变成数据开发能力，变成可以复用、二次加工的数据服务工厂，加快数据开发速度。

在数字化的今天，中台的重要性进一步凸显。在大数据时代，企业需要实时处理海量非结构化数据，数据治理和处理难度陡增。此外，企业的主要业务决策更多地依赖数据支撑，甚至需要数据驱动。企业需要将海量数据变成业务服务，即"数据业务化"。这里的"数据业务化"有专家解读为"数据业务服务化"。中台提供的是有直接业务价值的数据服务，从而能够加速企业从大数据中获取价值的过程，提高企业的响应力。

中台搭建的最大挑战是找到有价值的业务场景，只有围绕业务场景组织数据服务才能够最有效地实现中台为业务赋能的价值。从业务到中台，需经历抽象建模过程。该过程分为两个阶段，分别是0级抽象中心建模阶段和1级抽象组件建模阶段，每个阶段采用的是建模抽象机制。0级建模抽象过程大致可分为主要业务流程识别、抽象业务功能识别、输出实体对象、将实体聚合为领域及归纳领域为中心这5个阶段，具体实施细节详见6.2.1节。

在领域中心确定后，需将模型进一步细化为架构，架构形成后需交付团队实施开发，在开发结束后需运营人员将中台"玩转"，即形成"从业务到模型，从模型到架构，从架构到交付，从交付到运营"的闭环。对于B公司来说，现阶段的数字化改造重点在营销，而围绕营销业务最核心的两项数据是客户数据和产品数据。因此，在与云徙科技开发团队沟通过程中，首先确定一期的开发目标为客户中心和产品中心中台的搭建。客户中心包含客户数据与可调用服务。产品中心包含楼盘信息、样板间图、效果图、户型图数据与可调用服务。客户中心和产品中心成功搭建后，虽然现阶段主要为Z小程序及"慧"系列App提供数据服务，但它也提供了开发与业务相关的其他前端应用的潜力。

2. 前台搭建

基于所搭建中台，前端主要搭建了以下 3 个应用，覆盖了营销业务的主要业务场景。

- Z 小程序。该应用为 B 公司官方在线销售中心，供消费者使用。主要功能有在线找房、VR 看房、预约看房、全民经纪人在线结佣、查看已购房产等。其主要目的是用互联网技术架构实现客户线索的线上形成，将客户从线上引到案场。
- TK、XS 前端 App。H 系列应用供置业顾问使用。通过中台提供的服务能力，该系列应用可打通案场与销售系统的下游环节，实现信息互通与共享。主要功能有推荐报备、客户报备（客户画像描摹）、线索状态同步、同步看房等。

3. 数字营销工具打造时间线

- 2018 年 7 月，对 LTC 整个客户生态做专题研究。
- 2018 年 8 月，专题报告发布，客户和产品中心上线，Z、H 系列产品立项。
- 2018 年 11 月，Z 系列上线。
- 2018 年 12 月，H 系列上线。

11.3.2 营销流程数字化改造过程

营销流程的数字化改造主要围绕获客、带客和"杀"客业务展开，主要目标是利用互联网技术拓展消费者触点，拓宽互动方式，并使得消费者触点和行为有数字记录，使得营销投入和收益分析有迹可循,最终实现营销业务显著降本增效。

1. 获客的数字化改造

获客,即新客户的获取,是营销链路的开端。在房地产行业内,惯用的直销获客渠道可分为两类。第一类为销售人员和广告投放相结合的获客渠道,主要包括在目标商圈设置销售摊位、配置地推团队、发放企业宣传页、针对客户线索进行电话销售等。第二类为依靠现有业主推介的获客渠道,近年来成为房地产行业通用的重要获客手段之一,B公司内部称之为"全民经纪人"营销。在这种营销模式下,业主承担了销售人员的工作,将楼盘推荐给其社交圈内的潜客。若某业主的社交圈内有客户通过他的推介成功购买房产,企业将会支付给他相应的佣金。这两种渠道在如今互联网时代下的弊端日益凸显,除了成本高且可拓展的渠道有限外,消费者对广告的效果反馈也无数字记录,无法追踪。

对获客方式的数字化改造以低成本做大营销池、潜客池,并记录消费者数字轨迹为目标。改造主要围绕以上两类获客渠道展开。首先,以Z小程序为载体进行全渠道引流。具体方式为将Z小程序二维码印至B公司各渠道宣传页和宣传海报中进行投放。投放渠道既包括传统的中央广播式的传统媒介,如报纸、电视、地铁高铁公交站广告栏,也包括互联网流量集中的新媒体,包括微信朋友圈、抖音和今日头条等。其次,对全民经纪人项目进行改造。一方面通过Z小程序提高经纪人发展客户的便利性。例如,未改造前,经纪人必须在线下发展客户,改造后经纪人可通过小程序直接在线上分享房源、名片、发展二级经纪人等,无须在线下挖掘客户。另一方面，客户中心的存在使得客户信息实现统一，且可以精准识别源头经纪人，避免重复发佣，在增加成交率的同时大幅减少企业的佣金支出。

进行数字化改造后 B 公司的获客量陡增，2019 年第一季度新增会员 20 万，产生线索 24 万。

2. 带客的数字化改造

带客，即将消费者带到售楼中心和样板房现场，是 LTC 线的第一个价值转换点。这一环节是消费者和企业真正的触点，消费者在此环节真正开始尝试理解品牌、产品和服务，而企业在此环节才能了解该消费者的真实需求。

传统直销模式下的带客方式为置业顾问或电话销售经理与消费者预约时间。而在有了 Z 小程序后，消费者可在小程序上直接预约看房，在预约环节省去了人工成本。此外，消费者可在小程序上直接修改或取消看房时间，让置业顾问可以更有效地安排时间。

此外，怎样通过数字化的手段让置业顾问在带客期间更精准地输出品牌文化、获取客户需求也是带客数字化改造的重头戏。主要手段为将置业顾问带客程序进行标准化并进行数字化记录。前端产品"TK"App 中包含一系列的标准服务流程，包括话术、流程等，尤其注重其对消费者信息的全面收集，称作客户描摹。置业顾问在接待客户的过程中需收集消费者年龄、家庭结构、收入水平、对房屋价值的定位、房屋购买意愿等关键信息，并通过 TK App 上传至系统，系统审核该客户画像是否完整。若完整度达不到80%，则置业顾问不能提交跟客记录，而不提交跟客记录就不能接待下一个客户。通过这种方式规范置业顾问的带客行为并将带客信息数字化。

3."杀"客的数字化改造

获客、带客的最终目标是提高"杀"客率。"杀"客即指消费者确定购买意向并付房款，是营销的最重要环节。若"杀"客率没有实现"降本增效"，即使获客率、带客率获得再多改善也是徒劳。

传统的"杀"客方式高度依赖置业顾问的个人经验和能力，由于缺乏数据支持且数据没有互通，置业顾问无法通观全局，限制了"杀"客率的提升。基于对获客和带客方式的改造，B公司的"杀"客方式亦获得提升。首先，基于获客过程中对消费者的数字化描摹和产品的数字化，运用先进算法对消费者需求和产品进行匹配。在置业顾问将消费者需求输入系统后，系统迅速将描摹后的消费者画像与产品联系，并为其推荐匹配度高的产品。其次，基于客户和产品中台，各案场之间的产品和消费者信息互通且可共享。若当前案场与消费者匹配度不高，置业顾问可利用TK App将消费者推荐至其他匹配度更高的案场，其他案场置业顾问可"无缝连接"，进一步挖掘该消费者需求，例如其他临近案场的置业顾问在得到消息后立即派车来接该消费者。

此外，基于中台和前端应用，B公司将互联网带给消费者的体验融入其"杀"客过程中，在提升效果的同时也提升了消费者体验。例如2018年12月7日，其利用Z小程序在全国范围内开展的全民经纪人"寻找锦鲤"(最高佣金比例可达1%)秒杀活动,即抓住了2018年互联网企业营造的"锦鲤人设"营销热点,吸引了大量参与者,该活动当日浏览量达9.7万人次。由于有客户和产品数据服务共享中心,该活动的开发上线仅用了不到一天时间,且活动过程中面对大量客户的浏览和交易,系统始终保持顺畅。

总之,数字化改造后的营销全链路使得企业能够紧盯每一条线索的转化机会,实现"降本增效"。截至目前,通过Z、FX分销、TK、XS这4个前端应用结合客户和产品中心的2个中台,LTC链路的业务除回款外已经全部实现数字化,取得了显著成果(如图11-1所示)。首先,改造前的带客到"杀"客成本平均为3000~5000元/人,改造后仅需1000~2000元/人。其次,数字化直销已成为带客的重要渠道,且该渠道的带客"杀"客率最高。数据显示,2019年第一季度B公司的总业绩为150亿元,其中30%的带客量来自于Z小程序。

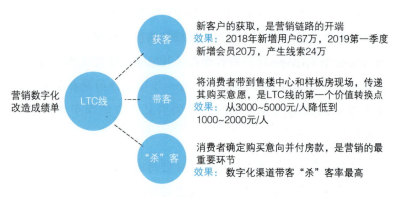

图11-1　B公司营销数字化改造主要成果概览

4. 营销效果监测及分析的数字化改造

营销全流程数字化使得每一环节的效果均有迹可循，可量化不同营销渠道的触达力、费用、可控性、输入时间和输出时间等评价渠道效果的重要维度，便于准确分析其成功率和收益，从而精确指导日后的广告投放。如对获客渠道的效果分析中，二维码可追踪到客户是从哪些渠道看到 B 公司的广告，哪些地点能够收获更好的广告投放效果，从而在下一阶段的投放中增加或减少某一渠道广告的投放比例。

11.4　IT 与业务部门通力合作，推进营销数字化规划落地

可以看出，营销的数字化改造是技术与业务高度融合的结果。IT 部门该如何与业务部门合作以实现 IT 为业务赋能，B 公司的 IT 部门一直在摸索，尝试找到与业务部门合作的最佳模式。

1. IT 内部职能转化

B 公司 IT 部门的主要职能由从前的以支持和运维为主，转变为以为业务团队赋能为目标。经过 8 个月，IT 部门转型为 BT（Business Transformation，业务变革）&IT 部门，总人数从 16 人增至 60 人。此时 B 公司的 IT 团队已经不再是传统的信息部门，而是以为业务赋能为导向、以应用先进互联网理念和技术为驱动力的更具全局观的技术团队。其中，BT 团队主要由业务解决方案架构师构成，成员通常为深入了解业务的技术人员，负责明确业务人员的真实需求及将需求准确传达给 IT 团队。BT 人员不需要完全精通业务，但需要与业务人员有密切沟通并且具备快速学

习的能力。IT 团队则主要负责将这些业务需求实施和落地。

2. 需求提出过程和落地

为真正达到为营销业务赋能的目的，需求的制订必须着重采纳业务人员的洞见。首先，B 公司 IT 团队对内部的 IT 能力进行评估，确定需要提升的 IT 能力优先级。在此基础上，BT 团队与业务团队共同确定业务需求优先级。

在 IT 能力评估阶段，B 公司首先进行了一次全面外部对标，向行业内信息化程度高的企业学习，对标分析本企业 IT 能力的短板，结合现有条件制订本企业现阶段需要实现的 IT 目标。这种对标一方面需要从多种渠道剖析行业标杆的做法，另一方面需要通过深度内部访谈了解内部程度，输出对现有业务能力水平的最终评估结果。这一步对于整体转型非常重要，若评估结果不准确，后续的 IT 规划转型目标制订和执行将无法实现预期效果，这也是 BT 团队的核心竞争力。

其次，当目标确定后，需要找到业务人员与 IT 人员的最佳合作模式。既然 IT 规划需要实现"盯准业务"的目标，需求的提出必须紧贴业务需求。除了对业务团队进行常规的内部调研外，B 公司的 IT 团队创新性地设立了包含 IT 和业务骨干成员的专题研究组，深度了解业务方需求。IT 团队领导和业务团队领导首先确定专题研究的标准、范围及目标，形成立项报告。方向确定后，IT 团队邀请骨干业务人员以兼职的方式参与专题研究，尽量不占用业务人员过多时间。在绩效考核方面，IT 部门许诺专题研究成果业绩归业务人员，若成功上线则该业务人员即为该产品的产品经理。这种方式激励了更多骨干业务人员深度参与需求制订,且使得需求的制订真正以业务需求为导向。LTC线的需求制订就是通过这样一种合作模式得到的。

最后,在需求确定后,IT部门负责将需求实施落地。业务部门首先会派出一些骨干人员详细描绘具体产品。在业务流程无误的情况下,IT团队拉动信息流,在业务流信息流都无误的情况下切割产品边界及做产品内外逻辑的设计。

3. 外部资源利用

在目标和需求确定后,如何在成本最优的情况下利用外部资源实现目标和需求是IT团队需要考虑的重要问题。B公司选择了阿里巴巴和阿里系的中台解决方案提供商云徙科技作为其合作伙伴。选择阿里是因为这次的营销数字化改造主要围绕直销和分销,而直销和分销能力归根结底就是电商平台,国内较大的电商平台且具有较丰富To B经验的电商平台就是阿里巴巴。此外,阿里云的发展也较为迅速和成熟,利于日后的大数据存储和处理。云徙科技则是国内首家中台实践者且实战经验非常丰富,承担过房地产行业中其他大型房地产商的中台搭建及营销数字化改造项目,其领域知识也是B公司所看重的。

11.5 未来展望

LTC线数字化改造取得的成果坚定了B公司推行全面数字化改造的决心。基于现有的经验,B公司将进一步提升其对内及对外的数字化能力构建。

通过现有中台提供多业态的服务能力。基于营销数字化改造经验对其他业务进行拓展，更好地适应房地产行业多业态发展的趋势，如物业、客服、二手房租售等。其中物业前端已上线，基于客户和产品中台以及营销业务中积累的数据，物业前端上线仅花费两个星期。此外，根据业务需要在接下来与云徙科技的合作中完成其他业务中台的搭建，逐步实现为全部业务线赋能的目的。

第 12 章 CHAPTER

C 公司：数字营销打造流量池运营体系

2018 年，汽车行业中断了近三十年来的销量增长趋势。在日渐激烈的行业竞争中，通过数字化转型提升营销效率成为传统车企的重要工作。其中，流量池运营体系能够有效地帮助汽车企业精准识别消费者全价值链阶段，实现精准营销以及流量裂变。云徙科技基于阿里的中台技术支撑，构建了"业务数据化，数据业务化"的数字化营销平台，赋能车企和经销商提供更好的消费者体验。

关键词：流量池运营　营销自动化　精准营销　全渠道营销

12.1 案例背景

如今汽车行业的传统营销渠道及营销方式已经暴露出许多问题，包括成本高、效率低、销售难、传播空间有限等。2018年汽车行业中断了连续三十年的销量上升趋势，整个汽车市场形势不容乐观。在如此市场环境下，汽车企业需要勇立潮头，积极进行数字化转型。

以传统车企为例，他们迫切需要解决传统批售这种"粗放式"营销模式所带来的成本、效率问题，借助数字营销方案，精细化地经营自己的消费者，实现对消费者全生命周期的管理。汽车行业是国内较早投身数字化的行业之一，目前国内大部分车企都拥有非常成熟的IT系统，但这些相对传统的IT系统反而成为传统车企向数字营销转型的"包袱"，带来转型难题。

从IT的层面来讲，传统车企在进行数字营销转型时，往往会面临风险大、成本高、周期长等挑战。此外，站在业务的角度，配合车企数字营销转型也需要创新的思维。传统车企业务部门的一贯做法是非常稳固化的，比如批售给渠道商的销售方式，甚至可以说"十年不变"。今天，业务部门需要掌握新的互联网思维与流程，以此助力数字化业务发展。在营销执行层面，不少传统车企现在还没有一套可执行的数字营销体系。数字营销的核心理念——品效合一，即品牌经营与营销效率结合，会倒逼市场部、销售部、客户服务部门的业务打通。

C公司是一家传统车企，借助云徙科技数字化营销平台，他们全面打造完善了品牌总部商城，并联合线下经销商，共同打造"千店千面"的网上云店系统。该车企致力于为用户提供更好的品牌数字体验，让用户突破时间和空间的限制，不仅能更快捷、更透明地获取信息，还能24小时在线购车，从而更好地连接顾客与经销商。同时，数字化营销平台也为品牌和经销商打造了一个创新型销售通路，让经营不局限于传统的批售模式。

12.2 实施过程

12.2.1 打造流量池运营体系

通过汽车行业消费者全价值链阶段方法论构建C公司流量池运营体系，打造以精准营销为导向的数字化营销平台，实现线上线下一体化消费者运营，持续经营消费者流量池，驱动营销业务创新。

流量池运营中，消费者全价值链主要由7个环节组成：从注意开始，到兴趣、联想、欲望、比较、决定以及满意。我们要在消费者历程中的每个阶段筛选出高价值用户，对其进行精准营销，促成转化和二次传播。流量池运营体系能够打破传统营销的业务隔离性，通过持久地维系用户达成品效合一，同时也给予营销业务部门全面了解品牌消费者的创新视角（见图12-1）。

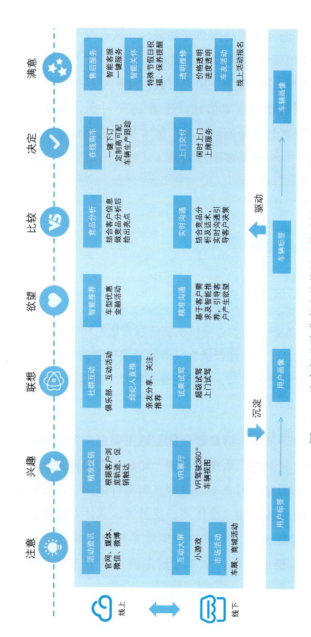

图 12-1 汽车行业消费者全价值链运营示例

对该传统车企而言，打造流量池最难的是如何构建消费者数据体系，从标准不统一、数据质量参差不齐的各端数据中找出可以定义消费者群体的特征数据。传统车企的消费者数据散乱地分布在客户管理系统、营销管理系统、App、官网、电商网站和第三方合作系统里（见图12-2）。数字化营销平台通过基于互联网架构的业务中台，对各端应用进行重构、数据打通、业务互联互通，全新定义消费者的洞察关键特征、统一标准，并以微服务的方式实现共享服务能力开放赋能。

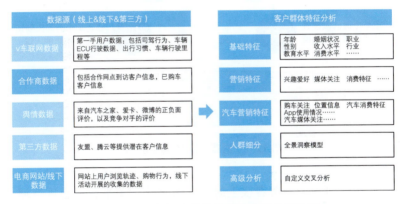

图 12-2　汽车行业消费者群体特征分析示例

重构后的数字化营销平台拥有更全面的消费者群体特征分析能力，包括基础的用户特征、通用的营销特征以及汽车行业独特的营销行为特征等，为流量池运营的关键——流量裂变提供了基础能力平台。

12.2.2　围绕目标消费者精准营销

基于阿里云的中台技术支撑，该传统车企数字化营销平台全面接入了消费者全价值链的业务场景，完整记录消费者在各个业务系统的活动记录，形成实时更新的消费者群体画像。运营人员可以通过数据中台的智能模型，精准圈选该传统车企的消费者群体（见图12-3）。

图12-3　消费者群体画像示例

在任何一个消费者线上触点，数字化营销平台都会进行埋点，该传统车企可以追踪到消费者对哪个车型感兴趣、参与了哪个品牌活动等数据。数字化营销平台通过One-ID将不同前端应用里的消费者数据打通，唯一识别消费者的来源、历史足迹；再者，在任何一个用户的信息里加上行为标签，就能形成智能消费者群体画像。

在数字化营销平台上，该传统车企每个月都可以快速、灵活地发布新车/库存车抢购、线下试驾/车展体验等营销活动。基于营销自动化引擎，营销活动中消费者的具体行为会自动生成多维度的用户属性标签。比如消费者浏览了什么车型、是否领取了优惠券等行为，都会触发不同的营销自动化执行策略。而不同的策略会持续更新消费者的标签体系，这种持续循环的营销自动化引擎，为流量池运营提供了便捷、高效、低成本的执行基础（见图 12-4）。

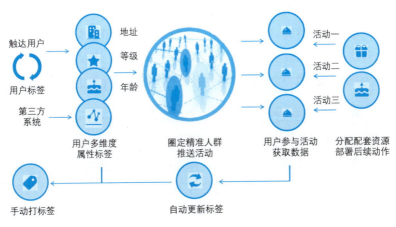

图 12-4　汽车行业自动化标签示例

通过数字化营销平台的持续运营，该传统车企更加了解品牌消费者的需求，有针对性地调整了营销策略，在一期项目上线后取得了大量消费者的关注。

12.2.3　全渠道营销活动平台

随着汽车行业逐渐步入"红海"，越来越多的汽车企业开始走上自建消费者运营平台之路。为了提升消费者运营平台的曝光率，传统车企需要有效利用线上线下的多个流量渠道，准确评估渠道的流量转化效率。众所周知，当前传统营销手段失效的主要原因是流量不稳定、不可控、不可衡量。该传统车企数字化营销平台能够有效地将来自不同渠道的线索进行归集、清洗和智能评级，同时实时监控每个渠道的流量转化效率，为进一步的精准营销提供指引（见图12-5）。

该传统车企不仅实现了线上消费者精准营销，还联合了线下经销商运营线下活动，如上门试驾、超级试驾、库存车抢购等。数字化营销平台的核心功能是将品牌活动所需的会员、商品、订单数据作为共享服务能力，赋能经销商完成线上线下一体化消费者运营。

在以往的传统车企营销业务管理视角里，主机厂的营销活动与经销商的营销活动是割裂的，例如新车上市，主机厂会分别开展市场活动与经销商区域活动，而连接两个活动的数据只有线索信息。这在产能决定销量的时代并不会影响品牌，而当前消费者的话语权逐步提升，由数据割裂不打通而带来的种种不友好用户体验，正在削弱品牌的号召力。

为了保证该传统车企数字化营销平台的成功运营，项目组打通了营销活动各个环节的业务数据，消费者即使在不同的业务应用端也能够被快速精准识别，获得个性化服务。另外，数字化营销平台将微信作为消费者运营的前线阵地，分享裂变的能力在所有的营销活动中得到极致体现。消费者可以轻松地将购车推荐、团购活动、精品文章等内容分享到朋友圈，获得分享激励。通过数字化营销平台构建的流量池运营体系，追求消费者价值链的更高转化效率，快速识别消费者并提供个性化服务，以及由满意度提升带来的二次品牌传播。

第 12 章 C 公司:数字营销打造流量池运营体系

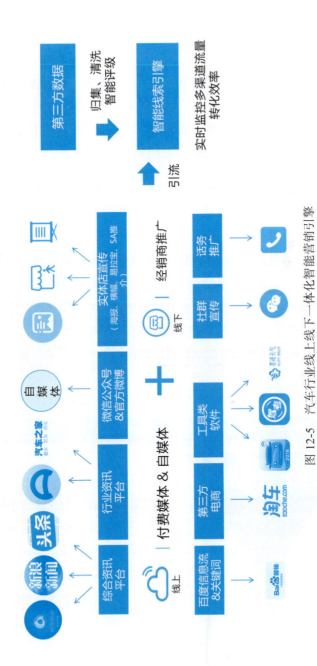

图 12-5 汽车行业线上线下一体化智能营销引擎

12.2.4 消费者个性化服务

近年来，汽车行业的消费者呈现出年轻化、社交化、个性化的趋势，"90后"消费者的"想要就要"给传统车企带来了不小的营销挑战。前面我们讲了如何精准识别不同阶段的消费者，以及数字化营销平台快速响应提供个性化服务的能力。

对于粉丝、潜客、意向客户、车主，数字化营销平台执行的目标和手段大相径庭。为了达到更高的转化效率，项目组参考了阿里巴巴对消费者运营里的"千人千面"思路，在大量的营销活动里进行不断试错，逐步优化算法追求极致营销效率（见图12-6）。促销页面多种多样，功能体验也在不断优化：当消费者浏览了最新车型时，推荐试驾活动；当消费者支付了小订时，提醒到店时间，推荐优质经销商；当消费者参加了试驾活动，发送购车代金券等促销信息；提醒车主进行维保，智能推送保养套餐。

图12-6　汽车行业千人千面精准营销示例

对于流量池运营而言，高效的营销自动化引擎和多渠道打通的营销平台是成功的关键要素。在本案例中，数字化营销平台的技术基石来自于云徙科技研发的数字双中台——业务中台和数据中台（见图12-7）。业务中台将该传统车企的合作媒体端、自有运营端、线下渠道端里的消费者数据打通，从注意开始，到兴趣、联想、欲望、比较、决定以及满意，各个阶段信息统一形成对消费者的洞察。数据中台将消费者的营销特征从散乱的一方与三方数据源里识别出来，并持续地进行个性化精准营销，形成消费者的智能标签体系。"业务数据化，数据业务化"是该传统车企顺利完成数字化转型的关键理念。

图12-7 云徙科技研发的数字双中台——业务中台和数据中台

12.3 创新描述

12.3.1 集品牌商城与云店为一体

该传统车企数字化营销平台入口包含官方品牌商城和经销商云店两个入口，并可灵活配置于品牌/经销商公众号、各类社交平台中。

12.3.2 以消费者为中心，24小时实时在线服务

消费者可通过品牌商城或经销商云店享受车型搜索、查看报价、询底价、预约试驾、活动报名留资等实时在线服务。

12.3.3 车企赋能经销商双赢

数字化营销平台为经销商提供了统一、高质、最新的车型信息和活动素材等营销资料，并帮助经销商在线销售库存车辆。

除此之外，经销商可以利用本地资源、本店增值服务对云店进行灵活运营。

通过简单的开店、报价、上架、云店装修、订单/线索移动App跟进等操作，即可推广云店，并获取来自品牌的高质量线上用户信息。

12.3.4 服务中台化达成

数字化营销平台服务中台化，一期建设8个共享服务能力中心支撑消费者端、经销商端各类业务。

12.4 市场应用及展望

基于数字营销平台的建设，该传统车企开始了从传统汽车生产、销售商向数字化汽车新零售服务商的转型。未来数字营销平台的业务还将向售后服务、精品/配件零售、汽车金融等方向扩展，而先进的中台设计思想将为其提供坚实的基础。

该传统车企作为汽车行业新零售领域的先行者，采用人工智能、大数据等先进技术，使其商业生态圈更加完善，为用户提供了更好的消费体验。

云徙科技深信互联网中台技术是未来汽车行业数字化转型的重要发展趋势，此次该传统车企的成功案例，验证了云徙科技在汽车行业数字营销领域为客户打造全局化的应用层、运营层、技术层带来的业务价值。云徙科技也将在汽车行业新零售的业务探索中继续秉承"引领企业数字化创新"的初心，加深云徙与汽车企业的长远合作，共创辉煌，达到新的里程碑。

12.5 价值评估

12.5.1 社会效益

在本案例里，云徙科技实现了以下两件事。

第一，基于阿里巴巴大中台设计理念和中台技术，帮助企业构建了数据中台体系，将企业的消费者、产品、市场等数据资产统一管理，形成接口服务，为未来接入各项基于品牌数据资产的业务应用，甚至向整个行业开放API，提供了底层大数据支持。这是企业数字化里的重活、累活，也是关键一步，为全面数字化打下了基础。

第二，在数据中台基础上，从营销环节的数字化开始解决实际业务需要，为企业构建了"超级用户"的具体应用，统一管理了多种消费者触达渠道，指导了企业基于数据来运营用户的详细步骤、管理流程、运营模式。营销环节的数字化是最容易见成效也是对企业帮助最大的数字化环节。用市场来倒逼改革，当营销环节的数字化完成后，再深入到供应链环节的数字化、生产环节的数字化等。

12.5.2 创新价值

云徙科技提出的以"超级用户"为核心的消费者运营理念，"FAST指标"客户价值评估体系，包含自有数字平台、第三方电商平台、社交数字平台、线下店铺、线下活动、线下连接、智能设备等在内的线上线下"消费者触点模型"，基于增长的数据运营策略，以及基于中台技术的企业数字化平台整体数据架构，都兼具理论创新和产品创新的特点，为构建数字化导向的消费者管理体系提供了非常清晰具体的操作路径，为行业提供了可供借鉴的指导模式。

推荐阅读

架构即未来：现代企业可扩展的Web架构、流程和组织（原书第2版）

作者：马丁 L. 阿伯特 等 ISBN：978-7-111-53264-4 定价：99.00元

数据即未来：大数据王者之道

作者：布瑞恩·戈德西 ISBN：978-7-111-58926-6 定价：79.00元

架构真经：互联网技术架构的设计原则（原书第2版）

作者：马丁 L. 阿伯特 等 ISBN：978-7-111-56388-4 定价：79.00元

企业级业务架构设计：方法论与实践

作者：付晓岩 ISBN：978-7-111-63280-1 定价：69.00元

推荐阅读

中台战略：中台建设与数字商业

作者：陈新宇 罗家鹰 邓通 江威 等 ISBN：978-7-111-63454-6 定价：89.00元

中台究竟该如何架构与设计？中台建设有没有普适的方法论？现有应用如何才能顺利向中台迁移？中台要成功必须具备哪些要素？中台成熟度究竟如何评估？中台如何全面为数字营销赋能？中台如何在企业的数字化转型中发挥关键作用？这些问题都能在本书中找到答案！本书全面讲解企业如何建设各类中台，并利用中台以数字营销为突破口，最终实现数字化转型和商业创新。

企业IT架构转型之道：阿里巴巴中台战略思想与架构实战

作者：钟华 ISBN：978-7-111-56480-5 定价：79.00元

本书从阿里巴巴启动中台战略说起，详细阐述共享服务体系如何给企业的业务发展提供了支持。介绍阿里巴巴在建设共享服务体系时如何进行技术框架选择，构建了哪些重要的技术平台等，此外，还介绍了组织架构和体制如何更好地支持共享服务体系的持续发展。主要内容分为三大部分：第一部分介绍阿里巴巴集团中台战略引起的思考，以及构建业务中台的基础——共享服务体系。第二部分详细介绍共享服务体系搭建的过程、技术选择、组织架构等。第三部分结合两个典型案例，介绍共享服务体系项目落地的过程，以及企业进行互联网转型过程中的实践经验。

数字化转型之路

作者：新华三大学 ISBN：978-7-111-62175-1 定价：79.00元

本书从对数字时代的挑战与机遇入手，逐步论述数字化的技术驱动力、数字经济中需求侧与供给侧的转变，进而阐述融合了云计算、大数据、物联网、人工智能等技术的工业互联网体系及其如何促进实体经济的转型。作为一个重要的内容，本书也将阐述数字化转型的能力构建，综合论述敏捷、DevOps和IT管理方法论在组织中的落地。本书的定位是结合理论思考与企业实践分析，汇集业界思考与创新实践来助力企业管理者思考和规划数字化转型战略。